1941년 10월, 베를린에서 유대인이 추방당하 

구출 하는 "작전7"을 수행하다.

1943년 1월 13일, 37세에 마리아 폰 베데마
4월 5일, 게슈타포의 가택수색으로 체포 되다.

1944년 1월, 수사책임자 뢰더가 교체되어 기소가 무기한 연기되다.
7월 20일, 슈타우펜베르크가 히틀러 암살을 시도하다.
9월 22일, 게슈타포 수사관 존더레거가 초센 방첩대 방공호에서 히틀러의 범죄성을 입증할 증거자료로 보관하던 문서철을 적발하다.
10월, 프린츠-알브레히트-슈트라세 게슈타포 지하 감옥으로 이송되다.

1945년 2월 7일, 부헨발트 강제수용소로 이송되다.
4월 3일, 부헨발트에서 레겐스부르크로 이송되다.
4월 6일, 쇤베르크(바이에른 삼림지대)로 이송되다. 이틀 뒤 플로센뷔르크로 이송되어, 야간에 즉결재판을 받다.
4월 8일, 플로센뷔르크로 이송되어, 야간에 즉결재판을 받다.
4월 9일 새벽, 플로센뷔르크 강제수용소에서 39세의 나이로 교수형에 처해지다. "이로써 끝입니다. 하지만, 나에게는 삶의 시작입니다"라는 마지막 말을 남기고 떠난 그의 묘비에 "디트리히 본회퍼, 그의 형제들 가운데 서 있는 예수 그리스도의 증인"이라는 비문이 새겨지다.

1951년 9월, 뮌헨의 카이저 출판사가 유고 문서집 『옥중서신—저항과 복종』(Widerstand und Ergebung)을 출간하다.

1996년 8월 1일, 베를린 지방법원이 본회퍼의 복권 탄원건에 대해 "본회퍼의 행동은 결코 국가를 위태롭게 할 의도가 아니었으며, 오히려 나치의 폐해로부터 국가와 국민을 구한 행동이었다"는 취지로 판결하다.

복 있는 사람

오직 여호와의 율법을 즐거워하여 그 율법을 주야로 묵상하는 자로다.
저는 시냇가에 심은 나무가 시절을 좇아 과실을 맺으며 그 잎사귀가 마르지 아니함 같으니
그 행사가 다 형통하리로다.(시편 1:2-3)

친밀한 만남의 가능성이 사라졌을 때 만나야 할 사람들을 이어주는 것이 편지이다. 옥중에서 쓴 편지는 그렇기에 그리움의 육화이다. 글로 누군가의 손을 잡고 어루만지고 북돋아야 한다는 것처럼 아린 것이 또 있을까. 갇힌 그 자리에 절망의 어둠이 밀려들 때, 본회퍼는 자기 속에서 꺼지지 않는 빛을 발견한다. 그 빛은 그가 살아야 할 이유이고 생의 목표인 그리스도이시다. 그 빛과 만났기에 그는 칠흑 같은 시대에도 아름다움을 노래할 수 있었다. 지금 우리는 본회퍼가 보낸 편지의 수신자가 되라는 부름 앞에 서 있다.

김기석 **청파교회 담임목사**

오늘날 한국 교회에 본회퍼만큼 절실히 필요한 사람이 또 있을까? 『나를 따르라』는 예수 그리스도에 대한 나의 열정을 뜨겁게 해준 책이며, 『성도의 공동생활』은 나의 목회의 교본이다. 또한 『옥중서신—저항과 복종』은 나의 영혼을 비추어 보게 하는 맑은 거울이다. 이 세 권만 가져도 기독교 신앙의 정수를 맛볼 수 있다. 원본에 충실하고 유려한 번역 또한 본회퍼의 영혼을 직접 만나기에 부족함 없이 큰 도움이 된다.

김영봉 **와싱톤사귐의교회 담임목사**

『옥중서신—저항과 복종』은 본회퍼가 베를린-테겔 감옥과 바이에른, 부헨발트, 플로센뷔르크 등의 감옥에서 2년간의 수감 생활 중 쓴 서신들과 영적 저널, 단상을 엮은 것으로, 체계적이고 조직적인 저술 기획 없이 쓰인 글을 편집해서 만든 유고이다. 이 책은 하나님 앞에 가장 정직한 단독자로서 선 본회퍼의 영혼을 투명하게 조명하며, 편지 사이에 수록된 시들은 촌철살인적 통찰로 가득 차 있다. 특히 '나는 누구인가?'라는 시는 본회퍼가 감옥에서 겼던 고뇌와 묵직한 상념들이 얼마나 절절했는지를 보여준다. 우리는 이 책에서 단지 '종교성 없는 기독교' 등 사상 얼개들만을 발견하는 것이 아니라, 점점 가빠지는 십자가 도상의 숨소리를 들으며 본회퍼의 불안에 함께 결박당하기도 하고, 그의 희망에 찬 상황 분석에 안도하기도 한다. 악의 무제한적 폭력이 개가를 부를 때, 진정한 예수의 제자는 악에 대한 저항을 통해 주님의 뒤를 따르는 것 외에 다른 대안이 없음을 보게 된다. 이런 점에서 감옥은—나치 체제처럼 기독교 신앙을 대적하는 악에 맞서는 모든 제자에게 선사되는—성찰과 반성의 십자가일 수도 있다. 우리를 둘러싸고 있는 악의 실체를 뚜렷이 적시하여 그것에 저항할 뿐만 아니라, 그 저항 때문에 고난까지 감수할 용기를 갖도록 격려하는 책이다.

김회권 **숭실대학교 기독교학과 교수**

옥중서신—저항과 복종

Dietrich Bonhoeffer

Widerstand und Ergebung

Dietrich Bonhoeffer
옥중서신—저항과 복종
Widerstand und Ergebung

디트리히 본회퍼 지음

김순현 옮김

복 있는 사람

옥중서신—저항과 복종

2016년 9월 19일 초판 1쇄 발행
2023년 12월 1일 초판 8쇄 발행

지은이 디트리히 본회퍼
옮긴이 김순현
펴낸이 박종현

(주) 복 있는 사람
주소 서울특별시 마포구 연남동 246-21(성미산로23길 26-6)
전화 02-723-7183(편집), 7734(영업·마케팅)
팩스 02-723-7184
이메일 hismessage@naver.com
등록 1998년 1월 19일 제1-2280호

ISBN 979-11-92675-24-4 04230

Widerstand und Ergebung
by Dietrich Bonhoeffer

Originally published in 1951 in German under the title
Widerstand und Ergebung by Chr. Kaiser Verlag

차례

일러두기 이 책의 성경 인용은 『새번역』을 따랐다.

해설의 글

본회퍼의 『성도의 공동생활』, 『나를 따르라』, 『옥중서신—저항과 복종』 이 세 권을 새롭게 번역하여 출판하게 된 것을 매우 기쁘게 생각한다. 신학 수준이나 논의의 넓이나 깊이에서 보면 신학자 본회퍼의 다른 저서인 『성도의 교제』, 『존재와 행위』, 『창조와 타락』, 그리고 사후에 출판된 『윤리학』이 보다 중요할 것이다. 그러나 책이 담고 있는 메시지의 강도나 기독교 신앙의 뿌리를 파고드는 근본성이나 철저성, 둥치를 붙잡고 씨름하는 본회퍼의 치열함의 관점에서 보면 이번에 출판하는 세 권의 책은 우리를 압도하고, 경악하게 하고, 우리 자신을 예수 그리스도 앞에 무릎을 꿇지 않고는 견딜 수 없게 만든다.

본회퍼의 이 세 권의 책은 군사 독재와 유신 독재가 진행되던 1960년대 말과 1970년대 초 한국 교회에 일정한 이바지를 하였다. 많은 젊은이가 이 책들을 통해 본회퍼를 알게 되었고 그의 영향을 받았다. 우리말로는 『옥중서간』이라 번역된 본회퍼의 독일어판 *Widerstand und Ergebung*을 1971년 부산 보수동 헌책방 골목에서 발견하고는 그해 겨울 탐독한 기억이 난다. 그 당시 나는 신학 대학에 몸을 담고 있었다. 『성도의 공동생활』Gemeinsames Leben과 『나를 따르라』Nachfolge를 읽게 된 것은 그 뒤였다. 본회퍼와의 만남은 나에게는 고등학교 시절 키르케고르를 읽으면서 배운 질문인 '어떻게 참된 그리스도인이 될 것인가'를 다시 일깨워 준 계기가 되었다. 지금도 이 물음은 나에게 여전히 남아 있다. 어떻게 참된 그리스도인이 될 것인가?

본회퍼를 한국 기독교 대중들이 처음 읽게 되었을 때는 존 로빈슨의 『신에게 솔직히』, 루돌프 불트만의 『성서의 실존론적 이해』와 『역사와 종말론』, 파울 틸리히의 『궁극적 관심』, 『문화의 신학』, 『흔들리는 터전』, 『존재의 용기』 등이 번역되어 같이 읽히던 때였다. 이때는 아무래도 실존적 관심이 크게 작용하지 않았나 싶다. 본회퍼는 불트만이나 틸리히와 같은 실존 신학자에 넣을 수 없겠지만, 그가 이 실존적 맥락에서 읽혔던 것을 우리는 부정하기 힘들다. 본회퍼 신학에는 분명히 실존적인 면이 있기에 이러한 방식이 완전한 오독이라 할 수 없다. 그럼에도 본회퍼 신학이 지닌 철저성, 근원성, 근본성을 제대로 이해하는 데는 걸림돌이 되었다고 생각한다.

1960년대와 1970년대 본회퍼가 읽히기 시작할 때 국내에 들어온 또 다른 신학 사조는 '세속화 신학'이었다. 그 당시 토마스 알타이저나 반 뷰렌의 이른바 '사신 신학'이 소개되고 하비 콕스의 『세속도시』가 번역되어 읽혔다. 『옥중서간』에서 본회퍼는 '종교 없는 기독교'를 이야기하고 세상·세속성에 대한 관심을 강하게 드러내기 때문에 그를 후대의 신학자들은 '세속화 신학'의 선구자로 여겼다. 그의 관심이 탈종교, 심지어는 탈기독교에 있다고 보고 어떤 이들은 그를 종교다원주의자 중의 한 사람으로 보기까지 하였다. 이것도 완전히 오독이라 할 수는 없을 것이다. 그러나 본회퍼를 세속화 신학자로 읽는 것은 매우 일면적이라 하지 않을 수 없다. 이와 나란히 1960년대와 1970년대 한국 상황에서 본회퍼가 사람들에게 매력의 대상이 된 것은 히틀러 암살 음모에 가담했다는 이유로 급기야 죽임을 당한 일이었다. 본회퍼는 그의 생애에서 보듯이 안락한 삶을 선택하기보다는 언제나 자신의 생명을 감수해야 할 정도로 위험한 삶을 선택했으며, 그가 선택한 삶에 대한 신학적 사고 작업에 누구보다 철저하였다. 본회퍼가 소개될 당시는 박정희 대통령이 정권을 잡고 있었고 민주화에 대한 열망이 크게 일고 있었다. 이러한 맥락에서 본회퍼는 남미의 해방 신학자 구티에레스와 더불어 민중 해방 신학의 선구자로 읽히게 되었다. 본회퍼 사상에 이런 면이 없지 않지만 이러한 방식의 독해 또한 오독의 여지가 컸다고 말할 수밖에 없다.

오늘날 한국 교회가 처한 상황에서 본회퍼를 다시 새롭게, 새로운 번역으로 읽게 되는 의미가 무엇일까? 나는 한국 교회가 처한 세 가지 근본적인 상황이 다시 본회퍼 읽기를 필연적인 과제로 제공한다고 생각한다.

우선 무엇보다도 한국 교회는 어느 다른 시대, 어느 다른 지역에 비해 자본주의에 깊이 물든 교회의 모습을 하고 있다. 오늘날 한국 교회는 타인과의 경쟁이 삶의 방식이 되고, 돈이 주인이 되며, 욕구와 욕망이 삶을 추동하는 힘이 되고, 작은 것보다 큰 것이, 질보다는 양이, 거저 줌이나 나눔보다는 거래가 오히려 삶을 지배하는 가치가 된 자본주의 체제에 종속되어 버렸다. 여기에는 공동체가 들어설 자리가 없고 예수를 따르는 제자도는 기대할 수 없다. 예수 그리스도를 통해 받은 은혜는 손쉽게 유통되고 거래되고, 값싸게 소비된다. 본회퍼의 글은 이런 한국 교회의 현실을 적나라하게 드러내고 꾸짖고, 예수 그리스도를 우리의 삶 속에서 회복할 수 있는 길을 보여준다. 이것이 본회퍼를 오늘 이 땅에서, 참된 그리스도인이 되기를 희망하는 그리스도인이 읽어야 할 이유라 생각한다.

한국 교회의 두 번째 문제는 다른 사상, 다른 종교, 다른 삶의 방식을 가진 사람들과 함께 살아가는 방식을 모른다는 것이다. 기독교 아닌 다른 것에 대해서, 특별히 기독교 아닌 다른 종교에 대해서는 지극히 배타적인 삶의 방식을 그리스도인들은 어느 사이 몸에 익혔다. 이렇게 보는 태도는 한국인 특유의 문제라기보다 나와 남, 우리 것과 남의 것, 우리 지역과 다른 지역으로 구별하여 언제나 나 중심, 우리 중심으로 보는 인간의 습성에 뿌리를 두고 있다고 할 수 있겠으나, 우리의 경우에는 심하다고 하지 않을 수 없다. 이러한 상황에서 나는 본회퍼를 통해서 삶과 사상과 종교와 문화를 철저히 그리스도 중심적으로 보는 태도를 새롭게 배울 수 있다고 생각한다. 세상의 학문이나 세상의 예술, 세상의 종교를 만물을 구속하시고 회복하시는 그리스도 안에서 보고, 가려내고, 수용하고, 누리는 법을 우리가 본회퍼를 통해 배울 수 있으므로 나는 우리가 다시 본회퍼를 읽어야 한다고 생각한다.

한국 교회의 세 번째 문제로 나는 교회 안에 만연한 '실천적 무신론'을 지목하고자 한다. 입으로나 말로는 하나님의 존재를 인정하고 예배를 드리고 전도를 하지만 행실로는 삶에 열매가 크게 보이지 않는 것이 우리의 문제다. 믿지 않는 사람으로부터 '이기적이고', '배타적이며', '자기들끼리'만이라는 비난을 받게 되었다. 그 까닭을 생각해 보면 믿음으로 의롭게 된다는 가르침이 마치 삶 따로 믿음 따로인 것처럼 오해된 것이 무엇보다 큰 이유이고, 예수 그리스도를 믿는 믿음이 예수 따라 사는 삶임을 무시했기 때문이다. 입으로는 말로는 유신론자이지만, 실제로는 무신론자를 무수히 생산한 것이 현재 한국 교회의 현실이 되어 버렸다. 이러한 삶의 현실을 우리는 본회퍼와 더불어 생각하고, 본회퍼와 더불어 극복할 수 있다고 생각하기 때문에 나는 우리가 본회퍼를 다시 읽을 필요가 있다고 생각한다.

그렇다면 본회퍼를 어떻게 읽을 것인가? 본회퍼의 책은 수많은 정보를 담은 책이 아니다. 그러므로 예컨대 전화번호부나 신문을 읽듯이 찾고 싶은 것을 찾거나, 무슨 일이 일어났는지 알고 싶은 마음으로 읽어서는 안 된다. 또한, 본회퍼의 책은 수험서와도 다르다. 첫째, 둘째, 셋째 하면서 핵심 정리를 해야 할 그런 책이 아니다. 본회퍼의 책은 사도들의 서신과 같고, 구약 선지자들의 글과 같다. 무엇보다 우리 자신을 그분 앞에 내어놓기를 요구한다. 멀찌감치 뒤따라 걸어가거나 강 건너 불 보듯 할 것이 아니라 내 자신을 그분 앞에 내어놓고 나에게 하는 말로, 나의 삶을 보여주는 말로, 나의 모습을 비추는 거울로 생각하고 읽어야 한다. 나에게 절실한 마음으로, 나의 삶과 관련지어 읽어야 한다.

나에게 절실한 내용이 되도록 읽으려면, 무엇보다도 천천히 읽어야 한다. 빠르게 스쳐 가는 것이 아니라 마치 입안에 넣은 고기를 천천히 시간을 들여 씹듯이, 천천히 씹고 또 씹어, 그 맛이 완전히 입안에 녹아나도록 읽어야 한다. 그러고는 천천히 삼켜서 내 몸에 피가 되고 살이 되게 읽어야 한다. 둘째는 공감적인 읽기가 필요하다. 그가 하고자 하는 말, 그가 초대하는 생각, 그가 안타까워하는 일에 내 가슴을 내어놓고 같이 아파하고, 같이 슬퍼하고, 같이 기뻐하고 즐거워하는 마음으로 읽어야 한다. 셋째는 이러한 과정을 거치면서 비판적으로, 다시 말해 제대로 가려서 읽어야 한다. 제대로 잘 가려 읽으려면 본회퍼의 글을 먼저 이것과 저것, 이 구절과 저 구절을 잘 가려 구별하면서 읽어야 하고, 우리의 현실 상황에 비추어 비판적으로 읽어야 한다. 이렇게 할 때 본회퍼의 책은 나 자신과 우리의 현실, 한국 교회의 실제 모습을 보게 만들어 주고, 힘과 지혜를 얻게 하고, 성경을 다시 읽게 해주고, 그리하여 참된 그리스도인, 참된 공동체를 희망하게 해줄 것이라고 확신한다.

강영안 서강대학교 철학과 명예교수

서문

디트리히 본회퍼는 베를린-테겔 군 교도소에서 그의 수감 생활 가운데 첫 1년 6개월을 보냈다. 1943년 4월 5일부터 1944년 10월 8일까지의 기간이었다. 처음에는 교도소 측의 트집 잡기가 있었지만, 그 뒤에는 부모에게 편지를 쓸 수 있었다. 이 책의 첫째 부분은 그 편지들 가운데서 정선한 것이다. 교도소 검열관과 특히 수사 책임자 만프레트 뢰더Manfred Roeder 박사가 함께 읽는 바람에 당연히 그들의 영향을 받긴 했지만, 가족을 안심시키려는 의도가 강하게 느껴지는 편지들이다.

그러나 본회퍼는 6개월 뒤에 교도소 경비병들과 위생병들 가운데서 호의적인 친구들을 얻어, 특히 이 책의 편집자와 폭넓은 서신 왕래 및 쪽지 왕래를 시작할 수 있었다. 이는 일정한 예방 조치만 취하면 되는 일이었다. 위험에 처한 인물들, 저항 활동의 진전 사항, 심리 절차의 상황을 알리는 일은 제약을 받을 수밖에 없었다. 그러나 서신 왕래와 쪽지 왕래를 통한 대화는 계속되었다. 그러다가 1944년 7월 20일 이후에 불리한 증언들이 터져 나오고, 같은 해 9월에 초센 문서철(카나리스,Canaris 오스터,Oster 한스 폰 도나니Hans von Dohnanyi를 중심으로 결성된 저항 인사들의 문서들과 일지들과 증빙 자료들)이 발견되는 바람에, 비밀국가경찰이 본회퍼를 프린츠-알브레히트-슈트라세의 철통같은 유치장으로 이감하면서 대화는 끊기고 말았다. 이 이감 때문에, 그리고 편집자가 1944년 10월에 체포되는 바람에, 테겔 수감 생활 마지막 달에 보내온 본회퍼의 편지들을 신중을 기하려고 없애 버린 것은 애석한 일이 아닐 수 없다. 나머지 편지들은 안전하게 보존되어 있다. 이 책의 둘째 부분은 그 편지들을 편집한 것이다. 여기서 디트리히 본회퍼는 자신이 경험하고 사고하고 느낀 것을 거침없이 그리고 기탄없이 말한다.

그는 자신이 지은 여러 편의 작품, 곧 기도문과 시와 구상들을 이 편지들 속에 끼워 내보냈다. 그는 자신의 외숙이자 당시의 베를린 시 사령관 파울 폰 하제Paul von Hase 장군에게 알릴 요량으로 짤막한 "수감 생활 보고서"를 작성하기도 했다.

본회퍼는 자신이 충분히 의식하며 경험한 감옥살이의 그림을 쪽마다 우리 눈앞에 생생히 펼쳐 보인다. 그는 그 그림 속에서 가장 사사로운 것과 쇄도하는 세계적 사건들을 다루면서도 감동적인 통일성, 침착한 정신과 민감한 마음으로 이룬 통일성을 드러내 보인다. 그는 1944년 7월 20일의 거사가 실패했다는 소식을 접하고 확실한 최후를 예감하고서 쓴 7월 21일자 짤막한 편지와 '자유에 이르는 길 위의 정거장들'이란 시에서 이 모든 것을 감동적으로 요약한다. 그가 이전에 품었던 공공을 위한 책임 의식은 거사 실패의 어마어마한 충격 한가운데서 불굴의 새로운 책임 의식, 곧 결과를 책임지고 배가된 고통을 감수하겠다는 책임 의식으로 바뀐다. 시간이 흐를수록 더 나은 평가를 받겠지만, 이 두 번째 책임 의식은 첫 번째 책임 의식을 한 번 더 정당화하고 거기에 불멸의 유산이라는 봉인을 찍었다. 이 유산은 묵혀 있을 수는 있어도 없어지지는 않을 것이다.

프린츠-알브레히트-슈트라세에서는 접촉이 간신히, 그것도 몇 차례만 이루어졌다. 변덕스러운 경감들이 전권을 틀어쥔 채, 안부 인사와 생필품을 들여보내고 내보내는 것을 결정했다. 어느 날, 가족은 디트리히가 사라진 상태임을 알아

챘다. 비밀국가경찰은 그의 행방에 대한 일체의 해명을 거부했다. 1945년 2월에 벌어진 일이었다. 우리는 1945년 여름철이 되어서야, 즉 비참한 결말이 있고 한참이 지나서야 그의 경로를, 곧 그가 부헨발트와 쇤베르크를 거쳐 플로센뷔르크로 이송되었음을 알게 되었다. 그리고 이제는 1945년 4월 9일의 최후를 둘러싼 어둠이 서서히 걷히고 있다.

옥중서신들과 작품들 앞에 붙인 "10년 후"라는 제목의 문서는, 1942년에서 1943년으로 해가 바뀔 무렵에 본회퍼가 써서 몇몇 친구에게 크리스마스 선물로 보낸 것이다. 이는 그가 당시에 특히 한스 폰 도나니에게서 제국보안본부가 체포를 독촉하며 증거자료를 수집하고 있다는 경고를 받고 쓴 글이다. 기와와 서까래 사이에 숨겨져 가택수색과 폭격을 견뎌 낸 이 문서는 당시에 행동하고 그 결과로 고난을 받은 정신에 관한 증언이라고 할 수 있다.

1951년 8월

에버하르트 베트게

10년 후 — 1943년으로의 전환에 대한 해명

10년은 각 사람의 생에서 긴 시간이다. 시간은 가장 값진 것이고, 우리가 사용하는 재화 가운데 가장 만회할 수 없기에, 우리는 지난 일을 회고할 때마다 허송한 시간을 생각하며 불안해하기 쉽다. 이를테면 사람답게 살지도 못하고, 경험을 쌓지도 못하고, 배우지도 못하고, 창조하지도 못하고, 즐기지도 못하고, 고생해 본 적도 없이 시간을 허비했다는 것이다. 허송한 시간은 채워지지 않은 공허한 시간이다. 그러나 지난 몇 해는 확실히 그렇지 않았다. 우리는 헤아릴 수 없이 많은 것을 잃었지만, 시간을 허비하지는 않았다. 사실, 나중에 깨달아 얻게 되는 앎과 현실 인식은 본래의 것, 곧 살아온 삶 자체와 동떨어진 것에 지나지 않는다. 하지만 망각의 능력이 은혜이듯이, 이미 얻은 교훈을 기억하고 되새기는 것도 책임 있는 삶의 일부라고 할 수 있다. 나는 이어지는 여러 쪽에서 이 시대에 공통의 앎과 공통의 현실 인식으로 우리의 마음에 떠오르는 것 가운데 몇 가지에 관해 설명하고자 한다. 그것들은 개인의 경험이나 체계적으로 정리된 것이 아니고, 토론과 학설이 아니며, 그저 동지들이 공동체 안에서 인간적인 것의 영역과 관련하여 어느 정도 공통으로 거둔 결과들, 어깨를 나란히 하면서 오로지 구체적인 현실 인식을 통해서 서로 부응한 결과들이다. 또한, 그것들은 전혀 새로운 것이 아니라, 지난 시기에 벌써 알려져 있었으나 우리가 새롭게 경험하고 인식한 사실에 지나지 않는다. 무슨 말을 하건간에 지난 몇 해 동안 유지되고 입증된 정신과 삶의 연대에 대해 감사의 마음을 품지 않고는 그 결과들에 관해 기술할 수 없을 것이다.

딛고 설 땅이 없다

역사상 우리처럼 현재에 딛고 설 땅이 없는 사람들, 가능성의 영역에 자리한 현재의 모든 대안을 한결같이 참을 수 없는 것으로, 삶을 거스르는 것으로, 무가치해 보이는 것으로 여기는 사람들, 현재의 이 모든 대안을 넘어 전적으로 과거와 미래에서 자신들의 힘의 원천을 찾는 사람들, 그러면서도 공상가가 되지 않고 자신들이 품은 대의의 성취를 확신하며 조용히 기다릴 줄 아는 사람들이 일찍이 있었던가? 일찍이 한 세대 가운데서 책임감 있게 사고하는 사람들이 위대한 역사적 전환점을 마주하여, 현재의 대안들에 동화되지 않는 참으로 새로운 것이 발생했다는 이유로, 오늘날의 우리와 다르게 생각한 적이 있었던가?

누가 버티는가?

악의 거대한 가장무도회가 모든 윤리적 개념을 연타하여 뒤죽박죽 상태로 만들어 버렸다. 악이 빛과 자애와 역사적 필연성과 사회정의를 가장하고 나타나서, 우리의 전통적이고 윤리적인 개념 세계에서 자라난 사람을 어리둥절하게 하고 있다. 삶의 근거를 성서에 두는 그리스도인에게 그것은 악의 극심한 사악성을 확인해 줄 뿐이다.

"**이성적인 사람들**"은 더없는 의도를 품은 채 어리석게도 현실을 오인하면서, 벌어진 여러 틈 사이로 드러난 뼈대를 약간의 이성으로 메울 수 있다고 생각하지만, 그들이 실패할 것은 뻔한 사실이다. 그들은 시력이 부족한 탓에 모든 진영을 공정하게 대하려 하지만, 격돌하는 여러 세력으로 말미암아 녹초가 되어 아무것도 달성하지 못한다. 그들은 이 세계의 불합리성에 실망한 나머지, 자신들이 전혀 성과를 내지 못하리라는 것을 알고 비켜서거나, 줏대 없이 좀 더 강한 진영에 귀순하고 만다.

모든 윤리적 **광신주의**의 실패는 이보다 더 충격적이다. 광신자는 순수한 원칙으로 악의 힘에 맞설 수 있다고 생각하지만, 투우용 황소처럼 투우사에게 돌진하기보다는 붉은 망토로 돌진하다가 지쳐 쓰러지고 만다. 그는 비본질적인 것에 말려들어 좀 더 영리한 자의 함정에 빠지고 만다.

양심을 중시하는 사람은 결단을 요구하는 긴급사태의 압도적인 힘에 맞서 자신을 지키려고 고투한다. 그는 어쩔 수 없이 싸움을 숙고하지만, 자신의 가장 고유한 양심 이외의 것을 통해서는 조언이나 지지를 전혀 받지 못하는 까닭에, 그 싸움의 크기에 눌려 갈가리 찢기고 만다. 악이 무수히 많은 옷, 단정하고 매혹적인 옷으로 갈아입고 접근하여 그의 마음을 불안하게 하는 까닭에, 그는 결국 자신의 선한 양심을 따라 살기보다는 양심에 매이지 않고 사는 것으로 만족하고, 자신의 양심을 속이면서도 절망조차 하지 않는다. 자기의 양심을 유일한 발판으로 삼는 사람은, 양심을 기만하는 것보다는 양심의 가책이 더 유익하고 강하다는 사실을 이해하지 못하기 때문이다.

의무라는 안전한 길이 생겨나는 것은 실행 가능한 결단이 혼란스러울 정도로 많기 때문인 것 같다. 이 길은 명령받은 것을 가장 확실한 것으로 이해하고, 명령에 대한 책임을 명령수행자에게 돌리지 않고 명령권자에게 돌린다. 그러나 의무적인 것에만 한정하면, 가장 고유한 책임 때문에 일어나는 행위, 곧 악의 중심에 타격을 주어 악을 극복하는 행위의 모험은 절대로 이루어질 수 없다. 의무를 중시하는 사람은 결국에는 악마에 대한 의무도 수행하고 말 것이다.

이 세상에서 자신의 **자유**를 최대한 누리면서 남자답게 행동하려고 하는 사람, 불가피한 행위를 자신의 고결한 양심과 자신의 고결한 명성보다 더 높이 평가하는 사람, 생산적인 타협을 위해 비생산적인 원칙을 희생하고, 생산적인 급진주의를 위해 비생산적인 중용의 지혜를 희생하는 사람은 자신의 자유가 자신을 넘어뜨리지 않도록 조심한다. 그는 더 나쁜 일을 예방하겠다고 나쁜 일에 동의하지만, 이와 동시에 자신이 피하려고 하는 더 나쁜 일이 더 좋은 일일 수도 있음은 깨닫지 못할 것이다. 바로 여기에 비극의 원초적 소재가 자리하고 있다.

혹자는 공적인 대결을 회피하고 개인의 **도덕성**이라는 도피처를 찾는다. 하지만 그런 사람은 자기를 둘러싼 불의에 대해 자기 눈을 감거나 자기 입을 봉하게 마련이다. 자기를 기만함으로써만 그는 책임 있는 행동으로 말미암아 먹게 될 욕으로부터 자신을 깨끗하게 지킬 수 있다. 그가 무슨 일을 하건 간에, 마땅히 해야 하는데도 실행에 옮기지 않은 그 일이 그를 불안하게 할 것이다. 그는 불안에 떨다가 파멸하든지, 아니면 바리새파 사람 중에서 가장 위선적인 바리새파 사람이 될 것이다.

누가 버티는가? 자신의 이성, 자신의 원칙, 자신의 양심, 자신의 자유, 자신의 덕행을 최후의 척도로 삼지 않는 사람만이 버틴다. 그는 하나님에 대한 믿음과 그분과의 전적인 결속 속에서 이루어지는 복종 행위와 책임 있는 행위로 부름받아, 이 모든 것[1]을 기꺼이 희생하는 사람이다. 자신의 온 생애를 하나님의 물으심과 부르심에 대한 응답이 되게 하려고 애쓰는 책임감 있는 사람만이 버틸 수 있다. 이런 책임감 있는 사람들은 어디에 있는가?

시민의 용기?

시민의 용기가 부족하다는 푸념의 배후에는 도대체 무엇이 숨어 있는가? 우리는 지난 몇 해 동안 용감한 행위와 헌신을 자주 보아 왔지만, 시민의 용기는 어디에서도, 심지어 우리 자신에게서도 찾아볼 수 없었다. 이러한 결여의 원인을 그저 개인의 비겁함에서 찾는 것은 너무 단순한 심리학일 것이다. 배후 원인은 전혀 다른 데 있다. 우리 독일인들은 오랜 역사 속에서 복종의 불가피성과 복종의 힘을 배울 수밖에 없었다. 우리는 개인의 모든 소원과 생각을 우리에게 주어진 사명에 종속시키는 것이 우리 삶의 의미이자 위대함이라고 여겼다. 우리는 노예처럼 두려움을 품기보다는, 자발적인 신뢰를 품은 채 위를 바라보며, 사명을 직업으로 여기고 직업을 소명으로 여겼다. 자신의 판단을 따르지 않고 "위"로부터 오는 명령을 따르는 것은 자신의 마음에 대한 정당한 불신의 일부라고 할 수 있다. 바로 이 불신에서 기꺼이 따르려고 하는 태도가 싹튼다. 순종해서 했건, 사명감으로 했건, 소명 의식으로 했건 간에, 독일인이 최고의 일을 용감하게 목숨 걸고 수행해 왔다는 사실에 누가 이의를 제기하겠는가? 독일인은 방종에서 벗어나 전체에 봉사하려고 함으로써 자신의 자유를 지켰다. 루터로부터 관념론 철학에 이르기까지 독일만큼 자유에 대해 열정적으로 말한 나라가 이 세상 어디에 있단 말인가? 독일인은 소명과 자유를 동전의 앞뒷면으로 여겼다. 하지만 그것은 세상을 잘 모르고 한 생각이었다. 독일인은 사명을 위해 복종하고, 사명을 위해 목숨을 걸겠다고 하는 각오가 악한 일에 이용될 수도 있음을 고려하지 않았다. 그런 일이 빚어져 소명의 수행 자체가 미심쩍게 되었을 때, 독일인의 모든 도덕적 근본 개념은 흔들릴 수밖에 없었다. 게다가 독일인에게는 결정적인 근본 인식이 없었다. 이를테면 소명과 사명보다는 자유롭고 책임 있는 행위가 필요하다는 것을 알지 못했던 것이다. 한편으로는 무책임하고 비양심적인 행위가, 다른 한편으로는 결코 행동으로 옮겨진 적이 없는 자학적인 양심의 가책이 그러한 인식을 대신했다. 시민의 용기는 자유인의 자유로운 책임의식으로부터만 성장할 수 있다. 독일인들은 오늘에야 비로소 자유로운 책임이 무슨 뜻인지 알기 시작했다. 자유로운 책임은 하나님께 기초를 둔다. 하나님은 책임감 있는 행위, 곧 자유로운 신앙의 모험을 요구하시고, 그렇게 모험하다가 죄인이 된 사람을 용서하시고 위로하신다.

성공에 대하여

성공이 악행과 사악한 수단까지 정당화해 준다는 말은 사실이 아니다. 그렇다고 성공을 윤리적으로 완전히 중립적인 것으로 여기는 것도 가능하지 않다. 그러나 역사상의 성공이 지속적인 생존의 유일한 토대를 형성한다는 것은 있을 수 있는 일이다. 돈키호테처럼 새 시대에 맞서 싸우는 것이 윤리적으로 책임 있는 행위인지, 아니면 자신의 패배를 인정하고 자신의 패배에 자발적으로 동의하여 새 시대에 봉사하는 것이 윤리적으로 책임 있는 행위인지는 아직 확실치 않다. 결국에는 성공이 역사를 만들고, 역사의 운전자는 역사를 만드는 사람들의 의사와 상관없이 악에서 선을 만들어 낸다. 이것은 비역사적으로 사고하는 원칙주의자, 무책임하게 사고하는 원칙주의자, 성공의 윤리적 의미를 간단히 무시해 버리는 원칙주의자를 좌절시킨다. 한 번쯤은 성공의 윤리적 문제와 진지하게 씨름해 보는 것이 좋다. 선이 성공하는 동안은 성공을 윤리와 무관한 것으로 여기는 호사를 부려도 되지만, 악한 수단이 한 번이라도 성공의 원인이 될 때 문제가 발생한다. 우리는 그러한 경우에 맞닥뜨려 다음과 같은 것을 알게 된다. 이를테면 사변적으로 관망하는 비판, 자기 말만 고집하려고 하는 것(사실에 입각하기를 거부하는 것), 편의주의(성공을 눈앞에 두고 스스로 포기하거나 기권하는 것)는 우리의 과업에 적합하지 않다는 것이다. 우리는 감정적인 비판자나 편의주의자가 되려고 해서도 안 되고, 그렇게 되어서도 안 된다. 오히려 우리는 그때그때 매 순간 승리자나 패배자로서 역사 형성에 대해 공동의 책임을 지는 사람이 되려고 하거나 그렇게 되어야 한다. 하나님께서 역사의 진행에 대한 공동의 책임을 자기에게 부과하셨음을 아는 까닭에, 무슨 일이 있어도 그 책임을 벗어 던지지 않는 사람은 비생산적인 비판과 비생산적인 편의주의를 넘어 역사적 사건들과 생산적인 관계를 맺는다. 불가피한 패배에 직면하여 영웅적인 몰락을 말하는 것은 엄밀히 말하면 매우 비非영웅적이다. 그렇게 말하는 것은 미래를 보려고 하지 않기 때문이다. 궁극적으로 던져야 할 책임감 있는 물음은, 어찌해야 난감한 사건들에서 영웅처럼 벗어날 수 있는가가 아니라, 어찌해야 미래 세대가 계속 생존할 것인가이다. 이처럼 역사에 책임을 다하는 물음을 던질 때만 생산적인—일시적으로는 굴욕적일 수 있지만—해법들이 생겨날 수 있다. 요컨대, 어떤 사안을 구체적으로 책임감 있게 관철하기보다는 원칙에 따라 관철하기가 훨씬 쉽기는 하다. 젊은 세대는 오직 원칙에 따라 행동할 것인지, 아니면 생생한 책임감에 따라 행동할 것인지에 대하여 가장 확실한 감각을 가지고 있을 것이다. 거기에 그들 자신의 미래가 달려 있기 때문이다.

우매함에 대하여

우매함은 선의 적으로서 사악함보다 훨씬 위험하다. 우리는 악에 맞서 항거할 수도 있고, 악을 웃음거리로 만들 수도 있으며, 부득이한 경우에는 힘으로 저지할 수도 있다. 악은 자멸의 싹을 지니고 있다. 최소한 사람 속에 불쾌감을 남기기 때문이다. 그러나 우매함에는 백약이 무효다. 우매함에는 저항도, 힘도 소용이 없고, 기본 지식도 쓸모가 없다. 우매한 자는 제 선입견에 어긋나는 사실들을 곧이곧대로 믿지 않는다. 그러한 경우에 우매한 자는 비판적인 태도를 보이기까지 한다. 우매한 자는 그러한 경우를 피할 수 없을 때, 그것을 무의미한 특수 사례로 여겨 배제해 버린다. 그러면서도 우매한 자는 악인과 달리 자기 자신에게 완전히 만족한다. 그뿐만 아니라 우매한 자는 감정이 상하면 쉽게 공격성을 띠기 때문에 위험하기까지 하다. 그러므로 우매한 자를 마주할 때는 악인을 마주할 때보다 더 조심할 필요가 있다. 근거를 들이대며 우매한 자를 설득하려고 해서는 안 된다. 그것은 무의미하고 위험한 짓이다.

우매함을 극복하는 법을 알려면 우매함의 본질을 이해하려고 애쓰지 않으면 안 된다. 그렇게 애쓰면 애쓸수록, 우매함은 사실상 지적 결함이 아니라 인간적 결함이라는 사실이 확실해진다. 지적으로 대단히 영리하면서도 우매한 사람이 있는가 하면, 지적으로 대단히 둔하면서도 전혀 우매하지 않은 사람도 있다. 놀랍게도 우리는 특정한 상황들을 마주하여 그와 같은 사실을 발견하게 된다. 이때, 우리는 우매함이 타고난 결함이라기보다는, 사람들이 특정한 상황에서 우매하게 **되거나** 스스로 우매한 사람이 된다는 인상을 받게 된다. 더 나아가 우리는 다음의 사실도 확인하게 된다. 폐쇄적으로 고독하게 살아가는 사람들보다는 사교적 성향의 사람들이 그러한 결함을 더 많이 드러낸다는 것이다. 따라서 우매함은 심리학적 문제이기보다는 사회학적 문제인 것 같다. 우매함은 역사적 상황들이 인간에게 영향을 미치는 특별한 형식, 곧 특정한 외부 상황의 심리학적 부수 현상이라고 할 수 있다. 좀 더 정밀히 관찰하면 다음의 사실이 분명해진다. 정치적으로든 종교적으로든, 강력한 외부 세력의 신장이 사람들 대다수를 우매하게 한다는 것이다. 사실, 그것은 사회학적·심리학적 법칙인 듯이 여겨진다. 한 사람의 권력은 다른 사람의 우매함이 있어야 한다. 그 과정은 사람의 특정한—어느 정도 지적인—재능이 갑자기 위축되거나 멎는 것이 아니라, 외부 세력의 신장이 압도적이라고 생각하여 사람이 자신의 내적인 자립심을 잃고, 그 결과로 빚어진 생활 상태에 독자적으로 대응하기를—다소간 부지중에—거부하는 것으로 이루어진다. 아무리 고집이 세다고 해도, 우매한 사람은 자신의 자립심 부족을 숨기지 못한다. 우매한 사람과 솔직하게 대화를 나누다 보면, 그 자신과 개인적으로 대화하는 것이 아니라, 그를 지배하는 표어들 또는 구호들과 대화를 나누고 있다는 느낌이 들게 된다. 표어들과 구호들이 그를 호리고 현혹하여, 그의 본성을 악용하거나 학대하고 있는 것이다. 이처럼 줏대 없는 도구가 됨으로써, 우매한 사람은 온갖 악을 저지름과 동시에 그것이 악행임을 깨닫지도 못한다. 바로 여기에 악마에게 악용당할 위험이 도사리고 있다. 악마에게 악용당하는 순간, 그 사람은 영원한 파멸의 대상이 되고 말 것이다.

그러나 바로 여기서 다음의 사실이 분명해진다. 우매

함을 극복할 수 있는 것은 훈계의 행위가 아니라 해방의 행위뿐이며, 대개 내적 해방이 가능하려면 외적 해방이 먼저 이루어져야 하고, 그때까지는 우매한 사람을 설득하려는 일체의 시도를 단념해야 한다는 것이다. 이 상황에서는 다음의 사실도 이 시도를 단념해야 할 근거가 될 것이다. 그러한 상황에서 "국민"이 무엇을 생각하는지를 알려고 애쓰는 것은 소용이 없으며, 따라서 책임감 있게 사고하고 행동하는 사람이라면 그러한 물음을—항상 때에 따라서만—쓸데없는 물음으로 여기리라는 것이다. 하나님을 경외하는 것이 지혜의 근본이라는 성경 말씀[2]은, 사람의 내면을 해방해 하나님 앞에서 책임을 다하며 살게 하는 것만이 우매함을 극복하는 유일하고 실제적인 방법이라고 말한다.

덧붙여 말하건대, 우매함에 대한 이러한 우려들은 다음의 사실을 위안거리로 삼는다. 이 우려들은 다수의 사람을 우매한 사람으로 여기는 것을 절대 용납하지 않는다는 것이다. 참으로 중요한 것은 집권자가 인간의 우매함에 더 의지하느냐, 아니면 인간의 내적 자립심과 총명함에 더 의지하느냐다.

인간 멸시?

현재 상황은 우리를 인간 멸시에 빠뜨릴 위험이 매우 농후하다. 잘 알고 있겠지만, 우리는 인간을 멸시할 권리가 없으며, 인간 멸시로는 가장 비생산적인 대인 관계에 빠질 뿐이다. 다음의 생각들이 우리를 인간 멸시의 유혹으로부터 지켜 줄 것이다. 이를테면 인간 멸시로는 우리의 적들이 범하는 중대한 오류를 범할 수밖에 없으며, 어떤 사람을 멸시하는 자는 그를 대수롭지 않게 여기는 것이며, 설령 우리가 멸시하는 것이 다른 사람 안에 있다고 해도, 그것은 우리 자신에게 완전히 낯선 게 아니라는 것이다. 우리는 우리가 직접 수행하려고 하는 것 이상을 얼마나 자주 다른 사람에게 기대해 왔던가! 우리가 인간에 대해, 곧 유혹에 빠지기 쉬운 인간의 약점에 대해 냉철히 생각하지 못하다니 어찌 된 노릇인가? 우리는 사람들이 하는 일과 하지 않는 일로 그들을 평가하기보다는, 그들이 겪고 있는 고난으로 그들을 평가하는 법을 배우지 않으면 안 된다. 사람들—특히 약자들—과 관계를 맺을 때 유일하게 요구되는 생산적인 태도는 사랑, 곧 그들과 연대하겠다는 의지다. 하나님께서는 사람들을 멸시하지 않으시고, 사람들을 위해 사람이 되셨다.

내재적 정의

가장 불가사의하면서도 가장 반박할 수 없는 경험 가운데 하나는, 악이 놀랍도록 짧은 기간에 우매하고 부적당한 것으로 입증된다는 것이다. 이것은 각각의 악행에 곧바로 처벌이 뒤따른다는 뜻으로 한 말이 아니라, 현세에서의 자기 보존에 관심을 기울여 신적인 계명을 원칙적으로 파기하는 것은 이 자기 보존의 고유한 관심을 좌절시킨다는 뜻으로 한 말이다. 우리는 우리에게 주어진 이 경험을 다양하게 해석할 수 있다. 어쨌든 우리는 이 경험으로부터 다음과 같은 결론을 도출할 수 있을 것 같다. 이를테면 인간들의 공동생활에는, 그들을 멸시해도 된다고 생각하는 모든 것보다 더 강력한 법들이 있으며, 따라서 이 법들을 무시하는 것은 부당하고 어리석다는 것이다. 여기서 우리는 어찌하여 아리스토텔레스와 토마스 아퀴나스의 윤리학이 영리함을 기본 덕목 가운데 하나로 예찬했는지를 이해할 수 있다. 영리함과 우매함은, 신新 개신교의 심정윤리가 가르치려 한 대로, 윤리와 무관한 것이 아니다. 영리한 사람은 다수의 구체적인 것과 그 속에 포함된 다양한 가능성 안에서 넘기 어려운 테두리들, 곧 인간 공동생활의 영속적인 법들을 통해 모든 행동에 주어지는 테두리들을 인식한다. 영리한 사람은 이 테두리들을 알고서 선하게 행동하고, 선한 사람은 영리하게 행동한다.

사실 역사적으로 의미심장한 행동 중에서, 이 법들의 테두리를 거듭해서 넘지 않은 행동은 존재하지 않는다. 정해진 테두리 넘기를 그 테두리의 원칙적인 파기로 이해하고 그것을 특별한 방식의 정의로 주장하는 것과 이 테두리 넘기를 피치 못할 죄과로 의식하여 그것을 법과 테두리의 즉각적인 복구와 존중 속에서만 정당화되는 것으로 여기는 것에는 결정적인 차이가 있다. 적나라한 자기 보존을 정치 활동의 목표로 내세우지 않고, 권리의 회복을 정치 활동의 목표로 내세우는 것은 결코 위선적인 행동이 아니다. 이 세상에서는 정치 활동의 목표가 그런 식으로 설정**된다**. 따라서 생존 및 자기 보존의 궁극적인 법과 권리들을 철저히 존중하는 것이 가장 유용하다. 그리고 이 법들은 대단히 일시적인 위반, 일회적인 위반, 특수한 경우에 불가피하게 이루어지는 위반을 받아들이되, 어떤 사람이 필연적으로 어떤 원칙을 세우거나 별도로 자기만의 법을 제정할 때는 조만간—저항하기 어려운 힘으로—그에게 일격을 가한다. 역사의 내재적 정의는 행위만을 포상하고 벌하지만, 하나님의 영원한 정의는 마음을 살피고 바로잡는다.

하나님의 역사 지배에 관한 신앙 명제들

나는 하나님께서 모든 것에서, 심지어는 가장 악한 것에서도 선한 것이 생겨나게 하실 수 있고 또 그러기를 원하신다고 믿는다. 이를 위해 하나님께서는 모든 것을 가장 선한 일에 사용할 사람들을 필요로 하신다. 나는 하나님께서 우리가 난관에 부딪힐 때마다 우리가 필요로 하는 만큼의 저항력을 우리에게 주고 싶어 하신다고 믿는다. 하지만 하나님께서는 그것을 미리 주지 않으신다. 이는 우리가 우리 자신을 의지하지 않고, 그분만을 의지하게 하시려는 것이다. 이러한 믿음 속에서 미래에 대한 일체의 불안은 극복되게 마련이다. 나는 우리의 실책이나 오류도 헛되지 않을 것이며, 하나님께서 우리의 자칭 선행들보다는 우리의 실책과 오류를 더 잘 활용하실 것이라고 믿는다. 나는 하나님은 시대를 초월한 어떤 운명이 아니라, 정직한 기도와 책임감 있는 행위를 기다리고 그것들에 응답하시는 분이라고 믿는다.

신뢰

배반을 경험해 보지 않은 사람은 거의 없을 것이다. 전에는 유다라는 인물을 이해할 수 없었지만, 이제는 그 인물이 더는 낯설지 않은 상태다. 우리가 들이쉬며 사는 공기가 불신으로 오염되는 바람에, 우리는 거의 죽을 지경에 이르렀다. 그러나 우리가 불신의 층을 돌파하면, 지금까지 전혀 예감하지 못했던 신뢰의 경험을 하게 될 것이다. 우리는 신뢰가 싹트는 곳에서는 다른 사람에게 우리의 목숨까지 내줄 수 있다고 배웠고, 우리의 행동과 삶이 처할 수밖에 없는 모호성에 맞서 무한히 신뢰하는 법도 배웠다. 우리는 그러한 신뢰—언제나 모험으로 머무르지만, 흔쾌히 긍정하는 모험인 신뢰—속에서만 실제로 살 수 있고 일할 수 있음을 알고 있다. 알다시피, 불신의 씨를 뿌리고 불신을 조장하는 것은 가장 비난받아 마땅한 짓이므로, 되도록 신뢰를 북돋우고 장려하지 않으면 안 된다. 신뢰는 언제나 우리 마음속에 인간 공동생활의 가장 위대하고, 가장 비범하며, 가장 상쾌한 선물 가운데 하나로 남을 것이다. 하지만 그것은 언제나 불가피한 불신이라는 어두운 배경 위에서만 생겨날 것이다. 우리는 비열한 자에게는 줄 것이 전혀 없어도, 신뢰할 만한 사람에게는 우리 자신을 남김없이 맡기는 법을 배웠다.

고품격 감각

인간의 격차에 대한 올바른 감각을 북돋우고 이를 위해 직접 분투할 용기가 없으면, 우리는 인간적인 가치들의 혼란 속에서 멸망하고 말 것이다. 내적 불안, 흥정하는 것, 뻔뻔스러운 자의 호의를 얻으려고 애쓰는 것, 천한 사람과 교제하는 것이 자기를 천하게 하는 지름길이듯이, 인간의 모든 격차를 무시하는 것을 제 본질로 삼는 뻔뻔스러움이야말로 천한 사람의 특징이다. 사람들이 자신과 타인에게 의무가 있음을 더는 알지 못하고, 인간의 품격Qualität을 느끼는 감각과 거리를 두는 능력이 사라지는 곳에는 혼란이 닥치게 마련이다. 뻔뻔스러움이 자신의 감정을 상하게 하는데도 물질적 안락을 위해 이를 참는 사람은 이미 자기를 포기한 것이며, 자신이 자리한 댐에 혼란의 홍수가 뚫고 들어오게 하여 전체에 죄를 짓는 것이나 다름없다. 다른 시대에는 인간의 평등을 증언하는 것이 기독교의 대의였을 것이다. 하지만 오늘날 기독교는 인간의 격차와 인간의 품격을 존중하기 위해 열정적으로 일하지 않으면 안 될 것이다. 제 볼일만 본다는 오해, 비사회적 성향을 지녔다는 낡은 중상을 결연히 감수하지 않으면 안 된다. 그런 오해와 중상은 천한 사람이 질서에 맞서 영속적으로 던지는 비난에 지나지 않는다. 이 비난을 받고 동요하거나 불안해하는 사람은 무엇이 문제인지를 파악하지 못한 자다. 어쩌면 그는 그런 비난을 받아 마땅할지도 모른다. 우리는 사회의 모든 계층이 천박해지는 과정 한가운데 서 있으며, 동시에 기존의 모든 사회 계층을 하나로 규합하는 새로운 귀족적 태도가 탄생하는 시간 한가운데 서 있다. 귀족은 희생과 용기를 통해서, 자기 자신과 타인에 대한 의무를 분명히 앎으로써, 자신을 존중해 달라는 당연한 요구를 통해서, 상위 계층에 대한 존중과 하위 계층에 대한 존중을 당연히 유지함으로써 생겨나고 존속한다. 매몰된 고품격 경험을 회복하고, 품격을 토대로 높낮이를 정하는 것이 대단히 중요하다. 품격은 온갖 대중화의 가장 강력한 적이다. 사회적 관점에서 말하면, 품격은 지위 추구를 포기하는 것, 온갖 인기 스타 숭배와 관계를 단절하는 것, 상위 계층과 하위 계층을 자유롭게 바라보는 것을 의미하고, 특히 좀 더 친밀한 교우 관계를 선택하고, 은밀한 삶을 기뻐하고, 공적인 삶을 위해 용기를 내는 것을 의미한다. 문화적 관점에서 말하면, 고품격 경험은 신문과 라디오를 뒤로하고 책으로 돌아가는 것, 서두름을 뒤로하고 여유로움과 고요함으로 돌아가는 것, 산만함을 뒤로하고 집중으로 돌아가는 것, 세간의 인기를 뒤로하고 사색으로 돌아가는 것, 거장의 이상理想을 뒤로하고 예술로 돌아가는 것, 속물근성을 뒤로하고 겸손으로 돌아가는 것, 무절제를 뒤로하고 절제로 돌아가는 것을 의미한다. 양量을 추구하는 사람들은 서로에게 공간에 대한 권리를 인정하지 않지만, 품격을 추구하는 사람들은 서로 보완한다.

자비

우리가 고려할 것은, 대다수 사람이 제 몸으로 경험한 것을 통해서만 영리하게 된다는 사실이다. 이것은 다음의 사실들을 해명해 준다. **첫째**, 대다수 사람은 온갖 종류의 예방 활동에 대단히 무능하다. 자기가 언제라도 위험을 피할 수 있다고 생각하다가 결국에는 피할 때를 놓치고 만다. **둘째**, 대다수 사람은 타인의 고통에 둔감하다. 자비는 불행이 위협적으로 다가올 때 시시각각 불안을 느끼는 것에 비례하여 생겨난다. 자비는 타인의 고통에 둔감한 태도의 여러 변명을 듣는다. 그 태도의 윤리적 변명은 다음과 같다. 자신은 운명의 톱니바퀴에 손을 집어넣고 싶지 않으며, 행동을 위한 내적 소명과 힘은 비상사태가 발생하고 난 뒤에야 얻는 것이므로, 자신은 세상의 온갖 불의와 고난에 대해 책임이 없고, 세계 심판자를 자처할 마음도 없다는 것이다. 그 태도의 심리적 변명은 다음과 같다. 이를테면 상상력, 감수성, 내적 민감성의 결핍은 진정한 평온, 중단 없는 활동력, 고난을 견디는 탁월한 능력을 통해 충당된다는 것이다. 기독교의 관점에서 볼 때, 이 모든 변명은 자기에게 결정적으로 부족한 것이 넓은 마음임을 속일 수 없다. 그리스도께서는 자신의 때가 이르기 전에는 고난을 회피하셨지만, 자신의 때가 이르자 거침없이 고난으로 다가가, 그것을 붙잡고 이겨 내셨다. 성서가 말한 대로, 그리스도께서는 모든 사람의 모든 고난을 자기 고난처럼 자기 몸으로 받으시고—이는 실로 고귀한 사상이 아닐 수 없다!—그것을 기꺼이 짊어지셨다. 사실 우리는 그리스도가 아니며, 우리 자신의 행위와 우리 자신의 고난을 통해서 세상을 구원하도록 부름받은 것도 아니다. 우리는 불가능한 것을 짊어져서도 안 되고, 그것을 짊어질 수 없다는 이유로 괴로워해서도 안 된다. 우리는 주님이 아니며, 역사를 주관하시는 주님의 손에 들린 도구에 지나지 않는다. 우리는 타인들의 고난을 제한적으로만 함께 겪을 수 있다. 우리는 그리스도가 아니다. 하지만 우리가 그리스도인이 되고자 한다면, 그리스도의 넓은 마음에 참여하여 거침없이 책임감 있게 행동하고 진정한 자비를 베풀어야 한다. 책임감 있는 행동은 시대를 파악하고 위험에 맞서는 것이고, 참된 자비는 두려움에서 싹트는 것이 아니라 모든 고난받는 이를 해방하여 구원하시는 그리스도의 사랑에서 싹튼다. 하는 일 없이 기다리며 흐리멍덩하게 구경하는 것은 그리스도인의 자세가 아니다. 그리스도인이 행동과 자비로 부름받는 것은 제 몸에 닥친 고난 때문이 아니라, 형제자매의 몸에 닥친 고난 때문이다. 그리스도께서는 그들을 위해 고난을 받으셨다.

고난에 대하여

책임감 있는 행동을 최대한 자발적으로 거침없이 하면서 고난을 받는 것에 비하면, 인간의 명령에 복종하여 고난을 받는 것은 지극히 쉬운 일이다. 고독하게 고난을 받는 것에 비하면, 연대하여 고난을 받는 것은 지극히 쉬운 일이다. 멀리 떨어져 치욕을 당하며 고난을 받는 것에 비하면, 공개 석상에서 명예롭게 고난을 받는 것은 지극히 쉬운 일이다. 영혼을 걸고 고난을 받는 것에 비하면, 육신의 생명을 걸고 고난을 받는 것은 지극히 쉬운 일이다. 그리스도께서는 거침없이 고독하게 고난을 받으셨고, 멀리 떨어져서 치욕을 당하며 고난을 받으셨으며, 육신과 영혼을 걸고 고난을 받으셨다. 그때부터 수많은 그리스도인이 그분과 함께 고난을 받았다.

현재와 미래

지금까지는 직업상의 계획이든 일신상의 계획이든, 인생 계획을 세울 수 있다는 것이 인간 삶의 양도할 수 없는 권리 가운데 하나였던 것 같다. 그런 시절은 지나갔다. 우리는 환경의 힘 때문에 "내일 일을 걱정하는 것"을 포기하지 않으면 안 되는 상황에 처해 있다. 산상 설교가 말하는 자유로운 신앙의 자세 때문에 그러한 포기가 이루어지는 것과 그때그때 강요받은 부역 때문에 그러한 포기가 이루어지는 것에는 본질적인 차이가 있다. 대다수 사람은 미래 설계를 강제로 포기한 채 무책임하고 무분별하게 찰나에 빠지거나 체념 상태에서 찰나에 빠지는 반면, 소수의 몇몇 사람은 여전히 좀 더 아름다운 미래를 꿈꾸고 갈망하며 현재를 잊으려고 애쓴다. 우리에게는 두 자세 모두 있을 수 없는 자세다. 우리에게는 대단히 좁고 찾기 힘든 길만이 남아 있다. 그 길은 모든 날을 마지막 날처럼 여기되, 아직도 위대한 미래가 존재한다는 듯이 신앙과 책임 의식 속에서 사는 것이다. 예레미야는 거룩한 도성의 파괴 직전에 자신의 재앙 예언과 모순되게 "사람들이 이 나라에서 다시 집과 밭과 포도원을 살 것이다"[3]라고 선포하고, 철저한 미래 상실에 직면하여 새롭고 위대한 미래의 신적인 표지와 증표를 선포할 수밖에 없었다. 다음 세대를 고려하여 사고하고 행동하기, 날마다 두려움과 걱정 없이 걸어가겠다고 각오하기, 이것이야말로 사실상 우리에게 요구되는 자세, 철저히 견지하기 쉽지 않지만, 꼭 필요한 자세다.

낙관론

비관론자가 되는 것이 더 영리한 일이기는 하다. 비관론자는 실망을 곧 잊고, 사람들 앞에서 웃음거리가 되지 않기 때문이다. 영리한 사람들이 낙관론을 꺼리는 것도 그 때문일 것이다. 낙관론은 본질적으로 현재 상황에 대한 견해가 아니라, 생명력, 남들이 포기하는 곳에서 희망을 붙잡는 힘, 모든 것이 실패한 것처럼 보일 때 머리를 곧추세우는 힘, 급격한 악화를 견디는 힘,

미래를 적에게 맡기기는커녕 오히려 제 것이라고 주장하는 힘이다. 물론 기피되어야 마땅한 어리석고 나약한 낙관론도 있다. 여러 번 거듭 틀려도, 우리는 미래에 대한 의지로서의 낙관론을 절대로 업신여겨서는 안 된다. 낙관론은 병든 사람이 감염시킬 수 없는 건강한 삶이다. 현세의 더 나은 미래를 희망하고 그 미래를 맞이하려고 준비하는 것을 진지하지 못한 것으로 여기는 사람들이 있고, 그것을 불경건한 것으로 여기는 그리스도인들도 있다. 그들은 혼란과 무질서와 파국을 현재 일어나고 있는 사건의 의미로 여기고, 체념이나 독실한 척하는 세계 도피 속에서 생존에 대한 책임, 새로운 건설에 대한 책임, 다음 세대에 대한 책임을 회피하는 자들이다. 최후 심판의 날이 내일 동튼다면, 더 나은 미래를 맞이하기 위한 활동을 손에서 내려놓겠지만, 그전에는 그럴 수 없다.

위험과 죽음

지난 몇 해에 걸쳐 우리는 죽음에 대한 생각과 점점 친숙해지게 되었다. 우리는 우리와 같은 연배 사람들의 부고를 접하고도 무덤덤한 우리 자신을 보고 놀라곤 한다. 우리는 더는 죽음을 미워하지 않는다. 우리는 죽음의 특징 가운데서 선한 구석을 발견하고, 죽음과 거의 화해한 상태다. 사실 우리는 이미 죽음에 속해 있음을 느끼고, 새로운 날 하루하루가 기적임을 느끼고 있다. 절대로 발생해서는 안 될 권태가 있음을 모르는 바 아니지만, 죽음을 알고 싶어서, 좀 더 진지하게 말하면 우리의 부서진 삶의 의미에 대해 조금 더 알고 싶어서, 기꺼이 죽음을 맞겠다고 말하는 것은 옳지 않은 것 같다. 우리는 죽음을 영웅화할 마음이 없다. 그러기에는 삶이 대단히 고귀하고 값지기 때문이다. 우리는 삶의 의미를 위험 속에서 이해하기를 더욱더 거부하고, 그런 것에 절대 만족하지 않는다. 우리는 삶의 선한 것을 많이 알고 있고, 삶에 대한 걱정도 너무나 잘 알고 있으며, 삶을 지속적으로 위태롭게 하는 것의 파괴적인 영향력도 알고 있다. 우리는 여전히 삶을 사랑한다. 나는 죽음이 더는 우리의 허를 찌를 수 없다고 생각한다. 우리는 죽음이 우연히, 불시에, 본질적인 것에서 벗어나 우리에게 다가오기보다는, 우리가 삶을 충만히 사는 힘을 다한 뒤에 다가오기를 바라지만, 전쟁을 겪고 나서는 감히 그런 소망을 더는 털어놓지 못하고 있다. 죽음을 죽음답게 하고 기꺼이 동의할 만한 것으로 만드는 것은 우리 자신이지 외부 상황이 아니다.

우리는 아직도 쓸모가 있을까?

우리는 악행을 목격하고도 침묵하는 증인이었다. 우리는 약삭빠른 사람이 되고 말았다. 우리는 위장술과 모호한 화술의 달인이 되고 말았다. 우리는 경험을 통해 인간을 불신하게 되었고, 사람들에게 진실을 알리고 솔직하게 말해야 함에도 그러지 않았다. 우리는 견디기 힘든 갈등으로 녹초가 되었고, 냉소적인 사람이 되기까지 했다. 그래도 우리가 여전히 쓸모가 있을까? 우리가 필요로 하는 사람은 천재나 냉소주의자나 인간을 멸시하는 자나 치밀한 전술가가 아니라, 솔직하고 단순하며 올곧은 사람이다. 우리를 강제하는 것에 대한 내적 저항력이 충분하고 우리 자신에 대한 솔직함이 충분히 남아 있다면, 단순함과 정직함으로 이어진 길을 다시 발견할 수 있지 않을까?

아래로부터의 관점[4]

우리가 아래로부터의 관점, 이른바 배제당한 사람들, 피의자들, 학대받는 사람들, 힘없는 사람들, 억압받는 사람들, 멸시받는 사람들, 요컨대 고난 겪는 사람들의 관점에서 세계사의 큼직한 사건들을 볼 줄 알게 되었다는 것은 비할 데 없이 값진 경험이다. 이 시대에 빈정거림과 질투가 마음을 괴롭히지만 않는다면, 우리는 위대한 것과 하찮은 것, 행복과 불행, 강함과 약함을 새로운 눈으로 보게 되고, 고귀함과 인간다움과 옳음과 자비를 보는 우리의 관점도 더 분명하고, 더 자유롭고, 더 확고해질 것이다. 세계를 고찰하고 해명하는 데 더 유용한 열쇠가 되고 풍성한 원리가 되는 것은 개인의 행복이 아니라 개인의 고난이다. 중요한 것은 그러한 아래로부터의 관점이 영원히 만족할 줄 모르는 자들을 편들기 위한 것이 아니며, 위와 아래를 넘어서는 좀 더 고차원적인 만족감에서 출발할 때 우리가 삶의 모든 차원을 올바르게 평가하고 긍정할 수 있다는 것이다.

부모에게 보낸 편지들

테겔, 1943년 4월 14일

사랑하는 부모님!

무엇보다도 제가 잘 지내고 있음을 아시고 또 그렇게 믿어 주시면 좋겠습니다. 오늘에야 부모님께 편지를 쓰게 되어 유감이지만, 지난 열흘간은 정말 잘 지냈습니다. 사람들이 일반적으로 수감 생활 중에 특히 곤혹스럽게 여기는 것, 곧 외적 생활의 여러 부자유가 이상하게도 별 영향을 미치지 않는군요. 아침에는 마른 빵을 양껏 먹을 수 있고, 그 밖에 갖가지 좋은 것도 있습니다! 나무 침상도 제게는 아무 문제가 되지 않고, 잠도 저녁 여덟 시부터 아침 여섯 시까지 실컷 잘 수 있습니다. 제가 특히 놀란 것은, 이곳에 들어온 첫 순간부터 흡연 욕구가 거의 일지 않았다는 것입니다. 이 모든 것에는 심리적인 것이 결정적인 역할을 하는 것 같습니다. 뜻밖의 수감 생활이 동반하는 것과 같은 강한 내적 변화, 완전히 새로운 상황에 능통하고 그 상황에 만족해야 한다는 강박감, 이 모든 것이 육체적인 것을 완전히 후퇴시켜 대수롭지 않은 것으로 만드는 것 같습니다. 제 생각에는 그것이 제 경험을 실제로 풍요롭게 해주는 것 같습니다. 다른 사람은 몰라도, 저는 홀로 지내는 것이 그다지 생소하지 않습니다. 그것은 확실히 정신적으로 유익한 증기욕蒸氣浴이나 다름없습니다. 다만 제가 괴로워하며 걱정하는 것은, 부모님께서 저를 염려하고 마음 쓰시느라 제대로 주무시지도 드시지도 못하는 것입니다. 부모님께 근심을 끼쳐 죄송합니다. 하지만 이번 일은 제 탓이 아니라, 불운 탓인 것 같습니다. 이 불운에 맞서는 데에는, 제가 지금 하는 것처럼, 파울 게르하르트Paul Gerhardt의 성가聖歌를 읽고 암기하는 것이 유익합니다. 그 밖에도 저는 제 성경책과 이곳 도서관에서 구한 읽을거리를 가지고 있고, 당장은 필기할 수 있는 용지도 넉넉히 가지고 있습니다. (…)

14일 전의 오늘은 아버님의 75회 생신이었습니다. 그날은 즐거운 날이었습니다. 여러 목소리와 여러 악기를 총동원하여 그날 아침과 저녁에 부른 찬송가가 아직도 제 기억 속에 남아 있습니다. "다 찬양하여라. 전능왕……포근한 날개 밑

늘 품어 주시는 주님." 그렇습니다. 그것은 우리가 더욱 의지하며 위로받을 만한 찬송가입니다.

봄이 힘차게 다가오고 있습니다. 정원에서 하실 일이 많겠군요. (…) 이곳 교도소의 뜰에서는 아침에도, 저녁인 지금도 개똥지빠귀가 매우 멋지게 노래합니다. 이곳 사람들은 사소한 것에도 감사한답니다. 그러는 것도 이로울 것 같습니다. 안녕히 계십시오! (…)

테겔, 1943년 4월 25일

(…) 부모님께 편지해도 되는 열째 날이 오늘 드디어 돌아왔습니다. 제가 이곳에서도 즐거운 부활절을 보내고 있음을 부모님께 알려 드리게 되어 얼마나 기쁜지 모릅니다. 생각이 개인의 운명을 넘어 모든 생명과 고난과 사건의 궁극적인 의미에 미치고, 그런 사람들이 큰 희망을 품는 것이야말로 성금요일과 부활절이 주는 해방의 의의입니다. 어제부터 교도소 안이 무척 고요하네요. "즐거운 부활절을 맞기를!"이라며 여러 사람이 서로 인사하는 소리가 들렸고, 지금은 이곳에서 힘든 일을 맡아 하는 사람들이 서로 질투하지 않고 소원 성취를 빌어 주고 있군요. (…)

무엇보다도 부모님께서 제게 보내 주신 모든 것에 대해 (…) 감사드립니다. "당신의 어머니, 당신의 누이, 당신의 형이 막 도착하여, 당신에게 건네주라며 무언가를 맡겼소"라는 말을 갑자기 듣게 될 때, 그것이 무엇을 의미하는지, 부모님께서는 상상도 못 하실 겁니다. 제가 부모님 가까이 있다는 사실, 부모님께서 언제나 저를 생각하시고 저를 위해 주신다는 명백한 표시—어쨌든 저는 이것을 잘 알고 있습니다—만으로도 어찌나 행복한지, 온종일 그 여운이 가시지 않습니다. 이 모든 것에 큰 감사를 드립니다!

저는 잘 지내고 있고 건강하며, 날마다 30분 정도 감방 밖으로 나갈 수도 있습니다. 다시 담배를 피울 수 있게 된 뒤에는, 제가 있는 곳이 본래 어디인지를 잠시 잊을 때도 간혹 있습니다! 저는 좋은 대우를 받고 있고, 신문과 소설은 읽을 수 없지만, 그 밖의 책을 많이 읽고, 특히 성경을 많이 읽고 있습니다. 정식 연구를 하기에는 아직 집중력이 모자란 상태이지만, 지난 고난주간에는 부모님도 아시는 바와 같이 제가 오랫동안 씨름해 온 수난사의 한 부분인 대제사장의 기도[5]와 철저히 씨름할 수 있었고, 그뿐만 아니라 바울의 윤리가 담긴 몇 장도 저를 위해 해석할 수 있었습니다. 제게 대단히 중요한 장이었습니다. 따라서 저는 정말 변함없이 감사할 수밖에 없습니다. (…)

이곳에서는 이상하게도 하루하루가 빨리 지나갑니다. 제가 이곳에서 지낸 지 3주가 되었다니 믿기지 않습니다. 저는 대개 저녁 여덟 시에 잠자리에 들어—저녁 식사는 오후 네 시에 있습니다!—꿈을 꾸기를 고대합니다. 전에는 꿈이 얼마나 유익한 선물인지 알지 못했습니다. 저는 날마다 꿈을 꾸고, 그것도 언제나 기분 좋은 꿈만 꾼답니다. 저는 낮 동안 익힌 구절들을 암송하며 잠들고, 아침 여섯 시가 되면 시편과 찬송가를 읽고 부모님을 생각하며 즐거워하고, 부모님께서도 저를 생각하시리라는 것을 알고 또 즐거워합니다.

그 사이에 하루가 지나갔습니다. 부모님도 저처럼 평안하시기를 바랄 따름입니다. 저는 좋은 책을 많이 읽고, 아름다운 것도 많이 떠올리고 희망했거든요. (…)

테겔, 1943년 4월 5일[6]

(…) 구금된 지 4주가 지난 지금, 주어진 상황과 신속히, 의식적으로, 내적으로 화해하자 저도 모르게 점점 자연스럽게 적응하

고 있습니다. 이것은 안심도 되지만, 나름의 문제도 가지고 있습니다. 이 상황은 사람들이 익숙해지고 싶어 하지 않는 상황이자, 그래서는 안 되는 상황이기 때문입니다. 이 점은 부모님께도 마찬가지일 것입니다.

부모님께서는 저의 이곳 생활에 대해 더 알고 싶으실 겁니다. 감방을 상상하는 데에는 실로 많은 공상이 필요하지 않습니다. 공상을 적게 하면 적게 할수록 더 정확할 것입니다. 지난 부활절에는 DAZ[7]에 뒤러Dürer의 묵시록 모사품 한 점이 실렸고, 저는 그것을 제 감방 벽에 붙여 두었습니다. M.[8]이 보내 준 앵초 가운데 일부는 아직 건재합니다. 저는 해 뜰 무렵부터 해 질 무렵까지 열네 시간 가운데 대략 세 시간 동안 감방 안에서 수 킬로미터를 산책하고, 교도소 뜰에서도 삼십 분 동안 산책합니다. 저는 읽고, 배우고, 연구도 합니다. 예레미아스 고트헬프Jeremias Gotthelf의 분명하고 건강하며 조용한 문체에서는 특별한 기쁨을 다시 맛보았습니다. 저는 잘 지내고 있고, 건강도 좋습니다.

S.[9]의 결혼식이 바싹 다가왔군요. 그 결혼식 전에는 편지를 쓰지 못할 것 같습니다.[10] 최근에 저는 장 파울Jean Paul의 책에서 "유일한 내화적耐火的인 기쁨은 가정의 기쁨"이라는 글

귀를 읽었습니다. (…) 비록 제 몸은 여기 있지만, 그들[11]이 대단히 즐거운 하루를 보내기를 진심으로 바라며, 여러 가지 즐거운 생각과 소망으로라도 그들과 함께할 것입니다. 그들 역시 즐거운 생각과 기억과 희망**만** 품고 저를 떠올려 주면 좋겠습니다. 사람이 개인적으로 힘든 일을 겪으면 곧바로 인생의 진정한 기쁨들이—사실 결혼식도 이 기쁨들 가운데 하나입니다—자신의 권리를 유지하고 싶어 한답니다. (…)

후고 볼프Hugo Wolf의 아름다운 성가가 자주 떠오르는군요. 최근에 우리가 여러 차례 불렀던 노래지요. "갑자기, 느닷없이, 기쁨과 슬픔은 찾아오지. 그대가 짐작도 하기 전에, 그들은 그대를 떠나, 주님께로 가지. 그대가 그것들을 어떻게 받아들였는지 아뢰려고." 모든 것이 이 "어떻게"에 달려 있습니다. 모든 외적 형편보다 더 중요한 것이 바로 이 "어떻게"입니다. 이따금 미래 생각으로 괴로워하는 우리를 완전히 진정시켜 주는 것도 이 "어떻게"입니다. 부모님께서 날마다 저를 위해 주시고, 저를 위해 움직여 주시고, 저를 위해 고생해 주심에 다시 한 번 감사드리며, 형제자매들과 친구들에게 안부를 전해 주십시오. R.[12]은 정말 완벽하고 기쁜 결혼식을 올리겠지요. 저는 이곳에서도 그 신부와 함께 참으로 기뻐할 수 있다고 철석같이 믿고 있습니다! (…)

테겔, 1943년 5월 15일

(…) 부모님께서 이 편지를 받으실 즈음이면, 결혼 준비와 결혼식으로 들떴던 날들이 벌써 지나고, 그 자리에 있고 싶어 하며 제가 품었던 약간의 동경도 희미해지겠군요. (…) 오늘 저는 그들 모두와 함께 보낸 아름다운 세월과 시간을 감사히 떠올리며 즐거워하고 있습니다. 결혼식 때 읽은 성경 본문을 알고 싶군요. 제가 알기로는, 로마서 15장 7절이 가장 멋진 본문인 것 같습니다.[13] 저는 그 본문을 자주 사용했습니다. 정말 화창한 여름 날씨입니다! 그러니 그들은 아침 찬송가로 파울 게르하르트의 '금빛 태양'을 부를 것입니다!

비교적 오랫동안 받지 못하다가 부모님의 편지를 받았습니다. (…) 감사드립니다! 저처럼 집의 식구들을 자신의 일부로 여기는 사람은 식구들 각각의 안부를 특별히 감사하게 여길 것입니다. 제가 부모님을 잠시라도 뵙거나 이야기를 나눌 수 있다면 참 좋겠습니다! 그렇게 되면 내면의 긴장이 크게 완화될 텐데 말입니다. 물론 외부에서는 수감 생활을 제대로 상상하기 힘들 것입니다. 상황 자체, 곧 개개의 순간은 다른 상황 및 다른 순간과 다를 게 없습니다. 저는 읽고, 깊이 생각하고, 연구하고, 쓰며, 이리저리 걷습니다. 제가 그렇게라도 하지 않으면, 흰곰처럼 벽에 몸을 비벼 상처를 내고 말 것입니다. 중요한 것은 아직 가지고 있는 것, 여전히 할 수 있는 일을 고수하는 것뿐입니다. 그리고 그렇게 할 수 있는 일은 여전히 많습니다. 하지 않아도 되는 일에 대한 생각이 일어나는 것을 억누르는 것, 이를테면 상황 전체에 앙심을 품고 불안해하는 마음을 억누르는 것도 중요합니다. 제가 보기에는 성경과 루터가 이해하는 "시련"의 의미가 이곳만큼 분명해지는 곳도 없는 것 같습니다. 모든 인식 가능한 신체적·정신적 토대가 완전히 사라지자, 사람을 지탱해 주던 평온함과 차분함이 갑자기 흔들리는군요. 예레미야가 매우 독특하게 평가한 대로, 고집 세고 의기소침하여 아무도 그 깊이를 잴 수 없는 것이 마음입니다.[14] 그래서 흔히들 그것을 외부에서 틈입한 것으로, 사람에게서 결정적인 것을 탈취해 가는 악한 세력으로 여깁니다. 하지만 그러한 경험들도 유익하고 필요한 것 같습니다. 그러한 경험들을 통해 인생을 좀 더 잘 이해할 줄 알게 되기 때문입니다.

저는 지금 "시간 감각," 특히 수감 생활 특유의 경험을 조금 연구하고 있습니다. 저보다 먼저 제 감방에서 지낸 이들 가운데 한 사람이 감방 문 위에 졸필로 이렇게 써 놓았더군요. "백 년이 지나면 모든 게 끝날 거야." 이 공허한 시간 경험을 끝내려는 시도로 쓴 것일 테지만, 여러 가지를 말하는 글귀가 아닐 수 없습니다. 저는 이 문제를 놓고 아버지와 이야기를 나누고 싶습니다. 시편 31편의 말씀, 곧 "내 앞날은 주님의 손에 달렸으니"[15]라는 시구는 이 문제에 대한 성경의 답변이지만, 성경 안에는 모든 것을 제압할 듯이 으르대는 물음, 곧 "주님, 언제까지 나를 잊으시렵니까?"라는 시편 13편의 물음도 들어 있습니다.[16] (…)

그건 그렇고, 부모님께서는 그[예레미아스 고트헬프]의 『베른 정신』[17]을 정말 읽어보셔야 합니다. 전부 읽지 않으셔도 좋으니, 그것을 시작해보시기 바랍니다. 그 책은 특별해서 확실히 부모님의 흥미를 끌 것입니다! 쇠네 어르신der alte Schoene께서 고트헬프의 책을 특별히 끊임없이 추천해 주시던 모습이 눈에 선하군요.[18] 고트헬프의 책은 디터리히 출판사Dieterich-Verlag에 발췌본 출판을 제안하고 싶을 정도입니다. 슈티프터Stifter[19]의 책도 특히 기독교를 배경으로 하고 있습니다. 게

다가 그의 삼림 묘사를 읽노라면,[20] 종종 프리드리히스브룬의 조용한 숲 속 풀밭을 간절히 그리워하게 되더군요. 그의 문체는 고트헬프만큼 힘차지는 않지만, 놀랍도록 단순하고 명료해서, 읽는 즐거움이 크답니다. 이 모든 것을 놓고 부모님과 함께 이야기를 나누면 좋으련만! 저는 관상 생활vita contemplativa, 비타 콘템플라티바에 호감을 느끼기는 하지만 타고난 트라피스트 수도회 수도사는 아닙니다.

물론 강요된 침묵의 시간도 유익할 것 같습니다. 가톨릭 신자들은 순수 관상 수도회에서 가장 효과적인 성서 주석들이 나온다고 말합니다. 아무튼, 저는 성경을 처음부터 죽 읽어 가고 있으며, 지금은 제가 특별히 좋아하는 욥기를 읽고 있습니다.

저는 몇 해 전부터 그랬듯이, 날마다 시편을 읽습니다. 시편만큼 제가 잘 알고 아끼는 책도 없지 싶습니다. 시편 3편, 47편, 70편 등은 제가 하인리히 쉬츠Heinrich Schütz의 곡으로 듣지 않고는 더는 읽을 수 없을 정도입니다. 제가 그의 곡을 알게 된 것은 R.[21]의 덕분으로 제 삶을 가장 풍요롭게 해주는 것 가운데 하나입니다. (…)

비록 떨어져 있을 수밖에 없지만, 저는 저 자신을 부모님의 일부로 느끼며, 부모님과 제가 모든 것을 함께 겪고, 모든 것을 함께 견디고, 서로를 위해 행동하고 사고한다는 것을 잘 알고 있습니다. (…)

1943년 5월 15일에 있을 혼례를 위해 감옥에서 보낸 결혼식 설교문[22]

……우리로 하여금 하나님의 영광을 찬미하는 사람이 되게 하시려는 것이었습니다.에베소서 1:12

혼인날 더없는 승리감을 맛보며 인사하고 활보하는 것은 신랑 신부의 당연한 권리입니다. 거리낌이 없지는 않았겠지만, 신랑 신부가 온갖 난관과 반대와 방해와 의심과 의구심을 무시하지 않으면서도 의젓하게 견디고 이겨 냈다면, 그들은 사실상 그들 생의 결정적인 승리를 쟁취한 셈입니다. 그들은 자유로운 결단 속에서 서로에게 "예"라는 말을 건넴으로써 자신들의 생애 전체에 새로운 전환점을 수여하고, 앞으로 지속될 자신들의 결합에 이의를 제기하는 온갖 물음과 의혹에 즐거운 확신을 품고 저항하며, 자신들의 행동과 책임 의식 속에서 자신들의 생을 위한 미지의 세계를 획득한 것이나 다름없습니다. 모든 결혼식에는, 사람들이 이처럼 위대한 일을 할 수 있다는 사실, 그들이 자신들의 생의 조종간을 붙잡는 어마어마한 자유와 힘을 받았다는 사실에 들떠 환호하는 소리가 울려 퍼져야 합니다. 신랑 신부의 행복 가운데는, 이 땅의 자녀가 품는 마땅한 자부심, 곧 자기 행복의 개척자가 되도록 허락받았다는 자부심도 당연히 포함되어야 합니다. 여기서 대뜸 공손하게 하나님의 의지와 인도하심을 말하는 것은 좋지 않습니다. 무엇보다도 그대들이 간과하지 말아야 할 것은, 여기서 작용하며 승리를 거두고 있는 것이 철두철미 그대들의 인간적인 의지라는 사실입니다. 그대들이 걷는 길은 처음부터 끝까지 그대들 스스로 선택한 길입니다. 그대들이 해왔고 여전히 하고 있는 일도 경건한 일이 아니라, 완전히 세속적인 일입니다. 따라서 이에 대한 책임은 전적으로 그대들 자신에게 있습니다. 누구도 그 책임을 그대들에게서 앗아갈 수 없습니다. 더 엄밀히 말하면, 그대들의 계획을 성취할 책임과 그러한 책임을 떠맡는 일체의 행복은 전적으로 그대 E.[23]에게 맡겨진 몫입니다. 그리고 남편을 도와서 그 책임을 지기 쉽게 해주고, 그 속에서 행복을 얻는 것은 그대 R[24]의 몫이 될 것입니다. 오늘 그대들이 이것은 **우리의** 의지, **우리의** 사랑,

우리의 길이라고 과감히 말하지 않는다면, 이는 잘못된 경건으로 도피하는 것이 되고 말 것입니다. "무쇠와 강철, 그것들은 사라져도, **우리의** 사랑은 영원히 존속하리니." 그대들이 서로에게서 얻고자 하는 현세적 행복, 그리고 중세 가곡의 가사로 말하면 한 사람의 육체와 영혼이 다른 사람의 위로가 됨으로써 성립하는 현세적 행복, 이 행복을 추구하는 것은 사람과 하나님 앞에서 나름의 권리를 가지고 있습니다.

누구나 그렇겠지만, 그대들 두 사람이야말로 이제까지 살아온 그대들의 삶을 더없이 감사한 마음으로 뒤돌아볼 이유가 있습니다. 그대들은 인생의 기쁨과 아름다움을 흠뻑 받고, 모든 것을 이루었으며, 주위 사람들의 사랑과 우정을 받고 있습니다. 그대들의 길은 그대들이 발을 들여놓기 전에 대체로 평탄한 편이었습니다. 그대들도 알다시피, 그대들의 가족과 친구들이 생활 형편에 아랑곳하지 않고 그대들을 보호해 주었고, 저마다 그대들에게 좋은 것만을 베풀었습니다. 마침내 그대들은 자신들을 발견했고, 그대들이 원하는 목적지에 이르렀습니다. 그대들도 알다시피, 그러한 삶은 사람이 제힘으로 만들거나 택할 수 있는 것이 아닙니다. 그런 삶은 누군가에게는 주어지고, 누군가에게는 주어지지 않습니다. 우리는 이것을 가리켜 하나님의 인도하심이라고 부릅니다. 그대들의 의지와 그대들의 길이 목적지에 이르러서 그대들의 환희가 큰 만큼, 하나님의 의지와 하나님의 길이 그대들을 여기까지 인도하셔서 그대들의 감사도 클 것입니다. 그대들이 오늘 대담하게 그대들의 행동에 대해 책임을 지는 만큼, 그대들은 오늘 그 책임을 하나님의 손에 대담하게 맡겨도 좋을 것입니다.

하나님께서는 오늘 그대들의 "예"에 동의하시고, 자신의 의지로 그대들의 의지에 동의하시며, 그대들에게 승리와 환희와 자부심을 허락하십니다. 이와 동시에 하나님께서는 그대들을 그분의 뜻과 계획을 이루기 위한 도구로 삼으십니다. 하나님께서는 참으로 믿기지 않을 만큼 몸을 낮추셔서 그대들의 "예"에 동의하십니다. 하지만 이와 동시에 완전히 새로운 것을 창조하십니다. 그분께서는 그대들의 사랑으로 성스러운 결혼 생활을 만드십니다.

하나님께서 그대들의 결혼을 중매하십니다. 결혼은 그대들의 서로에 대한 사랑, 그 이상입니다. 결혼은 더 높은 위엄과 힘을 가지고 있습니다. 하나님께서 인간들을 마지막 날까지 보존하시려고 거룩하게 제정하신 것이기 때문입니다. 그대들의 사랑은 그대들이 이 세상에서 단둘로 존립하는 것에 지나지 않지만, 그대들의 결혼은 그대들이 일련의 세대들—하나님께서 자신의 영광을 위하여 오가게 하시며 자신의 나라로 부르시는 세대들—가운데 한 세대가 되는 길입니다. 그대들의 사랑은 그대들이 자신들의 행복이라는 하늘만 보는 것이지만, 그대들의 결혼은 그대들이 책임감을 느끼고 세상과 인간 공동체 안으로 발을 들여놓는 것입니다. 그대들의 사랑은 그대들만의 사사로운 것에 지나지 않지만, 결혼은 사사로움을 초월한 것으로서 하나의 신분이자 하나의 직분입니다. 지배욕이 아닌 왕관이 왕을 만들듯이, 그대들을 하나님과 사람 앞에서 부부로 만들어 주는 것은 그대들의 사랑이 아니라 결혼입니다. 그대들이 먼저 서로에게 끼워 준 반지를 지금 주례 목사에게서 받아 또 한 번 끼워 주듯이, 사랑은 그대들에게서 싹트고, 결혼은 위로부터, 하나님께로부터 옵니다. 하나님께서 사람보다 높으신 만큼, 결혼의 성스러움과 권리와 약속도 사랑의 성스러움과 권리와 약속보다 높습니다. 그대들의 사랑이 결혼 생활을 지탱해 주는 것이 아닙니다. 이제부터는 결혼 생활이 그대들의 사랑을 지탱해 줄 것입니다.

하나님께서는 그대들의 결혼을 파기할 수 없게 하십니다. "하나님이 짝지어 주신 것을 사람이 갈라놓아서는 안 된다."[25] 하나님께서는 결혼을 통해 그대들을 짝지어 주십니다. 이것은 그대들이 하는 것이 아니라, 하나님께서 하시는 일입니다. 그대들의 서로에 대한 사랑을 하나님과 혼동하지 마십시오. 하나님께서는 그대들의 결혼 생활을 파기할 수 없게 하시고, 그대들이 안팎에서 맞닥뜨리는 모든 위험으로부터 그것을 지켜 주십니다. 하나님께서는 파기할 수 없는 결혼 생활의 보증인이 되려 하십니다. 이 사실을 기쁘게 확신하는 사람이라면, 세상의 어떤 권력도, 어떤 유혹도, 인간의 어떤 연약함도 하나님께서 짝지어 주신 것을 갈라놓을 수 **없음**을 알 것입니다. 실로, 이것을 아는 사람은 안심하고 다음과 같이 말해도 됩니다. "하나님께서 짝지어 주신 것을 사람이 갈라놓을 수 없다." 그대들은 사랑에 내재하는 온갖 불안에서 벗어나, 이제는 확신에 차서 서로에게 다음과 같이 고백해도 됩니다. "우리는 결코 더는 헤어지지 않고, 하나님의 뜻대로 죽을 때까지 서로의 소유가 될 것입니다."

하나님께서는 그대들이 결혼 생활 속에서 함께 살아가도록 질서를 세우십니다. "아내 된 이 여러분, 남편에게 순종하십시오. 이것이 주님 안에서 합당한 일입니다. 남편 된 이 여러분, 아내를 사랑하십시오."[26] 그대들의 결혼은 집의 기초를 닦는 것과 같습니다. 그것에 덧붙여 하나의 질서가 필요한데, 이 질서는 하나님께서 친히 세우실 만큼 중요합니다. 그것이 없으면 모든 것이 와해하고 말기 때문입니다. 그대들은 모든 면에서 그대들의 가정을 자유롭게 이루되, 다음 한 가지 면에서만 속박을 받습니다. 이를테면 아내는 남편에게 순종하고, 남편은 아내를 사랑하는 것입니다. 이로써 하나님께서는 남편과 아내에게 그들 고유의 영예를 주십니다. 창세기에서 말하는 대로,[27] 남편을 섬기고 그를 돕는 사람이 되는 것이 아내의 영예이고, 아내를 진심으로 사랑하는 것이 남편의 영예입니다. 남편은 "아버지와 어머니를 떠나, 아내와 결합하여 한 몸을 이루고",[28] 아내를 "자기 몸과 같이 사랑"[29]하는 것입니다. 아내가 남편을 지배하려 하는 것은 자기 자신과 남편을 욕되게 하는 것이고, 남편이 아내를 사랑하지 않는 것은 자기 자신과 아내를 욕되게 하는 것입니다. 그리고 이 둘은 결혼 생활의 토대로 삼아야 할 하나님의 영광을 업신여기는 것과 다름없습니다. 아내가 남편처럼 되려는 야심을 품고, 남편이 아내를 제 지배욕과 자유를 채우기 위한 수단으로 여기는 시대와 그런 관계는 비정상적입니다. 아내가 자신의 섬김을 퇴보로, 곧 자신의 명예를 손상하는 것으로 여기고, 남편은 자기 아내에 대한 전적인 사랑을 결점 내지 어리석음으로 여긴다면, 이는 모든 인간 생활 질서를 해체하고 붕괴시키는 원인이 될 것입니다. 하나님께서 아내를 두신 곳은 남편의 집입니다. 오늘날 대다수가 가정의 의미를 망각하고 있지만, 우리 시대의 우리 같은 사람들은 그 의미를 매우 분명하게 알고 있습니다. 가정은 세상 한가운데 자리한 나라 자체, 시대의 폭풍 속에 우뚝 선 성채, 피난처, 성소입니다. 가정은 외적이고 공적인 삶의 변화하는 사건들을 기초로 삼지 않습니다. 가정은 하나님 안에서 안식을 얻습니다. 가정은 제 고유한 의미와 가치, 제 고유한 본질과 권리, 제 고유한 사명과 품격을 하나님에게서만 얻습니다. 가정은 세상 안에 있는 하나님의 터전입니다. 가정은 이 세상의 상위 가치가 무엇이든, 평화와 고요함과 기쁨과 사랑과 순결과 훈육과 경외와 복종과 전통과 무엇보다도 행복이 자리해야 하는 곳입니다. 세상에서 이러한 생활 영역을 남편에게 마련해 주고 그 속에서 활동하는 것이야말로 아내의 소명이자 행복입니다. 이것이 얼마나 고귀한 사명이고, 얼마나 훌륭한 임무인지를 아는 아내는 복이 있습니다. 새로운 것이 아니라 지속적인 것, 변하는 것이 아니라 한결같은 것, 시끄러운 것이 아니라 고요한 것, 말이 아니라 행동, 명령하는 것이 아니라 노력해서 얻는 것, 바라는 것이 아니라 소유하는 것—이 모든 것에 생기를 불어넣고 이 모든 것을 지탱하는 것은 남편에 대한 사랑입니다—바로 이것이 아내의 영역입니다. 솔로몬의 잠언에서는 이렇게 말합니다. "남편은 진심으로 아내를 믿으며 가난을 모르고 산다. 그의 아내는 살아 있는 동안, 오직 선행으로 남편을 도우며, 해를 입히는 일이 없다. 양털과 삼을 구해다가, 부지런히 손을 놀려 일하기를 즐거워한다……날이 밝기도 전에 일어나서 식구들에게는 음식을 만들어 주고, 여종들에게는 일을 정하여 맡긴다……한 손은 펴서 가난한 사람을 돕고, 다른 손은 펴서 궁핍한 사람을 돕는다……자신감과 위엄이 몸에 배어 있고, 미래에 대한 두려움이 없다……자식들도 모두 일어나서, 어머니 업적을 찬양하고 남편도 아내를 칭찬하여 이르기를 '덕을 끼치는 여자들은 많이 있으나, 당신이 모든 여자 가운데 으뜸이오' 한다."[30] 남편이 바람직한 아내에게서 얻는 행복, 혹은 성경이 말하는 것처럼 "덕행 있고" "현명한" 아내에게서 얻는 행복은, 성경이 거듭해서 최고의 현세적 행복으로 찬양하는 행복입니다. "그 값은 진주보다 더 뛰어나다."[31] "어진 아내는 남편의 면류관"이다.[32] 하지만 성경은 괴팍하고 "어리석은" 아내가 남편과 온

집안 식구에게 끼치는 불행에 대해서도 공공연히 말합니다.

"남편은 아내의 머리입니다"라고 말해 보고, "그리스도께서 교회의 머리가 되심과 같이"[33]라는 문장을 덧붙여 말해보십시오. 그러면 우리가 식별하고 존중해야 할 신적 광채가 우리의 현세적 관계들 위에 임할 것입니다. 여기서 남편에게 귀속되는 위엄은 그의 개인적 능력과 기질에 있지 않고, 그가 결혼하면서 부여받은 그의 본분에 있습니다. 아내는 남편을 볼 때 이 위엄을 부여받은 이로 보아야 합니다. 그러나 이 위엄은 남편 자신에게는 최고의 책임입니다. 그는 머리로서 아내와 결혼 생활과 가정에 대해 책임을 집니다. 가족을 돌보고 보호하는 것도 그의 책임입니다. 그는 가정을 대표하여 세상을 마주합니다. 그는 가족의 지주이자 위로자입니다. 그는 가장으로서 훈계하고 책망하고 돕고 위로하고, 하나님 앞에서 가정을 대표합니다. 아내가 남편의 본분을 존중하고, 남편이 제 본분을 다하는 것은 하나님의 질서이므로 좋은 일입니다. 하나님의 질서를 알고 준수하는 남편과 아내는 "현명한" 반면, 하나님의 질서 대신 제 의지와 오성에서 비롯된 질서를 세울 수 있다고 생각하는 자는 "어리석습니다."

하나님께서는 결혼 생활에 복과 짐을 함께 주셨습니다.

복은 후손의 약속입니다. 하나님께서는 자신의 영속적인 창조에 인간들을 참여시키십니다. 하지만 자녀를 주셔서 결혼 생활을 행복하게 하시는 분은 언제나 하나님 자신입니다. "자식은 주님께서 주신 선물이요."[34] 우리는 자녀가 주님의 선물이라는 것을 인정해야 합니다. 부모는 자녀를 하나님으로부터 받았으니, 그들을 다시 하나님께로 인도해야 합니다. 따라서 부모는 자녀에 대하여 신적인 권위를 갖습니다. 루터는 하나님께서 부모에게 "황금 사슬"을 둘러 주셨다고 말합니다. 십계명의 제5계명[35]을 지키면, 성경 말씀대로 땅에서 장수하리라는 특별한 약속을 받게 됩니다. 그러나 하나님께서는 인간들이 땅에서 사는 동안에는 그들에게 다음의 사실을 기억하게 하셨습니다. 이 땅은 저주를 받았으므로,[36] 궁극적이지 않다는 것입니다. 아내와 남편의 운명 위에는 신적 진노의 말씀이라는 어두운 그림자가 드리워져 있고, 그들이 짊어져야 할 신적인 짐이 놓여 있습니다. 아내는 고통을 겪으며 자식을 낳아야 하고,[37] 남편은 가족을 부양하며 가시덤불과 엉겅퀴를 거두고,[38] 얼굴에 땀을 흘리며 일하지 않으면 안 됩니다.[39] 이 짐은 남편과 아내로 하여금 하나님을 부르게 하고, 하나님 나라가 그들의 목적지임을 상기시키게 마련입니다. 지상의 결합은 영원한 결합의 시작에 지나지 않고, 지상에 있는 집은 천상에 있는 집의 모형에 지나지 않으며, 지상에서 이룬 가족은 하나님이 온 인류의 아버지이심을 반영하는 것에 지나지 않습니다. 온 인류는 하나님 앞에서 자녀입니다.

하나님께서는 그대들에게 그리스도를 주셔서 결혼 생활의 기초로 삼게 하십니다. "그러므로 그리스도께서 하나님의 영광을 드러내시려고 여러분을 받아들이신 것과 같이, 여러분도 서로 받아들이십시오."[40] 한마디로 말하면, 그대들의 죄를 서로 용서하며 살라는 것입니다. 죄 용서가 없으면 인간적인 결합은 있을 수 없고, 결혼 생활은 더더욱 있을 수 없습니다. 서로 자기 말만 고집하며 맞서지 말고, 서로를 판단하거나 심판하지 말며, 상대를 얕보지 말고, 잘못을 상대에게 떠넘기지 말며, 상대를 있는 그대로 받아들이고, 상대의 죄를 날마다 진심으로 용서하십시오. (…)

결혼 첫날부터 마지막 날까지 다음의 말씀을 명심하십시오. "여러분도 서로 받아들여……**하나님의 영광을 드러내십시오**."

그대들의 결혼에 초점을 맞춘 하나님의 말씀을 들었으니, 하나님께서 그대들을 여기까지 인도해 주신 것에 대해 그분께 감사하십시오. 그대들의 결혼 생활의 기초가 되어 달라고, 그대들의 결혼 생활을 안정시켜 달라고, 그대들의 결혼 생활을 거룩하게 해주시고 지켜 달라고 하나님께 구하십시오. 그러면 그대들은 그대들의 결혼 생활로 "하나님의 영광을 찬미하는 사람"[41]이 될 것입니다. 아멘.

테겔, 예수승천일, 1943년 6월 4일

(…) 부모님께서 보내 주신 편지에 진심으로 감사드립니다. **제게는** 그 편지들이 늘 짧아 보이지만, 저는 짧은 것이 당연하다고 생각합니다! 부모님의 편지를 읽노라면, 잠시 교도소 문이 열려, 밖에서 함께 지내다 돌아온 것 같은 느낌이 듭니다. 웃음소리가 전혀 들리지 않는 이 딱딱한 교도소에서는—간수들조차도 웃음을 싹 잃어버린 듯합니다—기쁨의 갈망이 너무도 커서, 다들 기쁨의 내적·외적 원천을 다 퍼내야 하거든요.

오늘은 예수승천일입니다. 그리스도께서 세상과 우리의 삶을 통치하고 계심을 믿는 모든 이에게 큰 기쁨의 날이지요. 저는 부모님을 생각하고, 제가 떨어져 있은 지 오래된 교회와 예배를 생각하고, 이 교도소에서 말없이 자신들의 운명을 짊어지고 있는 이름 없는 다수의 사람도 생각합니다. 이런 저런 생각들이 저를 거듭해서 철저히 지켜 주니, 제 사소한 부자유를 중대하게 여기지 않게 해주는군요. 제가 제 부자유를 중대하게 여긴다면, 이는 대단히 부당하고 배은망덕한 것이겠지요.

저는 다시 "시간 감각"을 붙잡고 글을 조금씩 계속 쓰고 있는데, 이것이 제게 많은 즐거움을 줍니다. 직접 경험한 것을 쓰니, 손에서 물 흐르듯 글이 흘러나오고, 글쓰기가 자유자재로 이루어집니다. 감사하게도 아버님께서 보내 주셔서, 칸트Kant의 『인간학』[42]을 통독했습니다. 제가 모르는 책이었거든요. 그 책은 대단히 흥미로운 내용을 많이 담고 있지만, 다수의 본질적인 현상을 간과하는, 대단히 합리주의적인 로코코 심리학에 지나지 않더군요. 기억의 형식과 기능을 다룬 양서를 보내 주실 수 있는지요? 지금은 이 주제와 관련하여 그런 책이 제 관심을 끄는군요. 칸트가 "흡연"을 자기 위로로 풀이한 것이 썩 마음에 듭니다.

부모님께서 고트헬프의 책을 읽고 계시다니 매우 기쁩니다. (…) 그의 『편력』[43]도 확실히 부모님 마음에 들 것입니다. 저는 이곳에서 학술서로는 울호른Uhlhorn의 대작 『그리스도교의 사랑의 행위』Die Christliche Liebenstätigkeit를 즐겨 읽었고, 지금은 칼 홀Holl의 교회사 세미나를 떠올리고 있습니다.

저는 거의 날마다 슈티프터의 책을 조금씩 읽고 있습니다. 실은 너무 구식이어서 인정 많은 사람만을 묘사하는 작가이지만, 그가 그려낸 인물들의 은밀하고 눈에 띄지 않는 삶은 이곳 교도소의 분위기에 대단히 유익한 것을 제공하여, 인생의 본질적 의미를 생각하게 합니다. 이곳 감옥에서는 다들 외적으로든 내적으로든, 삶의 가장 단순한 것들로 돌아간답니다. 그래서 저는 릴케Rilke의 책에는 아예 손도 댈 수 없었습니다. 이처럼 좁은 곳에서 살면, 이해력도 떨어지는 게 아닐까요? (…)

테겔, 성령강림절, 1943년 6월 14일

(…) 성령강림절도 여전히 떨어져서 경축하는군요. 하지만 이날은 특히 친교의 축일입니다. 오늘 아침 일찍 종이 울렸을 때, 저는 예배드리러 가고 싶은 마음이 굴뚝같았습니다. 하지만 저는 밧모 섬의 요한과 똑같이 예배를 홀로 드렸습니다. 고독을 전혀 느끼지 못할 만큼 멋진 예배였습니다. 부모님과 전에 저와 함께

성령강림절을 경축하던 공동체 식구들이 그 자리에 있었습니다. 저는 어제저녁부터 파울 게르하르트의 성령강림절 성가 가사 "당신은 기쁨의 영이요……"와 "기쁨과 힘을 주소서……"를 몇 시간마다 한 번씩 암송하며 즐거워하고 있고, "재난을 당할 때에 낙심하는 것은, 너의 힘이 약하다는 것을 드러내는 것이다"[44]와 "하나님께서는 우리에게 비겁함의 영을 주신 것이 아니라, 능력과 사랑과 절제의 영을 주셨습니다"[45]도 암송하고 있습니다. 저는 "방언의 기적"을 전하는 진기한 이야기에[46] 다시 마음이 끌렸습니다. 사람들이 저마다 제 고유어로 말하는 바람에 상대의 말을 알아듣지 못하게 된 바빌로니아의 언어 혼란은[47] 하나님의 언어를 통해 종식되고 극복되어야 한다는 사상, 하나님의 언어는 모든 사람이 알아듣는 언어로서 이 언어를 통해서만 사람들이 서로 상대의 말을 다시 알아들을 수 있게 된다는 사상, 교회가 그런 사건의 장場이 되어야 한다는 사상, 이 모든 것은 대단히 위대하고 중요한 사상입니다. 라이프니츠Leibniz는 평생 모든 개념을 말로 표현하기보다는 분명한 기호로 표현해야 한다는 세계 공통 문자Universalschrift 사상과 씨름했는데, 이는 당시 사분오열된 세계를 치유하려는 그의 갈망의 발로이자 성령강림절 이야기를 철학적으로 성찰한 것이라고 할 수 있습니다.

교도소 안에 완전한 적막이 다시 찾아왔습니다. 들리는 것이라곤 감방 안에서 이리저리 움직이는 수감자들의 발소리뿐입니다. 저들은 절망적인 생각, 성령강림절과 무관한 생각을 얼마나 많이 하기에 저러는 것일까요. 제가 교도소 담당 목사라면, 이른 아침부터 밤까지 여러 감방을 들락날락했을 테고, 그러면 많은 사건이 일어났을 것입니다. (…)

부모님께서도 저와 똑같이 기다리고 계시겠지요. 고백하건대, 특정 기일의 예견을 저 자신에게 거듭해서 금하긴 했지만, 성령강림절이 되면 석방되리라는 희망을 제 잠재의식의 한구석에 품고 있었거든요. 내일이면 이곳에 구금된 지 10주가 됩니다. 우리 같은 문외한의 이해력에 따르면 "일시적" 구금이라고는 상상도 하지 못할 기간입니다. 법률적인 사건들에서 저처럼 아무것도 모르는 상태가 되는 것은 대체로 잘못된 일이 아닐 수 없습니다. 제가 이곳에서 비로소 알아챈 사실은, 법률가는 신학자와는 상당히 다른 환경에서 살고 있음이 틀림없다는 것입니다. 하지만 그것도 제게는 교훈이 됩니다. 각자 자기 자리에서 나름의 정당성을 지니고 있을 테니까요. 그리고 우리에게 남아 있는 것은, 각자 자기가 할 수 있는 일을 신속하고 분명하게 수행할 것이라 믿고, 될 수 있으면 많이 인내하며 기다릴 뿐, 원통하고 분함을 느끼지 않는 것입니다. 프리츠 로이터Fritz Reuter의 책에 이런 멋진 글이 있더군요. "인생길은 순조롭게 무리 없이 흘러가는 법이 없다. 둑에 부딪혀 제자리를 맴돌 때도 있고, 사람들이 그 길의 맑은 물에 돌멩이를 집어 던질 때도 있다. 그런 일은 어느 인생길에나 일어난다. 인생길에 마음 써야 할 것은, 자신의 물을 맑게 하여 그 속에 하늘과 땅이 비치게 하는 것이다." 이것으로 제 본심을 충분히 말씀드린 것 같습니다. (…)

시간 감각에 관한 연구는 거의 끝났습니다. 당분간은 쉬면서 이 연구가 시간 감각을 얼마나 견디는지 지켜봐야겠습니다.

오늘은 성령강림절 월요일입니다. 때마침 저는 자리에 앉아서 점심으로 무와 감자를 먹고 있습니다. 전혀 예기치 않게 부모님의 성령강림절 소포를 건네받았거든요. R.[48]이 가져온 소포 말입니다. 그러한 것이 사람의 마음을 어찌나 기쁘게 하는지 이루 다 표현할 수 없군요. 부모님과 제가 영적으로 연결되어 있다고 확신하면서도, 영은 이 사랑과 기억의 연결을 가시화하려는, 진정되지 않는 갈망을 늘 품는 것 같습니다. 게

다가 가장 물질적인 것들도 영적인 실재들을 운반하는 것 같습니다. 이는 모든 종교가 성례전을 통해 영을 가시화하려는 것과 유사한 것 같습니다. (…)

테겔, 1943년 6월 24일

(…) 이토록 어려운 시기에 서로 신뢰하며 도움을 주는 가족, 서로 긴밀히 연결된 대가족이 있다는 것은 실로 풍부한 자산이 아닐 수 없습니다! 전에 저는 목사들이 구금될 때마다 그들 가운데 의지가지없는 사람이 가장 견디기 쉬울 것으로 생각했었습니다. 당시에는 교도소의 찬 공기 속에서 접하는 온기, 곧 아내와 가족의 사랑에서 비롯된 온기가 무엇을 의미하는지, 그리고 그러한 격리의 시간 속에서 절대적인 연대감이 얼마나 더 커지는지를 알지 못했던 것입니다. (…)

감사하게도 부모님이 전해 주신 (…) 편지들이 도착했습니다. 딸기와 나무딸기, 방학과 여행 계획에 관한 소식을 접하고서, 그 사이에 정말 여름이 왔음을 느낍니다. 이곳 생활은 시류와 무관하게 흘러가고 있습니다. 기온이 온화해서 다행입니다. 얼마 전, 박새 한 마리가 이곳 뜰의 작은 창고에 둥지를 틀었습니다. 새끼 열 마리가 그 속에 있었지요. 저는 날마다 그 둥지를 보며 기뻐했습니다. 그러던 어느 날, 어떤 잔인한 놈이 모든 것을 파괴하고 말았습니다. 박새 몇 마리가 죽은 채로 땅바닥에 널브러져 있었지요. 참으로 이해할 수 없는 짓입니다. 뜰에서 산책할 때마다 보리수 숲 가에서 만나게 되는 작은 개미집과 꿀벌들도 저를 기쁘게 합니다. 저는 이따금 페터 밤Peter Bamm의 이야기도 떠올립니다. 그는 아주 아름다운 섬에 살면서 많든 적든 온갖 상냥한 이들을 만나는 사람, 악몽을 꾸는 중에 폭탄이 터져 모든 것이 파괴되어도 먼저 나비들에게 아무 일도 없기를 바라는 사람입니다! 수감자들이 동물 및 식물과 꽤 특별한—조금은 감상적인—관계를 맺으면서 얻는 감정은 아무 방해도 받지 않고 고요하고 자유롭게 살아가는 삶, 자연 상태의 삶에 대한 감정이 아닐까 싶습니다. 하지만 감방 안에 있는 파리들과의 관계만은 여전히 어떤 감상도 자아내지 않습니다. 수감자는 일반적으로 자신이 주위 환경에서 느끼는 온기의 결핍과 정서의 결핍을 지나치게 감정적인 것으로 대체하는 경향이 있거나, 걸핏하면 인격적이고 정서적인 것에 과도한 반응을 보이는 것 같습니다. 그럴 때는 냉수 샤워로 냉정함과 유머를 되찾는 것이 유익합니다. 그러지 않으면

평정을 잃고 맙니다. 제 생각에는 바르게 이해된 기독교가 이 일을 매우 효과적으로 수행하는 것 같습니다. 아버님이야말로 오랫동안 수감자들을 마주하며 경험을 쌓으셨으니[49] 모든 것을 잘 아실 것입니다. 물론 저는 소위 구금성 정신병이 무엇인지를 아직은 잘 모르고, 그저 그 성향만을 대강 상상할 수 있을 뿐입니다. (…)

테겔, 1943년 7월 3일 일요일

(…) 토요일 저녁 여섯 시에 교도소 교회의 종이 울리기 시작하면, 그때가 집에 부칠 편지를 쓰기에 가장 좋은 순간입니다. 종소리가 이토록 사람의 마음을 휘어잡고, 이토록 인상적일 수 있다니, 참 별난 일입니다. 인생의 많은 것이 종소리와 연결되어 있습니다. 종소리를 듣노라면, 불만족스러운 모든 것, 감사할 줄 모르는 모든 것, 이기적인 모든 것이 차츰차츰 사라지고, 좋은 기억들만 떠오르면서, 갑자기 제가 선한 영들에 둘러싸이는 것 같은 기분이 듭니다. 프리드리히스브룬에서 보낸 조용한 여름 저녁이 제 마음에 가장 먼저 떠오르고, 그다음에는 제가 사역한 여러 교구가 떠오르고, 그다음에는 혼례들, 세례들, 견신례들—

그러고 보니 내일은 제 대녀代女[50]가 견신례를 받는 날이군요!— 등 집안의 수많은 축제가 떠오릅니다. 다 헤아리지 못할 만큼 그 모든 것이 생생하게 떠오릅니다. 하지만 평화롭고 감사하고 낙관적인 것들만 생각나는군요. 제가 다른 이들을 더 도와줄 수 있다면 좋을 텐데!

저는 한 주 동안 조용히 많은 일을 하며 좋은 책을 여러 권 읽고, 부모님(…)의 편지도 읽고, 오늘은 굉장히 마음에 드는 소포까지 받았습니다. 집에 있는 방공호의 창문을 벽돌로 막으라고 한다니 걱정입니다. (…)

구금된 지 대략 3개월이 되는군요. 대학생 시절에 슐라터Schlatter [51] 교수의 윤리학 강의에서 들은 말이 기억납니다. "말없이 구류를 겪는 것은 그리스도인다운 국민의 의무입니다." 당시에는 이 말이 공허하게 들렸지요. 저는 지난 몇 주 동안 이 말을 이따금 생각해 보았고, 지금은 시간이 우리에게 변함없이 주어지기를 종전처럼 차분하게 인내심을 갖고 기다리려고 합니다. 저는 자유의 몸이 되어 부모님과 함께 지내는 꿈을 전보다 더 많이 꿉니다.

불꽃 나리들Feuerlilien은 대단히 아름다웠습니다. 아침에 몇 개의 꽃받침이 서서히 열려 딱 하루만 피고, 이튿날 아침에는 새로운 꽃들이 피며, 그 다음 날 아침에는 마지막 꽃들이 피더군요. (…)

테겔, 1943년 7월 24일[52] 일요일

(…) 이제 보니 어제 부모님께서 더위를 무릅쓰고 친히 이곳에 오셔서 소포를 맡기셨더군요! 너무 힘들지 않으셨기를 바랍니다. 찾아와 주셔서 정말 감사드리고, 보내 주신 모든 물품에 대해서도 감사드립니다! 여름철 농산물은 제가 이곳에서 특히 반기는 것들입니다. 이제 보니 토마토들이 벌써 익었네요! 요즘 들어 처음으로 더위를 느끼지만, 이곳 감옥에서는 아직 더위를 타지 않습니다. 제가 적게 움직이거든요. 그러나 신선한 공기를 갈망하는 마음만은 더욱 강해지고 있습니다. 정원에서 갖던 야회夜會를 다시 한 번 경험하고 싶습니다. 낮에 30분 동안 산책하는 것이 즐겁기는 하지만, 시간이 너무 짧습니다. 제가 다시 바깥으로 나가면, 다양한 감기 증상들, 심한 통증, 코감기 등이 싹 떨어질 것 같습니다. 제게 변함없이 큰 기쁨을 주는 것은 꽃들입니다. 잿빛 감옥에 약간의 빛깔과 생명을 가져다주거든요. (…)

저는 지금 19세기의 책들에 푹 빠져 지냅니다. 지난

몇 달 동안 저는 고트헬프, 슈티프터, 임머만,Immermann [53] 폰타네,Fontane [54] 켈러Keller [55]의 책을 다시 감탄하며 읽었습니다. 그 세기에 사람들이 그토록 명확하고 단순한 독일어로 글을 쓸 수 있었던 것은 결국 그들이 대단히 건전한 본성을 소유했기 때문일 것입니다. 그들은 가장 섬세한 것을 말하되 감상에 빠지지 않고, 가장 힘찬 것을 말하되 경박하지 않으며, 설득력을 갖추고 말하되 격하지 않고, 말하거나 대상을 묘사할 때는 지나치게 단순하지도 지나치게 복잡하지도 않습니다. 요컨대, 이 모든 것이 제 마음에 쏙 들고, 대단히 건전해 보입니다. 그러나 그 바탕에는 독일어 표현에 대한 매우 진지한 연구와 깊은 고요가 깔려 있습니다. 그 밖에도 저는 로이터의 후기 작품들에 다시 매료되었습니다. 저는 그의 문법에 종종 내적으로 공감하곤 합니다. 무언가를 표현하는 방식을 통해서도 저자와의 교감이나 거리감을 느낄 때가 종종 있는 것 같습니다. (…)

회를 거듭할수록 부모님께 써 보내는 편지가 마지막 편지가 되기를 바라는 마음 간절합니다. 이 바람대로 될 개연성이 나날이 커지고 있어서인지, 이곳 생활도 점점 싫증이 나는군요. 며칠만이라도 좋으니 아름다운 여름날을 다 같이 지낼 수 있게 되기를 소망합니다. (…)

테겔, 1943년 8월 3일

(…) 부모님께 더 자주 편지를 쓰게 되어서 여간 기쁘고 감사한 게 아닙니다. 교도소 맨 위층에 자리한 제 감방의 열기 때문에 그리고 변호사를 구해 달라는 제 부탁 때문에 부모님께서 걱정하고 계신 것은 아닌지 염려됩니다. 부모님께서 보내 주신 호화로운 소포가 방금 도착했습니다. 토마토, 사과, 설탕물에 절인 과일, 보온병 등과, 제가 듣도 보도 못한 훌륭한 냉각 염이 들어 있더군요. 저 때문에 이 모든 수고를 또 하셨다니 몸 둘 바를 모르겠습니다! 제가 더위를 더 심하게 겪을 것으로 생각하지 마시기 바랍니다. 저는 이탈리아, 아프리카, 스페인, 멕시코에서도 더위를 경험했고, 1939년 7월에는 뉴욕의 극심한 더위도 경험했습니다. 저는 더위에 대처하는 법을 어느 정도 알고 있습니다. 마시는 것과 먹는 것을 줄이고, 차분히 책상 앞에 앉아서 아무 방해도 받지 않고 제 연구에 몰두하고 있습니다. 제 위胃와 마음도 부모님께서 틈틈이 보내 주신 좋은 것들로 원기를 얻고 있습니다. 다른 층으로 옮겨 달라는 부탁은 하고 싶지 않습니다. 그렇게 되면 다른 수감자가 제 감방으로 옮겨 와서 토마

토 같은 것도 없이 지내야 할 텐데, 그에게 온당치 않은 일인 것 같습니다. 게다가 객관적으로 보면, 감방 온도가 34도이든 30도에 지나지 않든 그다지 문제가 되지 않는 것 같습니다. 제가 알기로는 한스*Hans*[56]가 더위를 잘 참지 못해서 걱정입니다. 정말 유감스러운 일이 아닐 수 없습니다. 그러나 다소 편해질 거라는 희망을 계속 품기보다는 변경할 수 없는 것을 묵묵히 견디는 그의 모습은 보면 볼수록 신기합니다.

변호사를 구해 달라는 제 부탁과 관련해서는 크게 걱정하지 마시고, 저처럼 사건의 경과를 조용히 기다려 주시기 바랍니다. 부모님께서는 제가 심히 울적하거나 불안한 상태라고 생각하지 마시기 바랍니다. 그간의 일은 부모님께도 실망스러웠을 것입니다. 하지만 우리가 그토록 오래 기다리던 사건의 종결이 조만간 이루어질 것을 아는 것은 해방이기도 합니다. 저는 날마다 좀 더 상세한 기별을 기다리고 있습니다. (…)

저는 새로 양서 여러 권을 읽었습니다. 『위르크 예나치』*Jürg Jenatsch*를 대단히 즐겁게, 흥미진진하게 읽으면서 어린 시절의 추억을 새롭게 했습니다. 역사적 사실을 다룬 것으로는 베네치아 사람들을 다룬 작품이 매우 교훈적이고 매력적이었습니다.[57] 폰타네의 책들, 이를테면 『예니 트라이벨 부인』*Frau*

Jenny Treibel 『얽힘과 설킴』,*Irrungen, Wirrungen* 『슈테힐린 호수』*Der Stechlin* 를 보내 주십시오. 지난달에 읽은 두툼한 책들은 제 연구에도 큰 도움이 될 것입니다. 『윤리학』*Ethik*을 위해서는 교과서보다 그러한 것들에서 더 많은 것을 배우게 되는군요. 저는 어머니처럼 로이터의 『집 없는 사람』*Kein Hüsung*을 좋아합니다. 그러나 제가 이것으로 로이터의 책을 다 읽은 것인지요? 아니면 부모님께서 이렇다 할 책을 더 가지고 계시는지요? (…)

저는 최근에 『초록의 하인리히』*Der Grüne Heinrich* [58]에서 이런 멋진 시구를 읽었습니다. "바다의 / 거센 파도 / 내게 달려들어 / 그대들의 노랫소리 / 희미해도, 나 한 음도 놓치지 않으리." (…)

테겔, 1943년 8월 7일

(…) 지금도 방공 준비를 하고 계시는지요? 요 며칠 신문이 전하는 바로는, 모든 것을 한 번 더 세세히 점검하지 않으면 안 될 것 같습니다. 예를 들면 부모님과 제가 전에 지하실의 들보에 관해 이야기하면서 꺼림칙해 하던 일이 머리에 떠오르는군요. 중앙에 있는 대들보를 바꾸기로 작정하셨는지요? 아직도 그 일

을 염두에 두고 계시는지, 그 일의 조력자들을 얻으실 수 있는지, 현재의 저로서는 가늠하기가 대단히 어렵군요. 제가 부모님을 도와 드릴 수 있다면 얼마나 좋을까요. 도와 드리지 못하더라도 제게 모든 것을 알려 주시기 바랍니다. 모든 것 하나하나가 제 관심 사항이거든요. (…)

지금까지 말씀드리지 않은 것 같은데, 저는 날마다 더는 읽거나 쓸 수 없을 때 체스 이론을 조금 파고듭니다. 그것이 참 재미있습니다. 숙제로 받아들이실지 모르겠지만, 체스 이론을 다룬 소책자나 좋은 책이 있는지 알아봐 주시면 고맙겠습니다. 그러나 그것 때문에 애쓰지는 마십시오. 그러지 않으셔도 괜찮습니다. (…)

테겔, 1943년 8월 17일

(…) 무엇보다도 제 염려는 될 수 있으면 적게 하시기 바랍니다. 저는 모든 것을 잘 견디고 있으며, 내면도 어느 정도 평온합니다. 공습경보가 우리를 조금도 불안하게 하지 않는다는 것을 몇 차례의 경험을 통해 서로 알게 되어 참 다행입니다. (…) 법정이 베를린에 남아 있게 되어 기쁩니다! (…) 저도 그렇지만 부모님

께서도 혹여 있을지 모를 공습경보만 골똘히 생각하시기보다는 더 나은 일을 하시는 게 좋겠습니다. 이곳 감옥에서는 그날그날 일어나는 사건들 및 소동들과 거리를 유지하는 법을 거의 저절로 배우게 되는군요. (…)

지난 두 주 동안 날마다 불안하게 기다리면서 생산적인 활동을 거의 하지 못했으니, 이제 다시 집필에 몰입할 생각입니다. 저는 지난 몇 주 동안 희곡 초안을 습작했는데, 그사이에 소재가 극적이지 않음을 확인하고서, 이제는 그 초안을 이야기 형식으로 개작하려 시도하고 있습니다. 한 가족의 삶을 주로 다루고 있답니다. 이 초안에는 자연히 개인적인 것도 많이 섞여 있습니다. (…)

젊은 목사 세 사람의 죽음이 저를 몹시 슬프게 하는군요. 제가 지금은 그들의 친척들에게 편지할 수 있는 처지가 아님을 어떤 식으로든 알려 주시면 고맙겠습니다. 그러지 않으면 그 친척들이 그 점을 이해하지 못할 것입니다. 이 세 사람은 제 학생 중에서 저와 가장 가까운 사이였습니다. 이들의 죽음은 개인적으로나 교회적으로나 큰 손실이 아닐 수 없습니다. 제 제자들 가운데 전사한 이들이 서른 명이 넘는데, 그들 대부분은 가장 뛰어난 제자들이었습니다. (…)

테겔, 1943년 8월 24일

(…) 부모님께도 불안한 밤이었겠군요! 부모님 댁의 모든 것이 정상이라는 소식을 교도소 소장[59]으로부터 전해 듣고 나서야 제 마음이 한결 홀가분해졌습니다. 교도소 맨 위층에 있는 제 감방에서, 공습경보가 울려 완전히 차단되는 창문 틈으로 내다보니, 교도소 남쪽 방면의 도시 위로 섬뜩한 불꽃이 일더군요. 개인적인 불안감은 전혀 없었지만, 그러한 순간들 속에서 속수무책으로 기다리고만 있는 현재의 제 모순된 처지가 매우 강하게 의식되더군요. 그러던 중에 오늘 아침 일찍 헤른후트Hernnhut 매일 묵상집 「로중」Losung이 제 마음을 감동하게 했습니다. “내가 땅을 평화롭게 하겠다. 너희는 두 다리를 쭉 뻗고 잘 것이며, 아무도 너희를 위협하지 못할 것이다.”[60]

이상하게도 저는 일요일 밤에 위장 카타르를 얻었고, 어제는 열이 38도로 올랐다가 오늘에야 다시 내렸습니다. 방금 편지를 쓰기 위해 일어났다가, 편지를 쓴 다음에는 신중을 기하기 위해 다시 자리에 누워 쉬려고 합니다. 저는 무슨 일이 있어도 앓고 싶지 않습니다. 이곳에서는 병이 들어도 별식이 제공되지 않거든요. 부모님께서 보내 주신 딱딱한 빵과 이럴 때를 대비하여 오래전부터 보관해 둔 라이프니츠 과자 상자가 있어서 안심입니다. 그 밖에도 한 위생병이 제게 자신의 흰 빵을 조금 떼어 주었습니다. 그러니 저는 잘 회복될 것입니다. 이곳에서는 모든 때를 대비하여 그러한 것을 항상 갖추고 있어야 할 것 같습니다. 작은 봉지에 담긴 곡분穀粉이나 콘플레이크도 그러한데, 위생실에서 조리할 수 있거든요. 부모님께서 이 편지를 받으실 즈음이면, 제가 이미 완쾌된 상태일 것입니다. (…)

테겔, 1943년 8월 31일

(…) 최근에 저는 연구를 다시 잘할 수 있게 되면서, 글도 많이 썼습니다. 몇 시간 동안 글감에 온전히 몰입하다가도 제가 감옥 안에 있음을 다시 깨닫게 되면, 잠시 제가 가야 할 길을 점검하곤 합니다. 외적인 것에 적응했지만, 저의 현 거처를 마주하여 느끼는 당혹스러움만은 아직 극복하지 못한 것 같습니다. 자신의 처지에 적응하고 순응하는 점진적 과정을 관찰하는 것은 대단히 흥미로운 일입니다. 8일 전에 신품 식사용 나이프와 포크

를 받았는데, 제게는 불필요한 것처럼 보였습니다. 숟가락으로 빵에 버터를 바르는 것이 손에 익었기 때문입니다. 다른 한편으로, 터무니없는 것으로 여겨지는 것, 예를 들면, 감금되어 있다는 사실 자체에 전혀 익숙해지지 않거나 몹시 어렵게만 익숙해지는 것 같습니다. 자신의 처지에 잘 적응하기 위해서는 언제나 의식적인 행동이 필요합니다. 이것을 다룬 심리학적 연구들도 있지 않을까요?

델브뤼크Delbrück [61]의 『세계사』*Weltgeschichte*를 아주 유쾌하게 읽었는데, 그 속에 수록된 독일 역사는 더 유쾌하더군요. 『미생물을 쫓는 사람』*Mikrobenjäger* [62]은 대단히 즐겁게 끝까지 읽었습니다. 그 밖에 슈토름Storm [63]의 책을 몇 권 더 읽었지만, 대체로 크게 감동하지는 못했습니다. 폰타네나 슈티프터의 책을 가져다주시면 좋겠습니다. (…)

테겔, 1943년 9월 5일

(…) 지지난밤에 대해서는 서로 이야기할 필요가 없을 것 같습니다. 저는 감방 창문을 통해 본 무시무시한 밤하늘을 잊지 못할 것 같습니다. 아침에 교도소 소장을 통해서 집의 모든 것이 무

사하다는 소식을 듣고 정말 기뻤습니다. (…) 신기하게도, 그 야간에 제 삶의 이유인 분들의 안위만 생각나고, 저 자신의 안위는 쏙 들어가거나 아예 생각나지도 않더군요. 자신의 생명이 다른 사람들의 생명과 밀접하게 연결되어 있고, 자기 생명의 중심이 자기 밖에 있으며, 자기가 보잘것없는 개체에 불과하다는 것을 그제야 비로소 느끼게 되더군요. "나의 일부인 것처럼"[64]이라는 표현은 정말 옳은 표현입니다. 저는 전사한 동료 목사들과 제자들의 부고를 접할 때마다 그런 심정이 됩니다. 요컨대 이것은 자연의 사실인 것 같습니다. 이를테면 인간의 생명이 자신의 육체적 생존 너머로 손을 뻗는 것입니다. 아마도 어머니께서 이것을 가장 강하게 느끼실 것 같습니다. 다음의 두 성경 말씀이 저의 이 경험을 요약해 주는군요. 하나는 예레미야 45장에 있는 말씀입니다. "나 주가 말한다. 나는, 내가 세운 것을 헐기도 하고, 내가 심은 것을 뽑기도 한다……네가 이제 큰일을 찾고 있느냐? 그만 두어라. 이제 내가 모든 사람에게 재앙을 내릴 터인데 너만은 내가 보호하여, 네가 어디로 가든지, 너의 목숨만은 건져 주겠다."[65] 다른 하나는 시편 60편에 있는 말씀입니다. "주께서 땅을 흔드시고 갈라지게 하셨으니, 이제는 그 갈라지고 깨어진 틈을 메워 주소서."[66] (…)

파편 폭탄 대피호를 마련하셨는지, 지하실에서 대피호로 이어지는 통로를 만들게 하실 수는 없는지 알고 싶습니다. M[67] 소장은 그것도 만들라고 하더군요. (…)

저는 계속해서 잘 지내고 있습니다. 저는 공습의 위험 때문에 두 층 아래로 옮겨졌습니다. 이제는 제 감방 창문을 통해 교도소 부속 교회의 탑이 정면으로 보이는데, 참 아름답습니다. 지난주에 저는 글을 다시 아주 잘 쓸 수 있었습니다. 부족한 것은 생산적인 연구에 필요한 옥외 운동뿐입니다. 하지만 그것도 곧 하게 될 것입니다. 꼭 필요한 것이니까요. (…)

테겔, 1943년 9월 13일

(…) 최근에 제가 보낸 편지 중에서 좀 더 많은 우편물을 받고 싶다며 제 소원을 피력한 대로, 근래 정말 많은 편지를 받고 매우 기뻤습니다. 졸지에 제가 팔름슈트룀Palmström이 된 것 같습니다. "3개월분의 혼합 우편물"을 주문한 사람 말입니다.[68] 여러 통의 편지를 받은 날은 단조로운 여느 날과 달리 눈에 띌 정도로 활기를 띤답니다. 이제는 면회 허가도 떨어져서, 저는 정말 아주 잘 지내고 있습니다. 지난 몇 주 동안 불쾌한 우편배달 지연이

있고 나서인지 이것에 정말 감사한 마음을 갖게 되었습니다. 부모님께서도 조금 더 좋아지신 것처럼 보여서 정말 기뻤습니다. 부모님께서 올해에 꼭 필요한 휴가를 갖지 못하신 것이 저의 모든 일에도 불구하고 언제나 제 마음에 걸렸기 때문입니다. 겨울이 오기 전에 얼마간이라도 벗어나셨으면 좋겠습니다. 제가 동행해 드리면 참 좋으련만. (…) 사사건건 다른 사람들의 도움에 의지하다 보면 이상한 기분이 들지만, 어쨌든 그런 시기에 감사하는 법을 배워서, 다시는 잊지 않기를 바랄 따름입니다. 주는 것보다 받는 것이 훨씬 많으며 감사가 인생을 한층 더 풍요롭게 한다는 사실을 정상적인 삶 속에서는 조금도 의식하지 못합니다. 다른 사람들을 통해 형성된 것의 중요성보다 자신의 활동과 행동의 중요성을 과대평가하기 쉽고요.

최근에 일어난 세계사적 사건들이[69] 이곳 사람들의 온몸을 휘감는 바람에, 다들 그 어떤 곳에서든 유용한 일을 하고 싶어 합니다. 하지만 지금 이 순간 그러한 장소는 교도소의 감방일 수밖에 없고, 이곳에서 무언가를 할 수 있다고 해도 그것은 눈에 보이지 않는 영역에서 일어나는 일이므로, "하다"라는 표현은 대단히 부적절합니다. 저는 이따금 슈베르트의 가곡 십자군Der Kreuzzug과 그 속에 등장하는 "수도사"를 떠올리곤 합니다.

그 밖에도 저는 되도록 많이 배우고 많이 쓰고 있습니다. 5개월이 넘는 기간 동안 한순간도 무료함을 느끼지 않아서 기쁩니다. 시간은 늘 채워지지만, 그 배후에는 아침부터 저녁까지 기다림이 자리하고 있습니다. 몇 주 전에 부모님께 신간 서적 몇 권, 곧 니콜라이 하르트만Nicolai Hartmann의 『체계적 철학』*Systematische Philosophie*과 디터리히 출판사의 『마리우스와 술라의 시대』*Das Zeitalter des Marius und Sulla*[70]를 사달라고 부탁드렸는데, 리하르트 벤츠Richard Benz의 『독일 음악』*Die deutsche Musik*도 부탁드립니다. 이것들을 읽지 않은 채 지나치고 싶지 않아서 이곳에서라도 읽을 수 있게 된다면 기쁘겠습니다. 언젠가 K. F.[71]가 편지에서 누구나 알 수 있는 물리학 책을 언급하며 그것을 구해서 보내겠다고 하더군요. K.[72]도 때때로 양서들을 찾아서 보내 줍니다. 이곳에서 이용할 수 있는 책은 거의 다 읽었습니다. 하지만 장 파울의 『지벤케스』*Siebenkäs*나 『개구쟁이 시절』*Flegeljahren*은 다시 시도할 것 같습니다. 그것들은 제 방에 있습니다. 나중에는 그것들을 읽어 볼 마음이 더는 생기지 않을 것 같군요. 물론 장 파울을 매우 좋아하는 박식한 사람들이 있습니다. 하지만 제가 보기에 그는 여러 차례의 시도에도 불구하고 변함없이 너무 고루하고 틀에 박힌 듯합니다. 그사이에 9월 중순이 되었군요. 이 모든 소원이 이루어지기 전에 쓸모없는 것이 되기를 바랍니다. (…)

테겔, 1943년 9월 25일

(…) 처음부터 이러한 사건의 예측 가능한 기간을 곧바로 통지해 주었더라면 좋았을 것입니다. 그랬다면 제가 이곳에서 수행하는 연구도 많이 달라졌을 테고, 성과도 더 많이 올렸을 것입니다. 우리의 처지가 이 모양이어도, 결국은 매주, 매일이 귀중합니다. 이치에 맞지 않는 것으로 여기시겠지만, 어제 변호사 접견 허가서와 구속영장이 도착해서 정말 기뻤습니다. 따라서 무작정 기다리는 것도 조만간 끝날 것 같습니다. 아무튼, 저는 장기간의 구류 생활로 영원히 잊히지 않을 인상을 받았습니다. (…) 그 밖에 저는 글을 쓰면서, 신학을 알지 못하는 자유 문필가들의 책도 재미있다는 것을 발견하고 있습니다. 그러나 저는 독일어가 얼마나 어려운 언어인지, 독일어를 망치기가 얼마나 쉬운지를 이제야 비로소 제대로 깨닫고 있습니다! (…)

죽 읽어보니, 제 편지에 불만이 담겨 있는 것 같습니다.

그래서는 안 될 것입니다. 그것은 현실에 맞지도 않을 것입니다. 저는 이곳에서 나가기를 간절히 바라는 만큼 단 하루도 낭비하지 않았다고 생각합니다. 이 시간이 나중에 어떤 영향을 미칠지는 아직 말할 수 없지만, 반드시 영향을 미칠 것입니다. (…)

테겔, 1943년 10월 4일

(…) 밖을 보니 참 아름다운 가을날이군요. 부모님을 프리드리히스브룬으로 모셔 가고 싶고, 그곳 별장을 굉장히 좋아하는 한스 자형과 그의 가족도 데려가고 싶은 날입니다. 그러나 오늘날 이 세계에서 자신의 소원을 이룰 수 있는 사람이 얼마나 될까요? 저는 디오게네스의 견해에 동의하지 않습니다. 그는 바라지 않는 것이 최상의 행복이고, 텅 빈 통이 이상적인 숙소라고 말하더군요. 어찌하여 그는 말도 안 되는 거짓말로 자신을 속이는 걸까요? 그러나 젊은 시절에는 잠시 소원을 접는 것이 아주 좋을 것 같습니다. 다만 소원을 완전히 억눌러, 그러한 것에 무관심한 상태가 되어서는 안 된다고 생각합니다. 지금 제게는 그럴 위험이 전혀 없습니다. (…)

방금 C.[73]의 편지가 도착했습니다. 그 애가 거듭 마음 써서 편지해 주니 놀라울 따름입니다. 열네 살의 그 애가 수개월 동안 자기 아버지와 대부代父인 제게 편지를 써 보낼 때, 그 머릿속에서는 어떤 세계상이 형성될까요. 그 애의 머릿속에는 세상에 대한 과도한 환상이 설 자리가 없을 것입니다. 그 애의 소년 시절은 이 사건들과 함께 끝나지 않을까 싶습니다. 그 애에게 제 감사의 마음을 전해 주십시오. 그 애를 다시 볼 수 있게 되기를 학수고대합니다.

하르트만의 『체계적 철학』을 입수하셨다니 기분이 참 좋습니다. 지금부터 분발해서 몇 주 동안 그 책과 씨름할 생각입니다. 간절히 바라는 중단이 그사이에 이루어지지 않는다면 말입니다. (…)

테겔, 1943년 10월 13일

(…) 제 앞에는 어제 부모님께서 가져다주신 가지각색 달리아 꽃다발이 놓여 있고, 저는 부모님과 함께했던 아름다운 시간과 정원을 떠올리며, 이 가을날의 세상은 얼마나 아름다울까 생각하고 있습니다. 제가 최근에 알게 된 슈토름의 시구가 이 분위기

에 맞아, 잊히지 않는 멜로디처럼 제 마음에 되풀이해서 떠오르는군요. "기독교든 아니든 / 밖에서는 어처구니없는 소동이지만 / 세상, 아름다운 세상은 / 전혀 변함이 없네." 가을꽃 몇 송이, 감방 창문으로 보이는 정경, 밤나무와 보리수나무가 몇 그루 서 있는 교도소 뜰에서 30분 동안 하는 "운동"만으로도 이 시구를 충분히 이해할 수 있겠더군요. 그러나 결국 "세상"은 보고 싶고 함께 있고 싶은 몇 사람으로 표현되는 것 같습니다. (…) 게다가 가끔이라도 좋으니 주일에 좋은 설교를 들을 수 있다면—이따금 찬송 소리가 바람결에 띄엄띄엄 실려 오거든요—금상첨화일 것입니다. (…)

최근에 저는 다시 많은 글을 썼는데, 그 날의 일과로 계획한 일을 다 하기에는 스물네 시간이 너무 짧습니다. 그래서 이런저런 사소한 일 때문에 "시간이 없다"는 우스꽝스러운 느낌이 들 때가 더러 있습니다. 아침에는 조반을 먹고 일곱 시부터 신학을 공부하고, 그런 다음 점심때까지 글을 씁니다. 오후에는 독서를 하면서 델브뤼크의 『세계사』 가운데 한 장을 읽고, 영어 문법서를 조금 들여다봅니다. 저는 이 문법서에서 갖가지 것을 익힙니다. 마지막에는 기분에 따라 다시 글을 쓰거나 책을 읽습니다. 그러면 저녁에 아직 잠잘 때가 아닌데도 잠자리에 들고 싶을 만큼 충분히 피곤한 상태가 됩니다. (…)

테겔, 1943년 10월 31일

(…) 오늘은 종교개혁 기념일입니다. 무엇보다도 우리 시대에 많은 것을 생각하게 하는 날이지요. 어찌하여 루터의 업적으로부터 그가 원하던 것과는 정반대의 결과들이 생겨나서, 그의 말년을 황폐하게 하고, 그의 필생의 역작마저 의심하게 하였는지 자문해 봅니다. 그가 원한 것은 교회와 서구, 다시 말해 기독교를 믿는 민족들의 진정한 일치였지만, 결과는 교회와 유럽의 분열이었습니다. 그가 원한 것은 "그리스도인의 자유"였지만, 결과는 무관심과 황폐화였습니다. 그가 원한 것은 로마 가톨릭교회의 후원 없이 순수 세속 사회질서를 수립하는 것이었지만, 결과는 농민전쟁이라는 봉기였고, 삶의 모든 진정한 유대와 질서의 해체였습니다. 제 학창 시절에 벌어진 홀 교수와 하르낙Harnack 74 교수의 논쟁이 생각납니다. 정신사의 위대한 운동들이 성공하는 것은 그 운동들의 본질적 동기에 의한 것인가, 아니면 부수적 동기에 의한 것인가를 두고 벌어진 논쟁이었지요. 그 당시에 저는 전자를 주장한 홀 교수가 옳다고 생각했지만, 요즘은 그가

틀렸다고 생각합니다. 키르케고르Kierkegaard 75는 이미 100년 전에, 루터가 오늘 살아 있다면 당시에 했던 것과는 정반대의 말을 할 것이라고 했습니다. 저는—좀 에누리해서 말하면—그의 말이 옳다고 생각합니다.

부탁하건대, 볼프 디트리히 라쉬Wolf Dietrich Rash의 『독일 작가의 독본』*Lesebuch deutscher Erzähler*, 키펜호이어 출판사, 1943년 빌헬름 폰 숄츠Wilhelm von Scholz의 『담시』*Die Ballade*, 테오도르 크나우르 출판사, 1943년 프리드리히 레크-말레체벤Friedrich Reck-Malleczewen의 『8세기 연서들』*Briefe der Liebe aus 8 Jahrhunderten*, 카일 출판사, 1943년을 저를 위해 주문해 주시기 바랍니다.

최근에 몇 시간 동안 제 류머티즘이 도져, 의자에서 혼자 일어설 수도 없고, 식사를 위해 두 손을 들 수도 없었지만—그 때문에 저들이 곧바로 저를 의무실로 데려가 전등 불빛을 쬐게 해주었지요—지금은 아주 좋아진 상태입니다. 그러나 저는 지난 5월 이래로 류머티즘에서 완전히 벗어나지는 못한 상태입니다. 차후에 어떤 조처를 하면 좋을까요? (…)

테겔, 1943년 11월 9일

(…) 슈티프터의 시가선詩歌選[76]을 받아서 대단히 기뻤습니다. 주로 편지 투의 글로 구성되어 있는데 굉장히 참신하군요. 저는 지난 열흘 동안 『비티코』*Witiko*[77]를 읽으며 감동하고 있습니다. 그동안 구해 달라며 부모님을 성가시게 하고 나서 이곳 교도소 도서관에서 찾아낸 책입니다. 여기에 이것이 있을 줄은 상상도 하지 못했습니다! 무려 1,000쪽이 넘고, 대강 훑어볼 게 아니라 아주 침착하게 읽어야 하는 책이니만큼, 오늘날 많은 사람이 접근하기 쉽지 않은 책일 것입니다. 그래서 부모님께 이 책을 권해 드려도 될지 모르겠습니다. 이 책은 제가 알고 있는 가장 훌륭한 책 가운데 하나인 것 같습니다. 덧붙여 말씀드리지만, 이 책은 때 묻지 않은 언어와 순수한 인물로 읽는 이에게 대단히 진기하고 기묘한 행복감을 안겨 줍니다. 제가 열네 살 때 『로마를 얻기 위한 투쟁』*Ein Kampf um Rom*[78] 대신 이 책을 먼저 읽고, 이 책과 함께 성장했더라면 더 좋았을 것이라는 생각이 듭니다. 이 책은 현대의 좋은 역사 소설들, 가령 보이머Bäumer[79]의 소설조차 나란히 거명될 수 없을 정도입니다. 이것은 독보적인 책입니다.

이 책을 소유하고 싶지만, 입수하기가 거의 불가능할 것 같습니다. 제가 아는 소설 중에서 이제까지 이와 유사하게 강한 감동을 준 소설은 『돈키호테』와 고트헬프의 『시대정신과 베른 정신』뿐입니다. 장 파울의 책은 이번에도 읽다가 포기했습니다. 그의 책은 부자연스럽고 천박하다는 생각을 도저히 지우지 못하겠습니다. 그는 인간적으로 상당히 불운한 사람이었음이 틀림없습니다. 이렇게 문학 탐험 여행을 하게 되어 기분 좋고, 이토록 오랜 세월 동안 책을 읽고 나서도 여전히 의외의 놀라운 기쁨을 경험하게 되다니 그저 놀라울 따름입니다. 제가 이 여행을 계속할 수 있도록 도와주시겠지요?

감사하게도 며칠 전 자형 R.[80]의 편지를 받았습니다. 저는 자형이 다녀온 푸르트뱅글러 연주회의 연주곡목을 떠올리며 애가 달았답니다. 이 시간 이곳에 있는 신세이지만, 제가 저의 남은 연주 기술을 잊지 않았으면 좋겠습니다. 저는 이따금 삼중주의 밤, 사중주의 밤, 혹은 가곡의 밤을 갈망하곤 합니다. 이 건물에서 들리는 것과는 다른 소리를 다시 한 번 듣고 싶군요. 7개월 이상 살다 보니 이곳이 지겹지만, 이것은 참으로 당연한 사실이어서, 부모님께 미리 말씀드릴 필요도 없겠지요. 반면, 제가 이 모든 것에도 불구하고 잘 지내고 있거나, 갖가지 기쁨을 경험하게 되어 기분이 아주 좋다는 것은 당연한 사실이 아니기에 저는 이것들을 떠올리며 날마다 감사하고 있습니다. (…)

테겔, 1943년 11월 17일

(…) 이 편지를 쓰고 있는 이 시간, S.[81] 가족은 참회 기도일을 맞아 h-moll 미사곡[82]을 함께 듣고 있겠군요. 저는 몇 해 전부터 참회 기도일에는 이 곡을, 성금요일에는 마태수난곡을 들어 왔습니다. 제가 처음으로 그 곡을 듣던 때가 또렷이 생각나는군요. 저는 열여덟 살 때 하르낙 교수의 세미나에 참여했는데, 그분은 저의 첫 세미나 논문을 호평하면서, 제가 장차 교회사 전공으로 교수 자격을 취득하기 바란다고 말씀하셨지요. 저는 이 말씀을 듣고 가슴이 벅차오른 상태로 필하모니 관현악단 연주회장에 도착했습니다. 곧바로 웅장한 "주여 자비를 베푸소서"Kyrie eleison, 키리에 엘레이손가 시작되어 다른 모든 것을 침몰시키고 말았지요. 형언할 수 없는 감동이었습니다. 저는 오늘 기억을 더듬으며 악절을 하나하나 통과하고 있습니다. S. 가족이 저를 대신하여 가장 아름다운 바흐의 이 곡을 들을 수 있게 되어 참 기

뽑니다. (…)

지금 이곳 교도소 안은 조용한 저녁이어서, 저는 아무 방해도 받지 않고 사색에 전념할 수 있습니다. 낮에 거듭 확인하는 사실이지만, 이곳 사람들은 어찌나 다양하고 큰소리를 내며 일하는지, 천성적으로 그렇게 타고난 것 같습니다. 감방 문 앞에서 들려오는 포르티시모 소리는 차분한 학문 연구에 특히 좋지 않지요. 지난주에는 괴테의 『여우 라이네케』*Reineke Fuchs*를 다시 읽으며 크게 만족하였습니다. 이 책은 부모님께도 다시 한 번 재미를 줄 것입니다. (…)

테겔, 대림절 첫째 주일, 1943년 11월 28일

(…) 편지들이 제때 배달되기는 하는지, 된다면 어떤 식으로 되는지 알지 못하지만, 대림절 첫째 주일 오후에 부모님께 편지를 씁니다. 무너진 집의 뼈대 아래 구유와 성가족이 보이는 알트도르퍼Altdorfer[83]의 성탄절 그림이—어떻게 그는 400년 전에 모든 전통에 맞서 그러한 것을 표현하게 되었을까요?—이번에는 특히 생생히 떠오르는군요. 우리는 성탄절을 그런 식으로도 경축할 수 있고 응당 그래야 한다고 그는 말하고 싶었던 것 같습니

다. 어쨌든 그는 우리에게 그렇게 말하고 있습니다. 몇 해 전 저희와 그러셨듯이, 지금쯤 손자 손녀들과 한자리에 앉아 대림절을 경축하고 계실 부모님의 모습을 떠올리니 기분이 좋아집니다. 지금은 이 모든 것을 더 집중해서 하실 것 같습니다. 앞으로 얼마나 더 하게 될지 알 수 없으니 말입니다.

두 분께서 저희 없이 그토록 위험한 밤과 그토록 위험한 순간을 경험하셨을 것으로 생각하니 소름이 돋습니다.[84] 그런 순간에 이렇게 갇혀서 아무 도움도 드리지 못하다니 상상도 할 수 없는 일입니다. 바라건대, 이런 상황이 참으로 곧 끝나고 더는 재판 지연을 겪지 않았으면 좋겠습니다. 하지만 저에 대해서는 염려하지 마시기 바랍니다. 이 사건 전체를 통해서 매우 강해질 테니까요.

부모님도 이미 아시겠지만, 우리가 있는 교도소 근처의 보르지히[85]가 공습을 받았습니다. 기독교적 희망은 아니지만, 이곳 사람들은 저들이 다시는 우리 지역에 오지 않았으면 하는 희망을 품고 있습니다. 이곳도 특별히 아름다운 것은 아니었습니다. 제가 석방되면, 이러한 경우를 대비하여 개선할 점들을 제안할 것입니다. 놀랍게도 제 감방의 창유리만 온전하고, 다른 감방의 창유리는 다 깨졌습니다. 다른 수감자들은 몹시 추웠을 것입니다. 교도소의 벽이 일부 갈라지고 구멍이 나서 당분간은 옥외 "운동"도 할 수 없습니다. 공습경보가 발령된 뒤에는 최소한 서로의 소식이라도 들을 수 있으면 좋으련만! (…)

저는 지난 며칠 동안 고대 문화사가 W. H. 릴Riehl [86]의 『옛날이야기들』*Geschichten aus alter Zeit*을 즐겨 읽었습니다. 부모님께서도 전부터 알고 계신 이야기들일 것입니다. 오늘날에는 거의 알려지지 않았지만 일독해 볼 만큼 아주 마음에 드는 이야기들이지요. 어린이들에게 읽어 주기에도 안성맞춤일 것입니다. 제가 아는 한, 저희도 그의 책을 몇 권 가지고 있었지만, 오래전에 어느 서적 수집가에게 준 것 같습니다.

미신을 다룬 책을 가져다주시면 정말 좋겠습니다. 이곳 사람들은 밤에 공습경보가 발령될지 안 될지를 놓고 카드로 점을 친답니다! 이 격동기에 미신이 성행하고, 다수의 사람이 그것에 멍하니 귀 기울이고 있으니, 흥미로운 사실이 아닐 수 없습니다. (…)

테겔, 1943년 12월 17일

(…) 만약을 대비해 부모님께 성탄절 편지를 미리 써 보내는 수밖에 없을 것 같습니다. 저로서는 이해할 수 없는 일이지만, 저들은 성탄절 이후에도 저를 이곳에 눌러앉히려는 것 같습니다. 그런데도 저는 지난 8개월 보름 동안 있음 직하지 않은 일을 무엇보다도 있음 직한 일로 여기는 법을 배웠고, 제가 바꿀 수 없는 것을 지성의 희생을 통해 감내하는 법도 배웠습니다. 물론 완전히 희생한 것은 아닙니다. 지성은 혼자서 제 갈 길을 가고 있습니다.

제가 이 고독한 성탄절 때문에 울적해 할 것으로 생각하지 마시기 바랍니다. 이번 성탄절은 제가 스페인, 미국, 영국에서 경축했던 일련의 다양한 성탄절 가운데 끼어 영원히 특별한 자리를 차지할 것이고, 저는 먼 훗날 부끄러워하기는커녕 오히려 어느 정도의 자부심을 가지고 이날들을 회고할 수 있을 테지요. 이것은 누구도 제게서 앗아갈 수 없는 유일무이한 것입니다.

성탄절을 교도소에서 맞이하는 저를 이해하는 일까지

부모님(…)이 감수하게 해드리고, 이 시기에 부모님께 남아 있는 약간의 즐거운 시간에 그림자를 드리워 드려서 마음이 아프지만, 부모님께서 저와 생각이 같으시고, 이 성탄제를 맞이하는 저희의 마음가짐이 하나일 것으로 생각하며 아픈 마음을 견뎌 냅니다. 저희의 마음가짐이 다르지 않은 것은, 그것이 부모님의 정신적 유산이기 때문입니다. 제가 자유와 두 분 모두를 얼마나 그리워하는지는 굳이 말씀드릴 필요가 없을 것입니다. 부모님께서는 수십 년에 걸쳐 저희에게 대단히 아름다운 성탄제를 안겨 주셨습니다. 그 노고에 대한 감사의 기억이 어찌나 강렬한지 어두운 성탄절까지 두루 환하게 비추는군요. 시대 변화와 우발적 사건들의 영향을 전혀 받지 않는 내적 유산과 과거를 갖는 것이 얼마나 중요한지는 이러한 시대에 비로소 입증됩니다. 수세기를 거쳐 오늘에 이른 정신적 전통이 떠받치고 있음을 의식하면, 일시적 곤경에 직면해서도 보호받고 있다는 확실한 느낌이 듭니다. 자신에게 그러한 예비적 힘이 있음을 아는 사람은 인간의 더 낫고 더 고귀한 감정에 속하는 다정다감, 곧 행복하고 유복했던 과거를 회상할 때 생겨나는 다정다감을 부끄러워할 필요가 없습니다. 누구도 앗아갈 수 없는 가치들을 고수하는 사람은 일시적 곤경에 압도되지 않습니다.

기독교의 관점에서 보면 감옥에서 맞이하는 성탄절은 별문제가 되지 않습니다. 이 축제의 명맥을 근근이 이어 가는 곳에 있는 사람들보다는 이곳 교도소에 있는 사람들 다수가 더 뜻깊고 참된 성탄절을 경축할 것 같습니다. 하나님 앞에서는 불행, 슬픔, 빈곤, 고독, 곤경, 죄책이 인간의 판단과는 완전히 다른 것을 의미한다는 사실, 하나님께서는 인간들이 외면하는 곳을 바라보신다는 사실, 그리스도께서 여관에 있을 곳이 없어서 마구간에서 태어나셨다는 사실, 이는 수감자가 다른 사람보다 더 잘 아는 사실이자 복음으로 여기는 사실입니다. 그는 이 사실을 믿음으로써, 자신이 시공의 모든 한계를 돌파하는 기독교 공동체 안에 들어섰음을 알게 됩니다. 그러니 교도소의 벽은 아무 의미가 없습니다.

저는 성탄 전야에 부모님을 생각할 것입니다. 부모님께서는 저 역시 참으로 즐거운 몇 시간을 보낼 것이며, 슬픔이 저를 압도하지 못할 것이라고 여겨 주시기 바랍니다. (…)

최근에 베를린 사람들 상당수에게 닥친 끔찍한 일을 생각하면, 우리가 얼마나 감사해야 하는지를 비로소 알게 됩니다. 어디서나 매우 조용한 성탄절이 될 것이며, 아이들은 나중에 그 성탄절을 오랫동안 회상하게 될 것입니다. 그러나 상당수의 사람은 성탄절이 어떤 것인지를 처음으로 깨닫게 될 것입니다. (…)

테겔, 1943년 12월 25일

(…) 성탄절이 지나갔습니다. 저는 조용하고 평온한 몇 시간을 보내며 과거의 많은 일을 생생히 떠올렸습니다. 부모님과 모든 형제자매가 격심한 공습 속에서 목숨을 보전하게 된 것에 대한 감사와 머잖아 자유의 몸으로 부모님을 다시 뵐 수 있다는 확신이 침울함보다 훨씬 컸습니다. 저는 부모님과 M.[87]이 보내 준 양초에 불을 켜고, 예수님의 탄생 이야기와 즐거운 성탄 캐럴 몇 곡을 읽으며 저만 들을 수 있게 흥얼거리고, 두 분을 떠올리며, 두 분께서 지난 몇 주 동안의 걱정을 뒤로하고 평화로운 시간을 맞이하시기를 바랐습니다. (…)

새해도 여전히 많은 근심과 걱정을 안겨 줄 것입니다. 그러나 올해의 마지막 밤에는 전보다 더 큰 확신을 품고서, 오래된 새해 찬송가의 다음과 같은 구절을 노래하며 기도해야 할 것 같습니다. "비탄의 문들을 닫으소서 / 모든 곳에 / 유혈

이 낭자한 곳에 / 평화의 강물이 흐르게 하소서."[88] 저는 우리가 (…) 이 이상 무엇을 더 간청하고 바랄 수 있을지 모르겠습니다. (…)

테겔, 1944년 1월 14일

(…) 활짝 열린 창가에 앉아 밖을 내다보니, 봄에나 어울릴 법한 해가 빛나고 있군요. 저는 이처럼 이례적으로 화창한 연초를 길조로 여깁니다. 올해는 지난해보다 더 좋을 수밖에 없을 것입니다. 저는 잘 지내고 있습니다. 다시 집중해서 무언가를 연구하고, 딜타이Dilthey[89]의 책[90]을 읽으며 특별한 즐거움을 맛보고 있습니다. (…)

테겔, 1944년 2월 20일

(…) 최근에 정기적으로 편지 드리지 못한 것을 용서해 주시기 바랍니다. 드디어 제 사건 가운데 확정적인 것을 알려 드릴 수 있을 것 같다는 희망 때문에 편지를 갑자기 미루는 일이 몇 차례 있었습니다. 처음에는 1943년 7월을, 그다음에는—부모님

도 기억하시다시피—1943년 9월을 사건 종결 시한으로 확약 받았지만, 미동도 없이 한 달 두 달 지나가고 있습니다. 사건의 실체를 규명하는 재판에서 모든 것이 간단히 해명되리라는 확신을 품고서, 밖에서 기다리는 과제들을 바라보고, 인내심과 이해심을 발휘하려고 노력하면서도, 때로는 편지를 쓰지 않고 잠시 침묵하는 것을 더 좋아하는 심신 상태에 이르고 말았습니다. 여기에는 몇 가지 이유가 있습니다. 첫째, 정리되지 않은 생각과 그런 감정 상태에서는 부당한 말만 나오기 때문입니다. 둘째, 편지에 쓴 내용이 다른 이에게 닿을 때는 벌써 낡은 것이 되고 말기 때문입니다. 사실을 객관적으로 고수하고, 환상과 공상을 머릿속에서 떨쳐 버리고, 주어진 것에 만족하는 것은 언제나 또 하나의 작은 내적 고투입니다. 그 이유는 외적인 필연성을 이해할 수 없는 곳에서도 내적이고 눈에 보이지 않는 필연성을 믿기 때문입니다. 게다가 부모님 세대는 가능했을지 몰라도, 저희 세대는 직업적인 면이나 개인적인 면에서 자신을 충분히 발전시켜 원만하고 충만한 전체에 이르는 삶을 더는 말할 수 없게 된 것 같습니다. 이것은 부모님 세대의 삶에 유념하는 저희 젊은이들에게 부과되고 강요된 가장 큰 포기가 아닐까 싶습니다. 그래서 저희는 저희의 삶이 미완성의 것, 단편적인 것에 지나지 않음을 특히 강하게 느낍니다. 그러나 바로 이 미완의 단편은 인간이 더는 이룰 수 없는 더 고차적인 완성을 가리키는 것일 수도 있습니다. 저는 저의 뛰어난 제자들 상당수의 부고를 접할 때마다 그렇게 생각할 수밖에 없습니다. 폭탄들이 저희의 가옥들을 부수듯이, 외부 사건들의 힘이 저희의 삶을 쳐서 산산조각 내더라도, 전체가 어떻게 계획되고 설계되었는지를 최대한 밝히고, 적어도 전체가 어떤 재료로 세워졌는지, 혹은 어떤 재료로 세워져야 하는지도 변함없이 인식해야 할 것 같습니다. (…)

테겔, 1944년 3월 2일

(…) 이곳의 배급량이 줄어서 먹을 것이 전보다 더 모자라는군요. 제가 며칠 동안 독감을 앓는 바람에 거의 아무것도 먹지 못한 것과 관련이 있겠지만, 허기를 이따금 느낀다고 지난번에 M.[91]에게 말했는데—예전 같으면 이 주제는 저희의 대화 소재에 속하지도 않지만 말입니다—아마도 그녀가 이것을 말씀드렸나 봅니다. 부모님께서 제게 필요한 것을 적지 않게 공급해 주셔서 제대로 된 것을 뱃속에 넣고 나자, 세상이 다시 조금 달라 보이고, 연구도 잘 진척되고 있다고 곧바로 알려 드립니다.

하지만 힘써 일하셔서 얻은 부모님 몫까지 제가 먹어 버리고 있으며, 지금은 저보다는 부모님께 더 기력이 필요한 때라는 생각이 들어서 괴롭습니다. 다시 3월이 되었는데도 부모님께서는 여전히 여행을 떠나지 못하고 계시군요. (…)

저는 하르낙 교수의 『아카데미 역사』*Akademiegeschichte* 92를 읽으면서 매우 깊은 인상을 받았습니다. 일부는 행복한 느낌이 들게 하고, 일부는 슬픈 느낌이 드는 책이었습니다. 오늘날은 내적으로든 정신적으로든, 18-19세기를 가까이하려고 하는 사람이 얼마 되지 않습니다. 음악은 16-17세기를 기점으로 새로 시작하려 했고, 신학은 종교개혁 시대를 기점으로, 철학은 토마스 아퀴나스와 아리스토텔레스를 기점으로, 현대의 세계관은 초기 게르만의 과거를 기점으로 새로 시작하려고 합니다. 하지만 지난 세기(19세기)에 우리 선조들이 만들고 성취한 것과 그들이 의식한 것 가운데 많은 것이 우리에게서 사라질 줄은 아무도 예견하지 못한 사실입니다! 지금은 사람들이 경시하고 알아주지도 않지만, 언젠가는 저 시대의 풍부한 성과를 접하고 깜짝 놀랄 날이 올 것입니다. 딜타이의 『르네상스와 종교개혁 이후의 세계관과 인간 분석』*Weltanschauung und Analyse des Menschen seit Renaissance und Reformation*을 조달해 주실 수 있는지요? (…)

테겔, 1944년 4월 26일

(…) 이곳 감옥에서 맞이하는 두 번째 봄은 한 해 전의 그것과는 사뭇 다르군요. 당시에는 모든 인상이 신선하고 생생해서, 부자유와 기쁨을 지금보다 더 강하게 경험했습니다. 그사이에 제가 한 번도 가능한 것으로 여기지 않았던 것, 곧 적응이 이루어졌고, 이제 남은 것은 무감각이 나은지 아니면 각성이 더 나은지를 묻는 것뿐입니다. 이것은 영역에 따라 다를 것입니다. 무감각해도 되는 것들은 그다지 중요하지 않아서 사람들이 빨리 잊지만, 다른 것들은 사람들이 의식적으로든 무의식적으로든 소화하여 절대로 잊지 않습니다. 그런 것들은 강렬한 체험을 바탕으로 분명한 인식, 의도, 계획이라는 확고한 형태로 넘어가, 그 자체로 미래의 삶을 위한 나름의 중요성을 지니게 됩니다. 감옥에서 1개월을 지내는 것과 1년을 지내는 것에는 엄청난 차이가 있습니다. 1년을 지낼 경우, 이는 흥미롭거나 강렬한 인상만 받는 것이 아니라, 대단히 크고 새로운 생활 영역을 받아들인 것이나 다름없겠지요. 물론 이 생활 영역에 무사히 적응하는 데에는 어느 정도의 내적 전제들이 깔려 있겠지만, 저는 매우 젊은

사람들이 장기간의 수감 생활을 하는 것은 그들의 내적 발전에 대단히 위험하다고 생각합니다. 쇄도하는 인상들이 너무나 강력해서 많은 것을 무너뜨리고 맙니다. 정기적인 면회와 편지와 소포들로 저의 모든 짐을 거듭 가볍게 해주신 것에 정말 감사드립니다. 부모님의 모든 안부를 접하는 기쁨은 처음부터 한결같아서, 이곳에서의 시간을 충분히 활용하게 하는 동력, 늘 새로운 동력이 되고 있습니다. (…)

오르테가 이 가세트Ortega Y Gasset의 『역사적 위기의 본질』*Das Wesen geschichtlicher Krisen* (…)과 가능하면 그의 이전 책 『체계로서의 역사』*Geschichte als System* 도 가져다주시고, 그 밖에 H. 페퍼Pfeffer의 『대영제국과 미국』*Das britische Empire und die Amerika* (…)도 가져다주실 수 있는지요? 조만간 다시 뵙기를 바랍니다! 늘 안녕하시기를 진심으로 빌며.

늘 감사하는 디트리히.

테겔에서 1년 뒤에 쓰는 수감 생활 보고서

수감 절차는 꼼꼼히 이루어졌다. 나는 신입 수감자용 감방에 감금되어 첫날 밤을 보냈다. 나무 침상 위의 모포는 어찌나 악취가 심한지 추위에도 불구하고 덮고 잘 수 없었다. 이튿날 아침 밖에서 빵 한 조각을 감방 안으로 던졌고, 나는 그것을 바닥에서 주워 올리지 않으면 안 되었다. 커피는 걸러 내고 남은 앙금이었는데, 정량의 4분의 1밖에 되지 않았다. 밖에서 내 감방으로 가장 먼저 파고든 소리는 간수가 미결수들에게 던지는 거친 욕설들이었다. 나는 그 이후 날마다 그런 욕설을 아침부터 저녁까지 들어왔다. 새로 수감된 사람들과 함께 출두해야 했을 때는 한 교도관이 우리를 부랑자 등으로 불렀다. 각자 수감된 이유를 질문받았고, 나는 그 이유를 모르겠다고 말했다. 그러자 그 교도관이 경멸하는 투로 비웃으며 이렇게 대답했다. "그 이유를 조만간 충분히 알게 될 거야!" 그로부터 6개월이 지난 뒤에야 나는 구속영장을 받았다. 여러 사무실을 거치면서 수사를 받을 때는 내 직업을 전해 들은 부사관들이 이따금 나와 잠시라도 환담하고 싶어 했다. 그들은 나와 말을 섞어서는 안 된다는 지시를 받은 상태였다. 목욕할 때는 내가 잘 알지 못하는 한 부사관이 갑자기 나타나서 N.[93]목사를 아느냐고 물었다. 내가 그렇다고 답하자, 그는 이렇게 외치며 사라졌다. "그분은 저의 좋은 친구입니다." 나는 맨 위층의 가장 외진 독방으로 옮겨졌다. 특별허가 없이는 접근을 금한다는 표지판이 설치되고, 당분간은 편지 교환을 금한다는 통지를 받았다. 여타의 수감자들과 마찬가지로 하루 30분의 옥외 활동도 금한다는 통지를 받았다. 나는 교도소 규정에 따라 그 권리를 주장했다. 나는 신문도 받지 못했고, 담배도 받지 못했다. 나는 마흔여덟 시간이 지난 뒤에야 내 성경책을 돌려받았다. 톱이나 면도칼을 은닉하여 반입하지는 않았는지 검색한 흔적이 역력했다. 이후 열이틀 동안은 식사를 받고 변기통을 내놓을 때만 감방 문이 열렸다. 아무도 나와 말을 섞지 않았다. 나는 나의 구금 이유와 그 기간도 통지받지 못했다. 그동안 관찰한 것에 입각해서 추론하고 확인한 대로, 내가 수감된 곳은 가장 중대한 사건들을 위해 따로 구분된 곳,

사형수들과 손발이 사슬에 묶인 자들이 있는 곳이었다.

내 감방에서 맞이한 첫날 밤, 나는 거의 잠을 잘 수 없었다. 옆 감방의 한 수감자가 여러 시간 동안 계속해서 큰 소리로 우는데도, 누구도 그를 돌보지 않았기 때문이다. 당시에는 매일 밤 그런 일을 겪게 될 것으로 생각했었다. 하지만 그런 일은 이후 모든 달을 통틀어 딱 한 차례만 되풀이되었다. 처음 며칠 동안은 완전히 격리되는 바람에 교도소의 운영에 대해 아무것도 알지 못했다. 거의 끊임없이 이어지는 교도관들의 고함을 통해서만 그 과정들을 그려 볼 수 있었다. 오늘까지 변함없이 남아 있는 본질적 인상은, 이곳에서는 **미결수**가 거의 범죄자 취급을 받고, 사실상 수감자가 부당한 취급을 받아도 제 권리를 찾을 길이 없다는 것이다. 나중에 교도관들이 노골적으로 나누는 대화를 여러 차례 들은 적이 있는데, 수감자 자신이 부당한 취급을 받거나 구타를 당했다고—구타는 엄격히 금지된 행위다—신고할 경우, 대개는 수감자의 말을 믿지 않고 언제나 교도관들의 말을 믿어 주며, 게다가 교도관들에게 유리한 증언을 해주겠다고 맹세하는 동료도 항시 존재한다는 내용이었다. 나도 이 사악한 간계가 실행에 옮겨진 경우들을 알고 있다.

12일이 지나자 나의 친인척 관계가 교도소 안에 파다하게 알려졌다. 그 순간부터 모든 것이 달라져 나 개인은 편했지만, 객관적으로는 부끄러웠다. 나는 더 널찍한 감방으로 옮겨졌다. 보급 부사관이 날마다 내 감방을 청소했다. 식사 배급 시간만 되면 더 많은 양의 음식을 주겠다고 했지만, 나는 번번이 거절했다. 내 식사량을 늘리기 위해서는 동료 수감자들의 식사량을 줄여야 했기 때문이다. 소장이 날마다 나를 데리러 와서 나와 함께 산책했다. 그 결과로 간수들이 나를 더 정중하게 대했다. 여러 사람이 와서 "몰라보았다……"며 사과했다. 괴로웠다!

전반적인 처우. 수감자들에게 가장 혹독하고 가장 잔인한 지시를 제멋대로 내리는 이 교도관들이 주도자들이다. 명예를 훼손하는 거친 욕설들이 건물 전체에 메아리치는 까닭에, 좀 더 차분하고 좀 더 공정한 교도관들조차 그것에 대해 역겨움을 느끼면서도 자기 생각을 주장하지는 못한다. 나중에 무죄판결을 받게 되는 수감자들조차 이곳에서 몇 달간의 구류를 사는 동안

범죄자처럼 욕설을 듣고, 완전히 무방비 상태가 되고 만다. 수감자의 항고권이 유명무실하기 때문이다. 개인의 재산 상태, 담배, 나중을 기약하는 것이 두드러진 역할을 했다. 연줄도 없고 힘도 없는 사람은 온갖 수모를 당하는 수밖에 없다. 다른 수감자들에게 울분을 푸는 교도관들이 나를 대할 때는 비굴할 정도로 싹싹하다. 다른 수감자들의 처우를 놓고 그들과 이성적인 대화를 나누려고 여러 차례 시도하지만, 번번이 실패하고 있다. 대화하는 순간에는 그들이 모든 것을 인정하다가도, 한 시간만 지나면 전과 같은 상태가 되어 버리기 때문이다. 교도관 중에는 차분하고 공정하며 수감자들을 가능한 한 친절하게 대하는 이도 더러 있음을 말하지 않을 수 없다. 하지만 그들은 대개 하위직 사람들이다.

식사. 수감자는 자기의 권리인 정량을 다 받지 못하고 있다는 인상을 떨쳐 버리지 못한다. 수프에 들어 있을 것으로 추정되는 고기는 조금도 보이지 않는다. 빵과 소시지는 불규칙한 모양으로 썰려 있다. 소시지 배급량이 얼마나 되는지 내가 직접 달아 보니 정량인 25그램이 아니라 15그램이었다. 이런 점에서 취사 담당 보급 부사관들과 취사장에서 근무하는 부사관들은 매우 불쾌한 인상을 준다. 수감자의 총원이 700명이므로 지극히 사소한 부정확성도 엄청난 영향을 미친다. 믿을 만한 정보에 의하면 의사와 장교들이 수감자용 식사를 시식할 때는 정해진 접시에 다량의 고기 소스나 크림소스가 추가되는 것으로 알고 있다. 따라서 수감자용 음식 제공이 잘 되고 있다는 칭찬은 그리 놀랄 만한 것이 아니다. 수감자 몫으로 배정된 고기를 미리 솥에 삶아 간수들이 시식할 수 있게 한다는 사실도 나는 알고 있다. 이따금 수감자들이 먹는 것과 간수들이 먹는 것을 비교해 보면 정말 어이없을 정도다. 일요일 점심과 휴일 점심은 형편없다. 지방과 고기와 감자를 넣지 않고 양배추만 넣어 끓인 국으로 식사가 이루어지기 때문이다. 이런 날은 시식이 계획되어 있지 않은 날이다. 내가 보기에, 장기간 구류를 사는 젊은이들에게 음식 제공을 너무 불충분하게 하고 있다는 데에는 의심할 여지가 없는 것 같다. 수감자들의 체중 통계가 이루어지지 않고 있다. 미결수들뿐만 아니라 일부가 출소하여 군대로 직행할 사병들에게도 중요한 일이건만, 그들에게 음식물을 부치는 것이 엄격히 금지되어 있다. 교도소 측은 수감자들에게 이 사실을 중벌의 엄포와 함께 알린다. 면회 때 가족이 가져다준 음식물, 달걀, 샌드위치는 퇴짜를 맞는다. 이것은 면회자와 수감자 모두에게 대단히 불쾌한 일이다. 수감자를 넘기는 헌병들은 현행 규정을 위반하는 일인데도 교도소 취사장에서 식사를 제공받는다.

일. 일거리를 찾고 있음에도 불구하고, 미결수들 대다수가 하는 일 없이 소일하고 있다. 그들은 중급 도서관에서 한 주에 세 권의 책을 대출받는다. 공동생활을 하는 감방에서조차 온갖 종류의 소일거리(체스 등)가 금지되어 있다. 수감자가 임시용으로나마 그러한 것을 만들었을 경우, 그 만든 것은 압수되고 해당 수감자는 처벌을 받는다. 대략 700명의 수감자를 위한 공익사업, 예컨대 지하 방공호의 가설 같은 것은 아예 시도조차 하지 않는다. 예배는 없다. 일부 연소한 수감자(고사포대 부사수)들은 할 일도 없고 돌봄도 받지 못한 채 장기간 독방에서 구류를 살면서 신체와 정신에 손상을 입고 있다.

전등. 겨울철 몇 달 동안은 수감자들이 몇 시간씩 어둠 속에 앉아 있어야 하는 때도 있었다. 간수가 게을러서 감방의 전등에 전류를 연결하지 않기 때문이다. 수감자들은 빛을 쬘 권리가 있다. 그래서 기를 내걸거나 문을 두드려서, 전류를 연결하지 않은 사실을 알리면, 간수들이 격분하며 수감자들에게 호통을 치고, 이튿날까지 전류를 연결하지 않는 때도 있었다. 수감자들은 소등 신호가 있을 때만 비로소 나무 침상에 눕는 것이 허락되기 때문에, 그때까지는 꼼짝없이 어둠 속에 앉아 있지 않으면 안 된다. 이는 내면을 몹시 지치게 하는 일이어서 괴로움만 양산할 뿐이다.

공습경보. 수감자들을 위한 지하 방공호는 없다. 현재의 노동력만으로도 이들을 제때 보호하는 것은 아주 쉬운 일일 것이다. 교도소 지휘부를 위해서만 지휘 벙커가 마련된 상태다. 대체로 경보가 발령되면 맨 위층의 수감자들만 1층의 여러 감방에 함께 수용된다. 어찌하여 2층 수감자들은 1층으로 옮기지 않느냐고 내가 묻자, 그러면 일이 너무 많아진다는 답변만 돌아왔다. 위생 벙커도 없다. 심각한 공습으로 의무실을 사용할 수 없을 때면, 공습이 끝난 뒤에야 부상자 치료를 시작할 수 있었다. 심각한 공습이 진행될 때 감금된 수감자들—이들 가운데 일부는 아주 사소한 범죄로 혹은 아무 죄 없이 앉아 있다—의 절규와 광분을 경험해 본 사람이라면 그것을 결코 잊지 못할 것이다. 이곳 700명의 군인이 무방비 상태로 폭격의 위험에 노출되어 있다.

개별적인 것. 위급한 경우에 수감자가 교도관과 연락을 취할 길은 기를 내거는 것뿐이다. 이 기는 종종 몇 시간 동안 무시되곤 한다. 지나가는 교도관이 수감자의 소원 사항을 묻지도 않고 되밀어 넣을 때도 있다. 이 경우에 수감자가 문을 두드리면, 교도관이 한바탕 긴 욕설을 그에게 퍼붓는다. 치료 시간 이외에 수감자가 아프다고 신고하면, 이는 교도관을 성가시게 한 셈이어서 대개는 그에 상응하는 야단을 맞게 된다. 큰 탈이 났을 때만, 수감자는 의무실로 옮겨진다. 나는 수감자들이 발길질을 당하며 의무실로 끌려가는 것을 두 차례 목격한 바 있다. 그들 가운데 한 명은 급성 맹장염에 걸려 군인 병원으로 즉시 이송되지 않으면 안 되는 사람이었고, 다른 한 명은 만성 체읍 경련에 걸린 사람이었다. 가벼운 범죄자를 포함한 미결수는 누구나 밧줄에 묶인 채로 심문과 재판을 받으러 간다. 이것은 군복을 입은 군인에게 심한 모욕을 의미하며, 심문을 받을 때 압박으로 작용한다. 변기통을 비우거나 식사를 배급하는 보급 부사관들은 얼마 안 되는 분량의 세탁용 비누를 받는데, 이는 일반 수감자들에게도 부족한 양이다.

한 친구에게 보낸 편지들

테겔, 1943년 11월 18일

(…) 자네가 가까이 있으니 이 기회를 잡아 자네에게 편지를 써 **보내야겠네**. 자네도 알다시피, 이곳은 목사가 나에게 접근하는 것을 허락하지 않기 때문이네.[94] (…) 나에 대해 알아 두어야 할 사항 몇 가지를 자네에게 이야기하겠네. 나는 처음 열이틀 동안 이곳에서 중죄인으로 분류되어, 중죄인 취급을 받았네. 오늘까지 내 옆 감방들은 손발이 사슬에 묶인 사형수들로 채워져 있다네. 그 열이틀 동안 파울 게르하르트와 시편과 계시록이 예기치 못한 방식으로 자신들의 진가를 입증해 보였네. 요즈음 나는 온갖 심각한 시련으로부터 보호를 받고 있네. 자네만 아는 사실이지만, 한때는 "우울"acedia, 아체디아과 "슬픔"tristitia, 트리스티시아이 종종 나를 따라다니면서 무시무시한 결과를 일으켰었지. 이 때문에

자네는 나를 걱정했을지도 모르겠네. 당시에 나는 자네가 나를 걱정할까 봐 우려했었네. 그러나 나는 처음부터 이렇게 다짐했네. "나는 이와 관련하여 사람에게든 악마에게든 호의를 보이지 않을 거야. 해볼 테면, 그들 혼자서 해보라고 해. 나는 끄떡없을 테니."

처음에는 내가 자네 부부에게 그런 걱정을 끼치는 것이 참으로 그리스도의 대의일까 물으며 불안해하기도 했지만, 곧바로 이 물음을 유혹으로 여겨 머리에서 지워 버렸네. 그러고는 문제투성이의 한계상황을 극복하는 것이 나의 임무라고 확신하며 기뻐했고, 오늘까지 그 상태를 유지해 왔네. 베드로전서 2:20, 3:14.[95]

개인적으로는 『윤리학』을 완결하지 못한 것을 두고 자책했다네(일부는 압수당한 것 같네). 그나마 본질적인 것을 자네에게 말해 두어서 조금은 위로가 되었네. 자네가 그것을 더는 기억하지 못하더라도, 어떤 식으로든 우회적으로라도 다시 머리에 떠오를 것이네. 게다가 당시의 내 생각들은 설익은 상태였네.

내가 태만으로 여긴 것이 있네. 오랫동안 품었던 소원, 곧 자네와 함께 다시 성찬식에 참여하는 꿈을 이루지 못한 것

말이네. (…) 하지만 우리는 신체적으로는 아니더라도 영적으로는 죄 고백과 사죄와 성찬이라는 선물을 소유하고 있으니 이를 기뻐하며 안심해도 될 것이네. 한 번쯤은 이 말을 하고 싶었네.

곧바로 나는 날마다 하는 성경 연구 외에(그동안 구약성경을 두 번 반 읽으면서 많은 것을 배웠네) 비신학적인 것을 연구하기 시작했네. "시간 감각"을 다룬 논문은 주로 시간이 너무 쉽게 "공허해져" "상실되는" 것처럼 여겨지는 상황에 처해 있는 나 자신의 과거를 현재화하려는 욕구에서 비롯되었네. 우리의 과거를 끊임없이 우리의 현재에 붙잡아 두는 것은 감사와 후회라네. 이것에 대해서는 나중에 더 말하기로 하세.

그런 다음 나는 오랫동안 내 머리에 담아 두었던 대담한 모험에 착수하여, 우리 시대의 한 시민계급 가족 이야기를 쓰기 시작했네. 우리 두 사람이 이 방면에서 나눈 수많은 대화와 내가 몸으로 겪은 모든 것을 배경으로 삼은 이야기지. 요컨대 우리가 우리 가족들 가운데서 알게 된 시민계급의 복권을 기독교의 관점에서 다룬 것이네. 이웃사촌인 두 집안의 아이들이 점차 자라서 한 소도시의 여러 책임 있는 임무와 공직에 진출하여, 시장, 교사, 목사, 의사, 기술자로서 함께 공동체를 건설하려고 한다네. 자네는 이 이야기에서 자네도 잘 아는 특성들을 발견하게 될 거야. 그리고 자네도 이야기에 등장한다네. 그러나 아직은 시작 부분을 넘어서지 못하고 있네. 내 석방을 번번이 잘못 예측하고, 이 때문에 내적 집중력이 떨어져서지. 그러나 이 일은 나를 대단히 기쁘게 한다네. 이 일을 놓고 날마다 자네와 대화를 나누면 좋으련만. 사실, 나는 자네가 생각하는 것보다 훨씬 더 그런 대화가 필요하다네. (…)

그 밖에 나는 '진실을 말한다는 것은 무엇을 의미하는가?'라는 소론을 썼고, 지금은 수감자들을 위한 기도문을 쓰려고 하네. 이런 기도문이 존재하지 않다니 신기할 따름이네. 이 기도문은 성탄절에 배포될 것이네.[96]

이제는 독서에 관해 이야기해 보겠네. 여보게, E.[97] 우리 두 사람이 슈티프터를 함께 알고 있다면 좋을 텐데 그러지 못해서 아쉽네. 그랬다면 우리의 대화가 썩 진척될 텐데. 이 이야기는 뒤로 미루겠네. 하지만 슈티프터에 대해서는 자네에게 해줄 이야기가 많네. 나중에 해줄까? 언제 어떻게 그리할까? 만약을 대비하여 변호사에게 유언장을 맡겼네. (…) 그러나 어쩌면—확실히—자네도 더 큰 위험에 처해 있을 것 같네! 나는 날마다 자네를 생각하면서, 자네가 무사히 돌아오게 해달라고 하나님께 구할 것이네. (…)

내가 유죄판결을 받지 않고 풀려나 소집을 받으면, 자네가 복무하는 지역으로 가도록 배치될 수 있지 않을까? 그리 되면 참 좋을 텐데! 어찌 될지 알 수 없지만, 설령 내가 유죄판결을 받더라도, 나를 걱정하지는 말게! 그렇더라도 나는 상처를 입지 않을 것이네. "집행유예 기간"까지 몇 달 더 눌러앉아 있으면 될 테니 말일세. 물론 이것은 바람직하지 않네. 하지만 바람직하지 않은 일이 어디 그뿐이겠는가! 내 사건이 유죄판결을 받으리라는 것은 너무도 명백한 사실이어서, 나는 이것에 대해 자부심까지 느낀다네. 하나님께서 우리의 목숨을 보전해 주셔서 부활절만이라도 함께 경축할 수 있게 되기를 바라네! (…)

그러나 우리 서로를 위해 성실히 기도하기로 약속하세. 나는 자네의 힘과 건강과 인내를 위해 기도하고, 자네를 갈등과 유혹으로부터 보호해 달라고 기도하겠네. 자네도 나를 위해 똑같이 기도해 주게. 우리가 재회할 수 없는 것으로 결정되더라도, 최후까지 감사하고 용서하면서 서로를 생각하세. 그러면 하나님께서 우리가 장차 서로를 위해 기도하고, 함께 찬양하고 감사하면서, 그분의 보좌 앞에 서는 날을 선물로 주실 것이네. (…)

자네도 그러리라 생각하네만, 이곳에서는 아침에 눈을 뜨기가 내적으로 가장 힘들다네.[렘 31:2][98] 나는 아주 단순하게 자유를 달라고 기도하네. 그릇된 태연함도 있더군. 기독교적인 것과는 거리가 먼 덕목이지. 우리는 그리스도인으로서 무언가에 조바심을 내는 것, 동경, 부자연스러운 것에 대한 반발, 자유와 현세적 행복과 활동을 적잖이 갈망하는 것을 조금도 부끄러워할 필요가 없네. 나는 이 점에서도 우리의 의견이 일치할 것으로 생각하네.

우리가 이 모든 것을 각자의 방식으로 경험하고 있음에도 불구하고, 혹은 그렇기 때문에라도 우리는 철두철미 변함없이 예전 그대로일 거야. 그렇지 않은가? 내가 이곳에서 "내성적 유형"의 사람이 되어 있을 것으로, 전보다 훨씬 못한 사람이 되어 있을 것으로 생각하지 말아 주게. 나도 자네를 그렇게 생각하지 않겠네. 우리가 우리의 경험을 나누게 되는 날, 그날은 참으로 기쁜 날이 될 것이네! 나는 자유의 몸이 아니어서 때때로 화가 난다네! (…)

11월 20일

(…) 내가 성탄절에 이곳 감옥에 앉아 있더라도 슬퍼하지 말게. 나는 그리되더라도 두려워하지 않을 것이네. 그리스도인은 교도소에서도 성탄절을 경축할 수 있네. 어쨌든 가족 축제보다는 부담이 덜할 거야. 자네가 면회 허가를 신청했다니 대단히 감사한 일이네. 현재로서는 별 어려움 없이 허가될 것으로 여겨지네. 물론 나는 자네에게 그것을 부탁할 엄두도 내지 못했네. 그런데도 자네가 자진해서 그리해 주다니 대단히 기분 좋군. 바라건대, 정말 그날이 오기를! 그러나 자네도 알다시피, 설령 면회 신청이 기각되더라도, 자네가 그것을 시도했다는 사실만은 나에게 기쁨으로 남을 것이네. 그동안 특정한 사람들[99]에 대한 분노가 조금 더 커지겠지만, 그래도 해가 되지는 않을 거야(이따금 생각하는 사실이지만, 나는 이 소송사건 전체에 아직은 충분히 격분하지 않고 있거든). 면회 신청이 기각되면, 이 쓴 약도 삼켜 버리세. 최근에 우리 둘 다 이런 일에 차츰 익숙해지고 있잖은가. 내가 체포되던 순간, 자네가 곁에 있어 주어서 기뻤네. 나는 그것을 잊지 않고 있네. (…)

나의 외적 생활에 대해 몇 마디 더 말해야겠네. 나는 자네와 같은 시간대에 기상하고, 20시까지 일과를 수행하네. 자네가 구보로 군화 바닥을 닳게 하는 동안, 나는 이곳에 앉아서 바지를 닳게 하지. V. B. 다시 말해, 『민족의 감시자』*Völkischer Beobachter* [100]와 『제국』*Das Reich* [101]도 읽지. 이것들에서 몇몇 사람을 알게 되었는데, **무척** 친절하더군. 날마다 30분씩 누군가의 인도를 받으며 산책도 하지. 오후에는 의무실에서 나의 류머티즘을 치료받지만, 치료는 마음에 드는데 효과는 없다네. 여드레마다 자네 부부가 보내 준 가장 훌륭한 식료품을 받고 있네. 이 모든 것에 대해 대단히 감사하고, 여행 중에 보내 준 엽궐련과 궐련에 대해서도 감사하네! 나는 아쉬운 것이 없네. 자네 부부도 그럴 거야. 자네와 함께 g-moll 소나타를 연주하고 쉬츠의 곡을 부르되, 그의 시편 70편과 47편을 자네 목소리로 듣고 싶네. 자네는 이 곡들을 참 잘 불렀지!

내 감방은 청소하는 이가 따로 있네. 그가 청소할 때면 나는 먹을 것을 내준다네. 최근에 한 사람이 사형선고를 받았네. 정말 당혹스러웠네. 나는 7개월 보름 동안 참 많은 것을 보았는데, 특히 약간의 어리석은 행동이 엄청난 결과를 초래할 수도 있음을 똑똑히 보았네. 장기간의 자유 박탈은 **모든** 면에서 수감된 병사 대다수의 사기를 떨어뜨리는 것 같네. 나는 다른 방식의 형 집행을 생각해 보았네. 그 원리는 누구든 그가 잘못한 영역에서 처벌하는 것이네. 예를 들면, "무단이탈"은 휴가 박탈 등으로, "부당한 훈장 착용"은 격전지 투입으로, "전우의 소유물에 대한 절도 행위"는 도둑 명패를 일정 기간 몸에 달고 다니는 것으로, "식료품 암거래"는 배급량의 제한 등으로 벌하는 것이지. 구약성경의 **율법에는** 금고형이 없는데, 그 까닭이 무엇이겠는가? (…)

11월 21일

오늘은 위령주일이군.[102] (…) 대림절이 다가오고 있네. 우리가 함께했던 아름다운 추억을 많이 담고 있는 절기지. (…) 감옥은 대림절의 상황을 상징하는 아주 좋은 비유라네. 기다리고, 소망하며, 사소하지만 이런저런 일을 하고, 문은 잠겨 있고, **밖에서**만 열 수 있네. 갑자기 떠올라 하는 말이네. 이곳 사람들이 상징들을 중시한다고 여기지는 말게! 자네가 듣고 괴팍스럽다고 여길 내용 두 가지를 더 말해야겠네.

1. 식탁 친교가 아주 많이 그립네. 자네 부부가 보낸 모든 "물질적" 인사를 받을 때면, 자네 부부와 함께하던 식탁 친교가 떠오르네. 식탁 친교가 삶의 본질적 요소인 것은, 그것이

하나님 나라의 현실이기 때문이 아닐까?

2. 루터의 지시대로 아침 기도와 저녁 기도 때 "십자성호를 그어" 보니 도움이 되더군. 십자성호에는 이곳 사람들이 특별히 갈망하는 객관적인 무언가가 있다네. 경악하지 말게! 내가 이곳에서 "종교적 인간"homo religiosus, 호모 렐리기오수스이 되어 나가는 일은 결코 없을 것이네! 정반대로, 나는 이곳에서 "종교성"에 대해 전보다 더 많은 불신과 우려를 품고 있다네. 나는 이스라엘 사람들이 하나님의 이름을 발음한 **적이 없다**는 사실을 거듭 곱씹고 또한 잘 알고 있네. (…)

나는 지금 테르툴리아누스, 키프리아누스, 여타 교부들의 글들을 아주 재미있게 읽고 있네. 이 글들 가운데 일부는 종교개혁자들의 글보다 요즘 시대에 더 적절하고, 동시에 개신교와 가톨릭의 대화를 위한 토대가 되는 것 같네. (…)

순수 법률적 관점에서 보면 유죄판결은 없을 것 같네.

11월 22일

(…) 부당한 비난도 그냥 참고 마는 자네인데 (…) 병사들 사이에서는 어찌 지내는지 말해 보게. 나는 이곳에서 아주 사소한 무례를 범한 교도관들을 호되게 꾸짖은 적이 몇 차례 있네. 그러

면 그들은 완전히 어이없어 했지만, 그 이후로는 아주 좋아지더군. 여간 재미있는 게 아니었네. 하지만 나는 이런 계기로 결코 용인할 수 없는 성마름이 내게 있으며, 내 힘으로는 그것을 극복하기가 어렵다는 것을 분명히 알았네. (…) 교도관들이 무방비 상태의 사람들을 부당하게 큰소리로 꾸짖거나 모욕하는 것을 접할 때면, 나는 완전히 걷잡을 수 없는 상태가 되고, 사람을 괴롭히는 악당들, 곧 어디에나 있으면서 제 울분을 마구 푸는 자들을 볼 때면, 몇 시간 동안 흥분하기도 한다네. (…)

며칠 전에 비로소 입수한 『새 찬송가』*Ein neues Lied*를 보니, 가장 즐거웠던 순간들이 수없이 떠오르네! 여보게, 자네와 논의하고 싶은 것들이 자꾸자꾸 떠오르네. 이토록 오랜 시간이 지난 뒤에 말하기 시작하니 끝이 없군. (…)

오늘 밤 공습은 썩 좋지 않았네. 나는 자네 부부(…)를 줄곧 생각했네. 이러한 순간에 갇혀 있으라니, 농담 치고는 도가 지나친 것 같네. 자네 부부가 다시 S.[103]로 가면 좋겠네. 어젯밤 나는 전방에서 복무했던 노련한 장병들이 공습경보에 신경질적으로 반응하는 것을 보고 무척 놀랐네. (…)

테겔, 1943년 11월 23일[104]

(…) 어제의 공습을 겪고 나니, 내가 죽었을 경우를 대비하여 내가 어떻게 조처했는지를 자네에게 간단하게나마 알리는 것이 옳은 것 같네. (…) 부디 자네 특유의 냉철함을 유지하고 읽어 주기 바라네! (…)

동료 수감자들을 위한 기도 — 1943년 성탄절

아침 기도

하나님, 이른 아침에 당신께 호소합니다.
나를 도우셔서 기도하게 하시고 내 생각들을 모으게 하소서.
나 혼자서는 그리할 수 없습니다.

내 안에는 어둠이 있지만, 당신께는 빛이 있습니다.
나는 고독하지만, 당신께서는 나를 떠나지 않으십니다.
나는 소심하지만, 당신께는 도움이 있습니다.
나는 불안하지만, 당신께는 평안이 있습니다.
내 안에는 노여움이 있지만, 당신께는 인내가 있습니다.

나는 당신의 길을 알지 못하지만,

당신께서는 나를 위한 바른길을 아십니다.

하늘에 계신 아버지,

고요한 밤을 주셔서 찬양과 감사를 드립니다.

새날을 주셔서 찬양과 감사를 드립니다.

내 과거의 삶에 아버지의 인자하심과 성실하심을 보여주셔서

찬양과 감사를 드립니다.

내게 많은 친절을 베푸셨으니,

이제는 내가 아버지께서 주시는 고난도 감당하게 하소서.

아버지께서는 내가 감당하지 못할 짐을 지우지 않으십니다.

아버지께서는 자녀들의 모든 것을 가장 좋은 것이 되게 하십니다.

주 예수 그리스도시여,

주께서는 나와 같이 가난하고, 불행하고, 갇히고, 버림받으셨습니다.

주께서는 사람의 모든 곤궁을 아십니다.

내 편을 드는 사람이 없을 때도 주께서는 내 곁에 계십니다.

주께서는 나를 잊지 않으시고, 나를 찾아 주십니다.

주께서는 내가 주를 알고 주께 돌아서기를 바라십니다.

주님, 내가 주님의 부르심을 받고 따릅니다.

나를 도와주소서!

성령님,

내게 믿음을 주소서,

절망과 악덕에서 나를 구해 내는 믿음을.

내게 사랑을 주셔서 하나님과 사람을 사랑하게 하소서.

모든 증오와 노여움을 없애 버릴 사랑을 주소서.

내게 소망을 주소서,

두려움과 소심함에서 나를 자유롭게 해주는 소망을.

나를 가르치셔서 예수 그리스도를 알고 그분의 뜻을 행하게 하소서.

삼위일체 하나님,

나의 창조주, 나의 구원자시여,

이날은 당신의 날입니다. 나의 시간은 당신의 손안에 있습니다.

거룩하고 자비로우신 하나님,

나의 창조주, 나의 구원자시여,

나의 심판자, 나의 구주시여,

당신께서는 나를 아시고, 내 길과 행위도 다 아시는 분,

이 세상과 저 세상에서 악을 미워하고 벌하시는 분,

사람의 외모를 보지 않으시는 분,

솔직하게 용서를 구하는 자의 죄를 용서해 주시는 분,

선행을 사랑하셔서,

이 세상에서는 양심의 위로로,

다가올 세상에서는 의의 면류관으로 선행에 보답하시는 분.

당신 앞에서 내 온 가족,

동료 수감자들,

이 감옥에서 어려운 직무를 수행하는 모든 이를 생각합니다.

주님, 자비를 베푸시고,

내게 다시 자유를 주셔서,

내가 주님과 사람 앞에서 책임을 다하며 살게 하소서.

주님, 이날이 어떤 결과를 가져오든, 주님의 이름을 찬양합니다.

저녁 기도

주 나의 하나님,
이날을 마감해 주셔서 감사합니다.
육신과 영혼을 쉬게 하시고,
당신의 손을 내 위에 얹으셔서,
나를 돌보시고 지켜 주셔서 감사합니다.
이날의 모든 의심과 모든 불의를 용서하시고,
내게 불의를 행한 자들을
기꺼이 용서하도록 도와주소서.
당신의 보호를 받으며 평안히 잠들게 하시고,
어둠의 유혹으로부터 저를 지켜 주소서.
나의 가족을 당신께 맡깁니다.
이 감옥을 당신께 맡깁니다.
나의 육신과 영혼을 당신께 맡깁니다.
하나님, 당신의 거룩한 이름을 찬양합니다.
아멘.

"한 날이 다른 날에게 말하네.

나의 생은 떠나노라,

위대한 영원을 향해.

오오, 아름다운 영원이여,

그대의 마음에 들도록 내 마음을 길들여 주오,

내 고향은 이 시간 속에 있지 않으니."

— 게르하르트 테르스테겐

특별한 곤경에 처해 드리는 기도

주 하나님,

지독한 불행이 나를 덮쳤습니다.

근심·걱정이 나를 질식시키려 합니다.

나는 어찌할 바를 모릅니다.

하나님, 자비를 베푸시고 도와주소서.

당신께서 주시는 짐을 지도록 힘을 주소서.

두려움이 나를 지배하지 못하게 하소서.

아버지처럼 나의 가족을,

특히 아내와 자식들을 돌보아 주시고,

모든 악과 모든 위험으로부터

당신의 강한 손으로 그들을 지켜 주소서.

자비로우신 하나님,

당신과 사람에게 지은

나의 모든 죄를 용서해 주소서.

당신의 은총을 믿고

나의 생명을 당신의 손에 맡깁니다.

나를 다듬으셔서

당신의 마음에 들게 하시고, 나에게도 유익하게 하소서.

나는 살든지 죽든지

당신과 함께하고, 당신은 나와 함께하십니다, 나의 하나님.

주님, 내가 당신의 구원과 당신의 나라를 기다립니다.

아멘.

"겁도 없고 두려움도 없어서

그리스도인은

어디에 있든지

끊임없이 눈에 띄지.

죽음이 그를 파괴하려 해도,

용기는

기품 있고 품위 있게

끄떡도 하지 않지.

죽음은 우리를 파괴하지 못하고,

우리의 영을

수많은 곤경에서 끌어내고,

쓰디쓴 슬픔의 문을 닫고,

길을 낼 뿐이지.

그러면 우리는

천국의 기쁨에 이를 수 있지."

— 파울 게르하르트

테겔, 1943년 11월 26일 금요일

(…) 정말 성사되었네. 한순간의 면회였지만, 짧은 시간이 문제가 되지는 않았네. 두서너 시간이었어도 너무 짧았을 거야. 격리된 이곳 사람들은 수용 능력이 탁월해서 몇 분의 시간조차도 오랫동안 음미할 수 있네. 내 인생에서 나와 가장 가까운 네 사람[105]이 나와 함께 한순간을 보냈으니, 나는 그 장면을 오래도록 품고 다닐 것이네. 나는 내 감방으로 올라와서도 한 시간 동안 이리저리 서성댔고, 그 바람에 음식이 식어 버리고 말았지. 내가 간간이 "정말 좋았어!"라는 말만 스테레오판처럼 되풀이하고 있다는 것을 깨닫고는 급기야 웃음까지 터뜨렸다네. 나는 무언가를 두고 "형언할 수 없는"이라는 단어를 사용할 때면 항상 지적으로 머뭇거리곤 하는데, 약간의 노력을 기울여 필요한 명확성을 짜내면, "형언할 수 없는 것"은 거의 존재하지 않으리라고 여기기 때문이지. 그러나 지금은 오늘 오전의 일이 그런 경우에 속하는 것 같네. 지금 내 앞에는 칼[106]의 엽궐련이 놓여 있는데, 정말 믿기지 않는 현실이네. 그는 친절하고 이해심 많은 사람이지 않던가? V.[107]도 그렇지 않던가? 자네가 그들을 만

나다니 참 멋진 일이야! 호시절에 오랫동안 애용하던 함부르크 산産 "볼프"Wolf[108]도 놓여 있고, 내 옆 마분지 상자 위에는 (…) 대림절 화환이 놓여 있으며, 내 찬장 안에서는 자네 부부가 건네준 커다란 달걀들이 앞으로 있을 몇 차례의 아침 식사용으로 기다리고 있네. ("나에게 주려고 그런 것을 아껴 두지 말라"고 말해도 소용이 없는 것 같군. 나는 그리 생각하지만, 어쨌든 기쁘네!) (…)

내가 처음으로 수감자를 면회하던 때가 생각나는군. 프리츠 O.[109]를 면회했는데, 자네도 함께했었지! 프리츠가 매우 밝고 말쑥했는데도, 나는 그 면회로 엄청난 상처를 받고 말았다네. 부디 자네가 오늘 있었던 면회로 그런 상태가 되지 않기를 바라네! 그런 상태가 되는 것은 감옥살이를 고통의 연속으로 잘못 생각하기 때문일 거야. 사실은 그렇지 않네. 오늘과 같은 면회는 며칠 동안 삶을 눈에 띌 만큼 가볍게 해준다네. 물론 한동안 잠들어 있던 많은 것을 자연스레 깨우기도 하지만 해가 되는 것은 아니라네. 대개는 자기가 얼마나 유복한 사람인지를 다시 한 번 깨닫고 감사하며 새 희망과 삶의 의지를 붙잡는다네. 자네와 자네 가족 모두에게 **정말** 감사하네! (…)

11월 27일

(…) 그사이에 보르지히[110]를 상대로 예상했던 대공습이 이루어졌네. 지휘 항공기가 투하하는 조명탄들이 위에서 아래로 내려오는데 "성탄 트리들"을 보는 것 같더군. 감옥에 갇힌 수감자들의 소란과 아우성이 무시무시했네. 사망자는 없고 부상자만 있었는데, 한 시에야 치료를 끝내고 곧바로 취침할 수 있었네. 이곳 사람들은 자신들이 불안을 느꼈다고 솔직하게 말하고 다니는데, 이것을 어찌 생각해야 할지 잘 모르겠네. 불안은 사람이 부끄러워하는 것이거든. 나는 고해성사 때만 그런 것을 말할 수 있다고 생각하네. 그렇지 않으면 뻔뻔스러운 자가 될 수 있거든. 그렇다고 영웅인 체할 필요는 없네. 다른 한편으로, 단순한 개방성은 흥분을 가라앉히는 역할을 할 수도 있네. 하지만 염치없는 개방성, 단언컨대 사악한 개방성도 있다네. 폭음과 간음의 영역에서 횡행하며 무질서한 인상을 주는 개방성이지. 불안은 은폐해야 마땅한 "부끄러운 짓"pudenda, 푸덴다[111]에도 속하는 게 아닐까? 좀 더 숙고해 보아야겠네. 자네도 불안을 경험했을 거야.

지금 우리는 전쟁의 참상들을 집중적으로 경험하지 않으면 안 되네. 그래야 우리가 살아남았을 때, 이 경험을 기초로 삼아서, 오로지 기독교의 토대 위에서만 국민의 내적 생활과 외적 생활을 재건할 수 있을 것이네. 우리는 지금 경험하고 있는 것을 우리 안에 보존하고 충분히 소화하여 쓸모 있게 하기만 할 뿐, 결단코 떨쳐 내선 안 되네. 진노하시는 하나님을 이토록 전례 없이 명백하게 느끼고 있지만, 이것도 은혜인 것 같네. "오늘 너희가 그의 음성을 듣거든 너희 마음을 완고하게 하지 말아라."[112] 우리 앞에 놓인 과제들은 어마어마해서, 그것들을 수행하려면 당장 준비가 되어 있지 않으면 안 되네. (…)

11월 28일

대림절 첫째 주일. 고요한 밤과 함께 대림절이 시작되었네. 어제저녁에 나는 침상에서 『새 찬송가』에 수록된—"우리가 즐겨 부르던"—대림절 찬송가들을 처음으로 펼쳐 보았네. 핑켄발데, 슐뢴비츠, 지구르츠호프[113]를 떠올리지 않고는 한 곡도 흥얼거리지 못하겠더군. 오늘 아침 일찍 나는 나만의 주일예배를 드리고, 대림절 화환을 못에 걸고, 그 속에 리피Lippi[114]의 구유 그림을 묶어 놓았네. 아침 식사로 자네 부부가 건네준 타조 알을 크게 기뻐하면서 먹고, 곧바로 의무실로 호출을 받아 정오까지 상의하고, 점심을 먹은 후에는 지난번 공습 때 겪은 끔찍한 경험들을 기초로 하여 이곳 교도소에 공습경보가 발령될 때 경험한 것들과 의료적 돌봄의 필요성을 역설하는 보고서를 작성했네. (25미터 거리에 폭탄이 떨어져 의무실은 창문과 전등이 사라지고, 도와 달라며 소리치는 수감자들은 의무실에 있던 우리만이 돌볼 수 있었지만, 우리는 어둠 속에서 도움을 거의 줄 수 없었네. 게다가 중범들이 수감된 감방 문을 열 때는, 그들이 의자의 다리로 우리의 머리를 때리고 도주하는 일이 없도록 조심하지 않으면 안 되기 때문이네. 요컨대, 바람직한 일은 아니었네!) 보고서가 쓸 만하기를 바랄 뿐이네. 나는 어떤 식으로든 협력할 수 있어서, 더욱이 합당한 자리에서 그리할 수 있어서 기뻤네.

깜빡 잊고 있다가 자네에게 알리네. 어제 오후 나는 의무실에서 즐거운 대화를 나누는 중에 믿기지 않을 만큼 향기로운 "볼프" 엽궐련을 피웠네. 그것을 건네준 자네에게 정말 감사하네! 공습 이후로 궐련을 구하기 힘들어져서 유감이네. 상처에 붕대를 감아 줄 때 부상자들이 궐련을 달라고 부탁해도, 위생병이나 나나 그 전에 다 피워 버린 상태였거든. 그저께 자네 부부가 넣어 준 것이어서 그런지 감사하는 마음이 더욱 크네! 그건 그렇고 교도소의 창유리가 다 깨지는 바람에 저마다 제 감방에 앉아 벌벌 떨고 있네. 밖으로 나갈 때 깜빡 잊고 창문을 열어 두었는데도, 밤에 돌아와 보니, 놀랍게도 내 감방의 창유리가 멀쩡하더군. 다른 사람들에게는 유감이지만, 정말 기뻤네.

대림절을 자네와 함께 지내면 참 좋으련만! 지금쯤 자네 부부는 대림절 첫째 주일 찬송가들을 부르고 있겠군. 갑자기 알트도르퍼의 구유 그림과 다음과 같은 찬송가 가사가 생각나네. "구유는 밝디밝게 빛나고, 밤이 새 빛을 주니, 어둠은 들어오지 못하고, 믿음만 빛 속에 변함없이 머무네." 대림절에 어울리는 멜로디도 생각나네.

4분의 4박자로 되어 있어서가 아니라 설레며 기다리는 리듬으로 되어 있어서인지 가사와 잘 맞는 것 같네. 잠시 뒤 나는 W. H. 릴의 유쾌한 노벨레Novelle 115 가운데 한 편을 읽으려고 하네. 이 책은 자네에게도 재미있을 거야. 가족에게 읽어 주기에도 알맞고. 꼭 입수해 보게나. (…)

11월 29일

오늘은 이제까지 맞이한 월요일과는 사뭇 다르군. 예전에는 월요일 아침에 호통 소리와 욕지거리가 복도에 난무했지만, 지난 주간의 경험들이 있고 나서는 호통치는 자들과 주동자들의 기세가 상당히 꺾여 있네. 정말 눈에 띄는 변화가 아닐 수 없네!

그 밖에도 자네에게 개인적으로 다음의 사실을 말해야겠네. 지난 공습 때, 나는 투하탄 때문에 의무실의 창유리들이 떨어져 나가고, 약병과 약제가 약장과 선반에서 떨어지는 와중에, 어둠 속에서 바닥에 납죽 엎드린 채 무사히 빠져나갈 희망을 전혀 품지 못했었네. 하지만 나는 그 심한 공습들 덕분에 다시 기도와 성경으로 돌아가고 있네. 이에 대해서는 나중에 직접 만나서 한 번 더 말하기로 하세. 이 교도소의 시간은 내게 여러 면에서 거칠기는 하지만 유익한 치료의 시간이라네. 그러나 이것 역시 직접 만나서 하나하나 이야기해야 할 것 같네. (…)

11월 30일 화요일

(…) 처음에 R.[116]은 내 목숨을 너무 쉽게 뺏으려 했지만, 이제는

대단히 형편없는 기소장, 자신에게 명예를 별로 가져다주지 못할 기소장으로 만족할 수밖에 없게 되었네. (…)

지난 몇 달 동안 나는 이곳에서 받은 온갖 편의와 도움이 내 덕분이 아니라 다른 사람들 덕분이라는 것을 전례 없이 깨달았네. (…) 무엇이든 제힘으로 이루려고 하는 것은 교만이 아닐 수 없네. 다른 사람에게 신세를 지는 것도 자기의 일부이자 자기 삶의 일부라네. 제힘으로 "이룬" 것과 남에게 신세 진 것을 산출하려고 하는 것은 당연히 기독교적인 것이 아니며, 절망적인 시도에 지나지 않네. 사람은 자신이 이루는 것과 다른 사람에게서 받는 것으로 전체를 이루네. 이것이 내가 자네에게 말하고 싶었던 것이네. 그 이유는 내가 지금 그것을 몸소 경험했지만, 지금 처음 경험한 것이 아니라, 이미 오랜 세월에 걸친 우리의 공동생활vita communis, 비타 코무니스 속에서 경험하고도 입 밖에 내지 않았기 때문이네. (…)

테겔, 대림절 둘째 주일, 1943년 12월 5일

(…) 조용한 일요일 오전에 자네와 환담하고 싶은 욕구가 강하고, 이 한 통의 편지가 자네의 고독한 시간을 더 즐거운 시간으

로 만들어 줄 것이라는 생각 때문에 이 편지가 자네에게 닿기는 하는지, 닿는다면 어떻게 닿고 어느 곳에 닿는지 알지도 못하면서 자네에게 편지하려고 하네. (…) 우리 두 사람은 이번 성탄절을 어디서 어떻게 경축하게 될까? (…) 기쁨 일부를 자네와 함께 지내는 병사들에게도 전해 주기를 바라네. 왜냐하면, 새로운 공습경보가 울릴 때마다 내가 이곳 사람들에게서 늘 새롭게 목격하는 불안뿐만 아니라, 그때그때 부과된 것에 대처하게 하는 평온과 평화도 전염성이 강하기 때문이네. 사실, 나는 가장 강력한 권위는 이러한 자세를 통해 형성된다고 생각하네. 물론 이것은 과시용이 아니라, 참되고 자연스러운 것이어야겠지. 사람들은 쉴 만한 곳을 찾고, 그곳을 지향하네. 나는 우리 두 사람이 허세 부리는 사람은 아니라고 생각하네. 허세는 은혜로 담대해진 마음과는 전혀 관계없네.

나는 점점 더 구약성서적으로 생각하고 느끼는 것 같네. 그래서 지난 몇 달 동안 구약성서를 신약성서보다 더 많이 읽었네. 하나님의 이름을 입 밖에 내지 않은 이유를 알 때만 예수 그리스도라는 이름을 입 밖에 낼 수 있고, 삶과 세상이 사라져 끝장날 것처럼 그것들을 사랑할 때만 죽은 이들의 부활과 새로운 세상을 믿을 수 있고, 하나님의 율법을 자신에게 적용할 때만 은혜에 관해 한 번이라도 말할 수 있고, 원수에 대한 하나님의 진노와 복수가 정당한 현실로 우뚝 설 때만 용서와 원수 사랑이 우리의 마음을 조금이라도 움직일 수 있네. 너무 빨리 너무 곧장 신약성서의 사람이 되어 신약성서적으로 생각하려고 하는 사람은, 내 생각에는, 그리스도인이 아니네. 이것은 우리가 이미 여러 차례 이야기한 사실이네. 지금도 나는 이것이 옳다는 것을 날마다 확인하고 있네. 차극das Vorletzte, 次極의 말 앞에서는 궁극das Letzte의 말씀을 발설해서는 안 되네.[117] (이른바!) 우리는 차극 안에 살면서 궁극을 믿고 있잖은가? 루터교 신자와 경건주의자들은 이런 견해를 들으면 소름이 돋겠지만, 그런데도 이것은 옳은 견해라네. 나는 『나를 따르라』*Nachfolge*에서 이 견해를 암시만 했고(첫 장에서), 그 뒤에는 제대로 개진하지 못했네. 아무래도 나중에는 꼭 그리해야 할 것 같네. 그 결과들은 광범위해서, 가톨릭의 문제, 목사직 개념, 성경 사용법 등에 영향을 미치고, 특히 윤리학에까지 영향을 미칠 것이네. 구약성서에는 하나님의 영광을 위해 속이고(나는 지금 이와 관련된 구절들의 목록을 작성한 상태라네), 살해하고, 기만하고, 약탈하고, 이혼하고, 심지어 간통까지 하고(예수의 족보 참조), 의심하고, 중상하고, 저주하는 것과 같은 행위가 노골적으로 빈번하게 등장하는 반면, 신약성서에는 그러한 것이 아예 등장하지 않으니 어찌 된 일일까? 구약성서의 사례는 종교적인 "전 단계"Vorstufe일까? 이것은 매우 단순한 생각이라네. 구약성서의 하나님과 신약성서의 하나님은 같은 하나님이기 때문이지. 그러나 이에 대해서는 나중에 직접 만나서 더 이야기하세!

그사이에 저녁이 되었네. 의무실에서 나를 감방으로 데려다주는 부사관이 조금 전 헤어질 때 당황한 표정으로 미소 지으면서 이렇게 말하더군. "목사님, 오늘은 공습을 받지 않도록 기도해 주십시오!" (…)

얼마 전부터 나는 대관구 대변인이자 지구地區 지도자이며 고위 행정 관료인 사람, 전에는 브라운슈바이크 DC 교회 당국[118] 일원이었고, 현재는 바르샤바 주둔지의 나치당 책임자로 있는 사람과 날마다 산책을 하고 있네. 그는 여기서 완전히 쇠약해져 의존적인 아이처럼 나에게 매달리고, 사소한 일이 생길 때마다 조언을 구하고, 자기가 언제 울었는지도 시시콜콜 이야기하는 사람이지. 나는 몇 주 동안 매우 차갑게 대하다가, 지금은 그에게 약간의 편의를 제공하고 있네. 그는 이것에 감동하여 감사하며, 이곳에서 나와 같은 사람을 만나게 되어 정말 기쁘다고 거듭 말한다네. 이곳에서는 매우 특이한 상황들이 전개되곤 하네. 자네에게 이 상황들을 한 번이라도 제대로 이야기해 줄 수 있다면 좋으련만!

최근에 자네에게 보낸 편지에서 자신의 불안을 떠벌리는 것에 대해 말했었지. 나는 그것을 좀 더 곰곰이 생각해 보았네. 이곳 사람들은 겉보기에는 정직해 보이지만, 사실은 죄의 징후와 다름없는 것을 "자연스러운 것"인 양 내세운다네. 그것은 성적인 것을 공공연히 말하는 것과 아주 흡사하다네. "진실성"은 모든 것을 있는 그대로 폭로하는 것을 의미하지 않네. 하나님께서도 인간들에게 옷을 만들어 입혀 주셨네. 이를테면 타락한 상태에서는in statu corruptionis, 인 스타투 코룹시오니스 인간 안의 많은 것을 은폐해야 하고, 악을 근절할 수 없을 때는 그것도 은폐해야 한다는 것이지. 폭로는 냉소적이네. 냉소적인 사람은 굉장히 정직해 보이거나 진실에 열광하는 자로 등장하지만, 타락 이후에는 은폐와 비밀도 존재해야 한다는 결정적인 사실을 간과한다네. 슈티프터는 인간의 내면을 파고들지 않고 은폐를 존중하며, 인간을 안에서 관찰하기보다는 어느 정도 밖에서 신중히 관찰하는데, 내가 보기에는 바로 여기에 그의 위대함이 자리하는 것 같네. 그에게 호기심은 생소한 것이지. 언젠가 von K. 부인이 한 영화를 보며 경악했다고 이야기한 적이 있는데, 나는 그녀의 이야기를 감명 깊게 들었네. 식물의 성장을 저속으로 촬영한 영화였는데, 그녀와 그녀의 남편은 그런 행태를 생명의 신비를 무단 침입한 것으로 여겨 참을 수 없었다고 하더군. 슈티프터의 견해는 이들과 같다고 할 수 있네. 그러나 이것은 독일인의 "정직"에서 영국인의 "위선"으로 넘어가는 것이 아닐까? 우리 독일인들은 "은폐"의 의미, 다시 말해 타락한 세상의 상태status corruptionis, 스타투스 코룹시오니스를 제대로 이해하지 못한 것 같네. 칸트는 『인간학』에서, 이 세상에 있는 가상假想의 의미를 오해하여 반대하는 자는 인류의 대역 죄인이라고 말하는데, 이는 매우 적절한 말이네.

그건 그렇고, 금요일에 나에게 들여보낸 『비티코』 관련 서적은 자네가 찾아낸 것이겠지? 자네 말고 누가 그리하겠나? 그 책은 총명하다기보다는 정성을 들인 책이더군. 어쨌든 나는 그 책을 재미있게 읽었네. 대단히 고맙네!

(내가 얼마 전에 소론으로 쓰기도 했지만) '진실을 말한다는 것'은 내 생각에는 무언가를 있는 그대로 말하는 것, 곧 비밀과 신뢰와 은폐를 존중하는 것을 의미하는 것 같네. 예컨대 누설은 참이 아니고, 외설이나 냉소주의 등과 거의 다르지 않네. 은폐된 것은 고해성사 속에서만, 다시 말해 하나님 앞에서만

드러나야 하네. 이에 대해서도 다음에 더 말하기로 하세.

장애 요소를 극복하는 데에는 좀 더 쉬운 길과 좀 더 어려운 길이 있네. 좀 더 쉬운 길은—나는 이 길을 거의 익혔는데—"장애 요소를 무시하는 것"이네. 그리고 좀 더 어려운 길은 장애 요소를 의식적으로 주시하고 극복하는 것이네. 나는 아직 이 길을 익히지 못했네. 하지만 이것도 꼭 익혀야 할 것 같네. 첫 번째 길은 허락된 길이긴 하지만 자기기만에 가깝기 때문이지. (…)

테겔, 1943년 12월 15일

(…) 어제 자네의 편지를 읽었네. 어찌나 샘물 같고, 오랜 시간이 흐른 뒤에 다시 맛보는 첫 물방울들 같은지, 그것이 없었으면 나의 영적인 삶이 시들기 시작할 뻔했다네. 물론 자네에게는 이런 표현이 과장된 것으로 여겨질 거야. (…) 그러나 격리된 나에게는 전혀 그렇지 않네. 나는 어쩔 수 없이 과거의 것에 기대어 살 수밖에 없네. (…) 어쨌든 자네의 편지는 지난 몇 주 동안 다소 녹슬어 지쳐 버린 나의 사고를 다시 살아나게 해 주었네. 나는 자네와 모든 의견을 교환하는 데 완전히 익숙해진 상태여서,

이토록 갑작스러운 중단, 이토록 오랜 중단을 심각한 변경과 엄청난 부자유로 받아들일 수밖에 없었네. 그러다가 이제야 비로소 자네와 다시 대화하게 된 것이네. (…) R.[119]과 그의 동료들은 모든 그릇을 부수지 못할 것이고, 우리의 가장 중요한 인격적 관계도 파괴하지 못할 것이네. (…)

그러면 이제 기쁜 마음으로 "저녁 대화"를 시작해 보세. (이곳의 전등이 나가서 나는 지금 촛불을 켜고 앉아 있네) 상상으로 보니, 옛적에 그랬듯이 우리가 저녁 식사(와 저녁 공부[120])를 마치고 2층 내 방에 앉아서 담배를 피우고, 하프시코드를 연주하며 화음을 맞추고, 그날 있었던 일을 서로 이야기하고 있군. 나는 자네의 수련 목회자 시절과 자네의 카롤루스[121] 방문 여행(…)에 대해서 끊임없이 질문하는 모습을 상상하네. (…) 그리고 마지막으로, 자네에게 편지한 모든 것에도 불구하고 이곳이 얼마나 소름 끼치는 곳인지, 내가 밤늦게까지 얼마나 참기 힘든 인상들에 시달리는지, 그러한 것들을 극복하기 위해 얼마나 많은 찬송가 가사를 읊조리는지, 깨어나서는 어떻게 하나님 찬양 대신 한숨으로 하루를 시작하는지를 이야기하는 모습도 상상하네. 신체의 부자유에 익숙해지고, 심지어 몇 달씩 소위 신체가 없는 듯이—아주 잘—사는 반면, 심리적 부담에는 익숙해지지 않더군. 보고 듣는 것 때문에 몇 해는 더 늙는 것 같고, 세상이 메스껍고 짐스럽게 여겨질 때도 종종 있네. 자네는 내가 이렇게 말하는 것을 이상하게 여기며 그간의 내 편지들을 떠올리다가, "우리 부부로 하여금 형의 처지에 대해 희망적인 생각을 하게 하려고 '애쓴' 것이었군요"라며 곧바로 답장할지도 모르겠네. 나는 종종 다음과 같은 물음을 나 자신에게 던지곤 하네. 도대체 나는 누구인가? 이곳의 소름 끼치는 일들에 짓눌려 꿈틀거리며, 통탄할 불행을 겪는 사람인가? 아니면 자신을 채찍질하며 밖을 향해 (또는 자신을 마주하여) 평온한 자, 명랑한 자, 침착한 자인 척하고, 이것으로(이 연기로, 혹은 연기가 아닐 수도 있겠지?) 경탄을 자아내는 사람인가? 도대체 "마음가짐"은 무엇을 의미하는가? 요컨대, 자신을 전보다 더 모르고, 그런 것에는 아무런 가치도 두지 않게 되고, 온갖 심리학에 대한 싫증과 영혼 분석에 대한 혐오가 점점 더 심해지더군. 내가 슈티프터와 고트헬프를 중시하는 것은 그 때문인 것 같네. 자기 인식보다 더 중요한 것이 있기 때문이지.

또한, 나는 다음과 같은 물음을 놓고 자네와 이야기하는 모습도 상상하네. 자네는 나를 방첩대와 연관 지은 이 소송이 (내 생각에는 은폐된 채로 있지는 않을 것 같은데) 장차 내 직업

수행을 위태롭게 할 것으로 생각하는가? 나는 우선 이 문제를 자네하고만 상의할 수 있네. 면회 허가가 떨어지면, 우리 두 사람이 이 문제를 놓고 조금이라도 이야기를 나눌 수 있을 거야. 숙고해 보고 진실을 말해 주게나. (…)

(…) 나는 이따금 어느 정도 살 만큼 살았으니 이제는 『윤리학』을 끝마쳐야겠다고 생각하네. 그러나 자네도 알다시피, 그러한 순간에도 비할 데 없는 욕구, 곧 흔적도 없이 퇴장하기보다는 자식을 갖고 싶은 욕구가 나를 에워싼다네. 이것은 신약성서적 소원이라기보다는 구약성서적 소원일 것이네. (…)

자네가 출발하기 전에 내가 자유의 몸이 되어 만날 수 있으면 좋으련만! 그러나 교도소에서 성탄절을 맞는다고 해도, 나는 그날을 자네처럼 아무 걱정 없이 "전선의 성탄절"로 보낼 참이네. 대규모 전투는 날마다 이어지는 소규모 전투보다 더 치르기 쉽고 덜 지칠 테니까. 하지만 2월에는 자네가 어떻게 해서든지 며칠간의 휴가를 얻기 바라네. 그때쯤이면 내가 석방되어 있을 거야. 쓸데없이 나에게 죄를 씌우려 하지만, 저들은 재판 기일에 나를 석방할 수밖에 없을 테니까.

나는 지금 '진실을 말한다는 것은 무엇을 의미하는가?'라는 소론을 다시 쓰면서, 신뢰와 성실과 비밀의 의미를 냉소적 진실 개념보다 눈에 띄게 강조하고 있네. 이 모든 의무[122]는 냉소적 진실 개념에는 없는 것들이지. "거짓말"은 하나님 안에 있는 현실을 파괴하고 적대하네. 냉소적으로 진실을 말하는 자는 거짓말하는 자일세. 그건 그렇고, 나는 예배를 그다지 그리워하고 있지 않네. 어디에 문제가 있는 것일까?

자네가 "편지를 먹었다"고 하면서 성서의 표현[123]에 빗댄 것이 참 마음에 드는군. 로마로 가거든, "포교성"Propaganda fide[124]에서 일하는 Sch.[125]를 방문해 보게. 군인들의 분위기가 몹시 나쁜가? 아니면 자네를 배려해 주는가? 이곳 의무실은 꾸미지는 않았지만, 불결하지는 않네. 젊은 수감자들 가운데 몇몇은 장기간의 독거와 장기간의 어두운 야간 시간을 견디지 못하고 완전히 지쳐 버린 것 같네. 이런 사람들을 몇 달 동안 하는 일 없이 가두어 두는 것은 미친 짓이 아닐 수 없네. 그것은 어느 모로 보나 사기를 떨어뜨리는 짓일 뿐이지. (…)

테겔, 1943년 12월 18일

(…) 자네도 최소한 성탄절 편지 한 통은 받아야 하지 않을까 싶네. 나는 나의 석방을 더는 믿지 않네. 내 생각대로라면 재판 기

일인 12월 17일에 석방되었을 테지만, 법률가들은 안전한 길을 가고 싶어 했네. 아마도 나는 몇 달은 아니고 몇 주 더 이곳에 앉아 있어야 할 것 같네. 지난 몇 주는 이전의 모든 것보다 심리적으로 더 부담스러운 기간이었네. 그런데도 더는 달리 어찌할 수가 없고, 다만 불가피한 상황에 순응하는 것보다는 저지할 수 있다고 생각하는 것에 순응하는 것이 더 어렵게 되었을 뿐이네. 그러나 어쨌든 불가피한 상황이 조성되면, 길을 잘 찾아야 할 거야. 오늘 문득 든 생각이지만, 자네도 조만간 대단히 가혹한 상황에 맞닥뜨리게 될 것 같네. 내가 맞닥뜨린 것보다 훨씬 가혹한 상황이 될지도 모르지. 내 말은 이런 상황을 변화시키기 위해 온갖 시도를 다 해보아야 한다는 것이네. 온갖 시도를 다 해보았는데도 보람이 없다면, 감당하기가 훨씬 수월해지네. 일어난 일이라고 해서 다 "하나님의 뜻"인 것은 아니네. 하지만 결국은 "너희 아버지께서 허락하지 않으시면"마 10:29 어떤 일도 일어나지 않네. 제아무리 하나님과 무관해도 모든 사건은 하나님께 이르는 통로가 된다는 말이네. 자네처럼 지금 극도로 행복한 결혼 생활을 시작하고, 이것에 대해 하나님께 감사한다고 해도, 이 결혼 생활의 기초가 되어 주신 동일한 하나님께서 우리에게 엄청난 결핍의 시간을 요구하신다는 사실에 적응하는 것은 매우 어려운 일이네. 내 경험에 따르면, 그리움보다 더 고통스러운 것은 없는 것 같네. 일찍부터 뒤죽박죽으로 생활한 사람들 상당수는 위대한 그리움이라고 할 만한 것을 전혀 품지 못하고, 내적 "긴장의 활"을 오래오래 유지하는 습관을 들이지 못한 채, 좀 더 단기적이고 좀 더 쉽게 만족하는 즐거움을 대용품으로 삼는다네. 이것은 프롤레타리아 계층의 서글픈 운명, 모든 정신적 생산성의 붕괴가 아닐 수 없네. 일찍부터 인생의 매를 자주 맞는 것이 꼭 좋다고는 할 수 없네. 대개 그것은 사람을 더 망가뜨리네. 그런 사람들은 지금과 같은 시대에는 더 단단해질는지 모르나, 끝도 모른 채 점점 더 우둔해진다네. 사랑하는 사람들과 오랫동안 강제로 떨어져 있게 되더라도, **우리만**은 여느 사람들처럼 다른 사람들을 값싼 대역代役으로 삼는 일이 **없어야겠네**. 이는 도덕의 관점에서 하는 말이 아니라 우리의 인품의 견지에서 하는 말일세. 대역은 역겨울 뿐이네. 우리는 그저 기다리고 또 기다리며, 멀리 떨어져 지내는 것을 말없이 견디고, 거의 병들 지경에 이르기까지 그리움을 느끼지 않으면 안 되네. 그럼으로써만 우리는 매우 고통스러운 방식이긴 하지만 사랑하는 이들과 친교를 똑바로 유지하게 될 것이네. 나는 이제껏 살아오면서 향수병을 몇 차례 앓은 적이 있네. 그것보다 더 심한 고통이 없더군. 나는 지난 몇 달 동안 이곳 교도소에서 사무치는 그리움으로 목이 멜 때가 몇 차례 있었네. 앞으로 몇 달 동안 자네에게도 이와 유사한 일이 일어날 것으로 생각해서, 내가 경험한 것들을 편지로 알려 주고 싶었네. 자네에게 조금이나마 도움이 될 거야.

그렇게 그리워하며 시간을 보낼 때 나타날 수 있는 첫 번째 결과는, 정상적인 일과를 어떻게 해서든 등한히 하려고 하고, 우리의 삶에 무질서한 것이 들어오기를 바란다는 것이네. 나는 평소처럼 아침 여섯 시에 일어나지 말고—이것이 절대적으로 가능하다면—좀 더 자야겠다는 유혹에 빠질 때가 간혹 있었네. 하지만 지금까지는 그러지 않으려고 변함없이 애써 왔네. 유혹에 무너지는 것은 항복의 시작이어서 더 심각한 결과를 초래할 것이 뻔했기 때문이네. 내면의 질서를 위한 발판은 외적이고 순수 신체적인 질서(아침 체조, 냉수욕)에서 비롯되네. 덧붙이건대, 그러한 유혹에 빠지면, 실현할 수 없는 것을 대신할 만한 무언가를 만들려고 시도하게 되는데, 이보다 더 잘못된 것은 없네. 그런 시도는 성공할 수 없고, 내면의 무질서만 더 커질 뿐이네. 반면에 그리움의 대상에 온전히 집중할 때만 생겨나는 긴장 극복 능력은 야금야금 침식을 당해, 끝까지 유지하기가 점점 어려워지고 만다네. (…) 자신의 상태에 관해 낯선 사람들과 이야기하면 더 덧나기만 할 뿐이니, 그러지 말고 되도록 자신의 마음을 열어 다른 사람들의 고민을 들어주는 편이 좋을 것 같네. 무엇보다도 자기 연민에 빠져선 안 되네. 이러한 주제의 기독교적 측면에 관해 본질적이면서도 궁극적인 것을 말하는 시구가 있더군. "……잊지 않으리 / 다들 곧잘 잊어버리지만 / 이 초라한 세상은 / 우리 고향이 아니라는 것을."[126] 나는 우리가 때가 되어—참으로 그때!—사랑과 신뢰와 기쁨을 가지고 하나님께로 가려면, 우리의 **삶** 속에서 그리고 하나님께서 우리에게 주시는 선한 것 속에서 그분을 사랑하고 신뢰해야 한다고 생각하네. 분명히 말하건대, 남편이 아내의 품에 안겨 내세를 동경하는 것은 부드럽게 말하면 멋없는 것이고, 어쨌든 하나님의 뜻은 아닌 것 같네. 우리는 하나님께서 지금 막 주고 계시는 것 속에서 그분을 발견하고 사랑해야 하네. 우리가 현세의 엄청난 행복을 누리는 것이 하나님의 뜻이라면, 우리는 하나님보다 더 경건해서는 안 되며, 오만한 생각과 도전으로 이 행복을 벌레 먹은 것이 되게 해서도 안 되고, 하나님께서 우리에게 주시는 것에 만족하지 못하는 터무니없는 종교적 환상으로 이 행복을 손상해서도 안 되네. 하나님께서는 현세적 행복 속에서 하나님을 발견하고 감사하는 사람에게, 현세의 모든 것은 일시적인 것에 지나지 않으며, 그의 마음을 영원에 잇대는 것이 좋음을 생각하도록 시간을 넉넉하게 주실 것이네. 언젠가는 "본향에 가고 싶습니다"라고 솔직하게 말할 시간도 지체하지 않고 올 것이네. 그러나 이 모든 것에는 제때가 있네. 중요한 것은 하나님과 보조를 맞추고, 그분보다 몇 걸음 앞서지도 뒤처지지도 않는 것이네. 결혼 생활의 행복, 십자가, 남편도 아내도 없는 천상의 예루살렘, 이 모든 것을 한꺼번에 가지려고 하는 것은 오만불손이나 다름없네. "하나님은 모든 것이 제때에 알맞게 일어나도록 만드셨다." "모든 일에는 다 때가 있다. 울 때가 있고, 웃을 때가 있다……껴안을 때가 있고, 껴안는 것을 삼갈 때가 있다……찢을 때가 있고, 꿰맬 때가 있다……하나님은 지나간 것을 다시 찾으신다."[127] 이 마지막 말씀은 과거의 어떤 것도 없어지지 않으며, 하나님께서 우리에게 속하는 우리의 과거를 우리와 함께 다시 찾으심을 의미하는 것 같네. 지나간 것을 그리워하는 마음이 우리에게 엄습할 경우—이런 일은 전혀 예측할 수 없는 시간에 일어나는데—우리는 그것이 하나님이 우리를 위해 마련해 두신 여러 "시간" 가운데 하나에 지나지 않는 것으로 알고, 지나간 것을 혼자 힘으로 찾지 않고, 하나님과 함께 다시 찾으면 될 것이네. 내가 너무 지나친 요구를 한 것 같아 그만하려네. 이런 문제에 대해 자네 자신이 잘 알지 못하니 어떤 것도 말하지 못하겠네.

대림절 넷째 주일[128]

(…) 지난 몇 주 동안 다음 시구가 계속 내 머리에 떠오르네. "사랑하는 형제들이여, 놓아 보내시오 / 그대들을 괴롭게 하는 것을 / 그대들에게 부족한 것을 / 내가 무엇이든 회복하겠소."[129] "내가 무엇이든 회복하겠소"라는 표현은 무슨 뜻일까? 잃는 것은 하나도 없으며, 모든 것이 변화된 형태로 그리스도 안에 보존되고 보관되며, 이기적인 욕망이 사라진 상태로 맑고 투명하게 존재하는 것을 의미할 거야. 그리스도께서는 이 모든 것을, 우리의 죄로 훼손된 상태가 아니라 하나님께서 본래 의도하신 상태로 회복하시네. 에베소서 1:10에서 유래한 이레나이우스의 만유 회복ἀνακεφαλαίωσις, 아나케팔라이오시스, re-capitulatio, 레-카피툴라시오 교의는 위대하고 위로가 되는 사상이 아닐 수 없네. "하나님은 지나간 것을 다시 찾으신다"[130]는 표현이 여기서 실현되고 있네. "내가 무엇이든 회복하겠소"라는 말을 아기 그리스도의 입속에 담은

파울 게르하르트만큼 그것을 단순하고 천진난만하게 표현할 줄 안 이는 이제까지 한 사람도 없었네. 이어지는 몇 주 동안 이 시구가 자네에게도 어느 정도 도움이 될 것이네. 그뿐만 아니라 나는 최근에 "나는 여기 당신의 구유 옆에 서 있습니다……."[131] 라는 찬송가를 처음 발견했네. 나는 이제껏 이 찬송가에서 많은 것을 얻지 못했었네. 이 찬송가를 이해하려면 오랫동안 홀로 지내면서 묵상하며 읽어야 하네. 시어 하나하나가 대단히 의미심장하고 아름답네. 조금은 수도사 냄새와 신비주의 냄새를 풍기지만, 나름의 정당성을 여실히 드러내지. 이를테면 "우리"라는 표현 외에 "나와 그리스도"라는 표현도 있다는 것이네. 나는 지금 『그리스도를 본받아』*De imitatione Christi* [132] 라틴어 본을 읽고 있는데(라틴어 본이 독일어 역본보다 훨씬 아름답더군), 이 책의 몇몇 구절에도 그런 표현이 들어 있더군. 나는 이따금 아우구스티누스의 "오 선하신 예수님"o bone Jesu, 오 보네 예수에 쉬츠[133]가 붙인 곡을 떠올리기도 하네.

이 악절은 어느 정도, 이를테면 황홀하고 애절하면서도

순수한 기도 속에서 모든 현세적 갈망을 "회복하는 것" 같지 않은가? 덧붙여 말하지만 "회복"을 "순화"와 혼동해선 안 되네! "순화"는 육肉, σάρξ, 사르크스이고(경건주의이고?!), "회복"은 영靈이네. 이는 "영화"靈化의 의미에서 하는 말이 아니라(육도 그리 될 수 있네), 성령πνεῦμα ἅγιον, 프뉴마 하기온을 통한 새 창조καινὴ κτίσις, 카이네 크티시스의 의미에서 하는 말이네. 이 견해는 죽은 사람들과의 관계에 관해 묻는 이들과 대화할 때 대단히 요긴할 것이네. "**내가** 모든 것을 회복하겠소." 이는 모든 것을 우리 스스로 되찾을 수도 없고 그래서도 안 되며, 오직 그리스도에게서만 받아야 한다는 뜻이네. (그건 그렇고 언제가 될지 모르지만 내가 매장될 때는, "주님께 한 가지를 구합니다"Eins bitte ich vom Herren와 "하나님, 속히 저를 구하소서"Eile mich, Gott, zu erretten와 "오 선하신 예수님"o bone Jesu을 불러 주면 좋겠네.)[134]

해마다 24일 정오가 되면, 심금을 울린다는 한 노인이 자발적으로 이곳에 와서, 성탄 캐럴 몇 곡을 관악기로 연주한다고 하네. 하지만 분별 있는 사람들의 경험에 따르면, 그의 연주는 수감자들에게 처량한 느낌을 안겨 주고 마음만 더 무겁게 한다는군. 어떤 사람은 그의 연주가 "사기를 떨어뜨리는" 역할만 한다고 말하더군. 내 생각에도 그럴 것 같네. 전에는 수감자들이 그 연주 시간에 마음이 약해지지 않으려고 딴청을 부리거나 큰소리로 항의했다고 하네. 교도소에 팽배한 이 비참함을 고려할 때, 다소 진지하지 못하고 감상적인 성탄절 기념은 부적절한 것 같네. 좋은 말, 인격적인 말, 곧 설교가 먼저 이루어지는 것이 어울릴 것 같네. 이런 것 없이 음악만 있으면 곧장 위험에 빠질 것이네. 내가 어떤 식으로든 개인적으로 그런 연주를 두려워한다고는 생각하지 말게나. 사실은 그렇지 않네. 그저 의지할 데 없이 감옥에 갇힌 다수의 젊은 군인이 안타까워서라네.

날마다 괴로운 느낌들을 통해 자신에게 가해지는 이 압박감에서 완전히 벗어나기는 어려울 것 같네. 정말 그럴 것이네. 나는 형사 사법 기관을 철저히 개혁했으면 좋겠다는 생각을 하곤 하는데, 언젠가는 이 생각이 열매를 맺을 수 있게 되기를 바라네.

자네가 이 편지를 제때 받는다면, 내가 성탄절에 좋은 읽을거리를 받을 수 있도록 신경 써 주게. 오래전부터 몇 권을 부탁했는데, 입수하지 못하는 것 같네. 재미있는 책이어도 괜찮네. 바르트의 "예정론"(가철본)이나 신론[135]을 어렵지 않게 구할 수 있다면, 그것들을 부쳐 주게나. (…)

날마다 나와 함께 산책하는 선전 대변인은 점점 견디기 힘든 성가신 사람이 되어 가고 있네. 이곳 사람들은 대체로 어려운 상황에 처해서도 조화를 유지하려고 애쓰지만, 그는 완전히 무너져 참으로 애처로운 인상을 주고 있네. 나는 되도록 그를 상냥하게 대하고, 아이에게 하듯 그에게 말하네. 희극이나 다름없는 상황이 이미 여러 차례 펼쳐졌네. 이보다 더 기분 좋은 사실은, 들리는 바에 의하면, 취사장이나 옥외에서 일하는 수감자들이 내가 언제 의무실에 있는지를 오후에 전해 듣고 무슨 이유를 대서라도 다가온다는 것이네. 이는 나와 환담하는 것이 기분 좋아서일 거야. 물론 그런 것은 금지된 행위이네. 하지만 그런 일을 경험할 때마다 참 재미있더군. 자네도 확실히 그럴 거야. 하지만 이것에 대해서는 절대로 발설하지 말게.

당분간은 이 편지가 우리가 검열관 없이 주고받을 수 있는 마지막 편지가 될 것 같네. (…)

이만 줄이네! 잠언 18:24[136]을 읽고 잊지 말게나. (…)

1943년 12월 22일

내가 성탄절에 자네 부부와 함께 있을 수 없다는 결정이 내려진 것 같네. 그러나 누구도 내게 그 사실을 말해 주지 않으려 하네. 도대체 왜 말해 주지 않는 걸까? 나의 냉정함을 그다지 신뢰하지 못해서일까? (…) 이 상황에 적합한 말을 영국인들이 만들어 냈는데, 그게 바로 'tantalisieren'('감질나게 하여 괴롭히다')이라네.[137] 내일 어떻게 해서든 자네에게 말하겠지만, 나에게 내 소송사건 전체의 처리는 결정적으로 신앙의 문제라네. 나는 내 소송사건 전체의 처리가 지나치게 계산과 예견의 문제가 되어 버렸다는 느낌을 지울 수 없네. 나에게 참으로 중요한 것은, 내가 성탄절에 집에 가게 될 것인가 아닌가와 같은 다소 유치한 물음이 아니네. (…) 그러나 나는 그것을 기꺼이 희생할 수도 있을 것 같네. 내가 "믿음으로" 그리할 수 있고, 꼭 그래야 한다는 것을 알게 된다면 말일세. 나는 모든 것을 "믿음으로" 견딜 수 있고, 유죄판결이나 여타의 우려스러운 결과들까지도 그리할 수 있네.[시 18:29] [138] 하지만 걱정스러운 예견이 나를 지치게 하는군. 설령 더 좋지 않은 일이 일어나더라도 나에 대해서는 걱정하지 말게. 이는 다른 형제들도 이미 겪은 것이네. 그러나 믿음 없이 이리저리 흔들리는 것, 끝없이 상의만 하고 실행하지는 않는 것, 아무것도 감행하려 하지 않는 것, 이것은 정말 위험이 아닐 수 없네. 내가 인간의 수중에 있지 않고 하나님의 수중에 있다는 확신을 할 수만 있다면, 모든 일이 쉬워질 것이고, 가장 혹독한 부자유조차도 견디기 쉬울 것이네. 나는 정말 이렇게 말할 수 있을 것 같네. 지금 나에게 중요한 것은 "초조해하는 것이 당연하다"는 사람들의 말이 아니네. 지금 나에게 중요한 것은, 모든 일이 믿음 안에서 이루어지는 것이네. (…)

그 밖에 자네가 알아 두어야 할 것이 있네. 나는 1939년에 이루어진 나의 귀국[139]을 한순간도 후회한 적이 없고, 그 결과로 일어난 것 가운데 그 어떤 일도 후회한 적이 없네. 나의 귀국은 완전한 확신 속에서 최선의 양심에 따라 결행한 것이었네. 나는 그 이후에 일어난 일이 개인적인 것이든((…) 지구르츠호프,[140] 동프로이센,[141] 에탈,[142] 병들어 자네의 간호를 받은 것,[143] 베를린 시절) 공적인 것이든, 어느 하나도 내 인생에서 지우고 싶지 않네. 내가 이렇게 붙박여 있는 것도(자네는 내가 지난 3월에 예언한 것을 기억하는가?) 스스로 결심하여 독일의 운명에 참여한 것으로 생각하네. 나는 양심에 거리낌 없이 지나간 일을 생각하고, 양심에 거리낌 없이 현재를 받아들이지만, 인간의 조작들로 인해 불확실성에 빠지고 싶지는 않네. 우리는 확신과 믿음 안에서만 살 수 있네. 자네는 외국에서 군인들 사이에 있고, 나는 감방 안에 있네. (…) 나는 방금 『그리스도를 본받아』에서 이런 글귀를 읽었네. "그대의 방을 성실히 지켜라. 그러면 그 방이 그대를 지켜 주리라!" Custodi diligenter cellam tuam, et custodiet te! 쿠스토디 딜리젠테르 첼람 투암, 에트 쿠스토디트 테! 하나님께서 우리를 믿음 안에서 살게 해주시기를.

1943년 성탄 전야

(…) 지금은 밤 아홉 시 삼십 분이네. 나는 즐겁고 평화로운 몇 시간을 보내면서, 자네 부부가 오늘은 함께 있을 수 있을 것으로 생각하며 크게 감사했네. (…)

올해에도 우리가 「로중」[144]을 주고받을 수 있었던 것은 가장 큰 성탄절 기쁨 가운데 하나였네. 이미 여러 차례 생각하고 소망한 일이었지만, 더는 가능하지 않다고 생각하고 있었거든. 지난 몇 달 동안 나에게 중요한 역할을 해 온 이 책이 새해에도 우리와 줄곧 함께할 것이고, 우리는 아침마다 그것을 읽으면서 특별히 서로를 생각하게 될 것이네. 거듭 감사하네!
(…)

자네 부부가 서로 떨어져 있어야 할 시간이 임박한 까닭에, 자네 부부에게 몇 가지를 말해 주고 싶네. 그러한 별거가 우리의 마음을 얼마나 무겁게 하는지는 굳이 말할 필요가 없을 테지. 하지만 내가 애정을 가진 사람들과 아홉 달 동안 떨어져 지내면서 경험한 것들 가운데 몇 가지는 자네 부부에게 써 보내고 싶네. (…)

첫째, 사랑하는 사람의 부재를 보상해 줄 수 있는 것은 존재하지 않으니, 그런 일을 시도해서는 안 되네. 그저 참고 끝까지 견뎌야 하네. 그렇게 하면 처음에는 매우 힘겹게 여겨지지만, 동시에 커다란 위로가 된다네. 허전함을 달래지 않고 그대로 둠으로써, 그것을 통해 서로 결합된 상태가 그대로 유지되기 때문이네. 하나님께서 허전함을 달래 주신다고 말하는 것은 잘못된 것이네. 하나님은 허전함을 달래 주시지 않고 그대로 두셔서, 우리가 그것을 통해—고통 속에서도—참된 관계를 유지하도록 도우시네. 둘째, 함께한 기억들이 아름답고 충만하면 충만할수록, 이별은 더욱 괴로운 법이네. 그러나 감사하는 마음은 기억의 괴로움을 고요한 기쁨으로 바꾸어 주네. 아름다운 과거를 가시처럼 지니는 것이 아니라, 소중한 선물로 지니는 것이지. 기억들을 헤집거나 그것들에 파묻히지 않도록 조심해야 하네. 이는 소중한 선물을 끊임없이 펼쳐 보기보다는 특별한 시간에만 펼쳐 보고, 어딘가에 숨겨 놓고 자기만 아는 보물로 간직하는 것과 같네. 그러면 과거의 것에서 지속적인 기쁨과 힘을 얻게 되네. 셋째, 이별의 시간은 공동생활에 무익한 것이 아니라 유익한 것이네. 그런 시간들을 가질 필요는 없지만, 그 시간들은—온갖 난관을 무릅쓰고—주목할 만큼 강한 유대를 조성하네. 넷째, 내가 이곳에서 특별히 경험한 사실이지만, **사태**는 언제나 극복될 수 있네. 걱정과 불안만이 사태를 미리 극도로 키울 뿐이네. 우리는 아침 일찍 일어나 잠자리에 들 때까지 다른 이를 하나님께 전적으로 맡기고, 그에 대한 걱정을 그를 위한 기도로 바꾸어야 하네. "걱정과 번민으로는……**결코** 하나님께 주목받지 못하네……"[145] (…)

성탄 후 첫째 주일

(…) 멋진 선물들이 침상 가장자리에 다시 세워져 있고, 내 앞에는 내가 좋아하는 사진들이 있네. (…) 나는 거의 끊임없이 자네의 면회를 음미하고 있네. (…) 그것은 정말 "네체시타스"necessitas,

꼭 필요한 것였네! 대화하고 싶은 정신적 욕구가 있는데, 이것이 육체적 욕구보다 훨씬 괴롭다네. (…) 몇 마디 말과 암시만으로도 복합적인 문제가 언급되고 해명되지. 늘 순조로웠던 것은 아니지만, 수년간의 훈련을 거치면서 서로 초점을 맞추거나 호흡을 맞춰 온 이 관계를 결코 상실해서는 안 되네. 이 관계는 엄청난 소득이자 대단히 유용한 것이 아닐 수 없네. 우리는 한 시간 반 동안 모든 것을 언급하며 모든 것을 알게 되지 않았는가! 그렇게 되도록 자네가 힘써 주고 관철해 주어 정말 감사하네. (…)

이곳 사람들은 나에게 될 수 있으면 즐거운 성탄절을 안겨 주려고 했네. 그러나 나는 혼자 있을 때가 즐거웠네. 나는 이를 알고 깜짝 놀라, 사람들 사이에서 어찌 처신할지를 스스로 묻곤 하네. (…) 자네도 알다시피, 나는 성대한 축제 중에도 이따금 내 방으로 물러나곤 했지. 나는 그런 습관이 더 심해지지 않을까 걱정이네. 하지만 나는 부자유한 몸이면서도 고독을 좋아하게 되었네. 이야기도 한두 사람과 나누는 것을 아주 좋아하지. 이보다 많은 수의 사람이 모여드는 것과 무엇보다도 수다와 잡담은 딱 질색일세. (…)

테겔, 1944년 1월 23일

(…) 나는 1월 9일[146]부터 자네 부부를 이전과는 다르게 생각하고 있네. (…) 자네 부부에게도 남달랐겠지만, 그 주일은 나에게도 중요한 계기가 되었네. 여러 해 동안 한 사람의 처지와 운명에 어떤 식으로든 직접 관여해 왔는데, 어느 날 그 한 사람이 전혀 알려지지 않은 미래를 향해 나아가는 모습을 보아야 한다니, 참으로 묘한 기분이 드네. 이처럼 자신의 무력함을 느끼는 것은 (…) 두 가지 측면, 곧 불안한 측면과 해방적 측면을 가지고 있는 것 같네. 다른 한 사람의 운명을 함께 형성하려고 애쓰는 한, 우리는 우리가 하고 있는 일이 정말 그 사람을 위한 최선의 일이냐는 물음에서 완전히 벗어날 수 없다네. 어쨌든 다른 사람의 삶에 큰 영향을 미쳤을 때 그렇다는 말이네. 직접 관여할 수 있는 거의 모든 가능성이 갑자기 차단되면, 다른 사람에 대한 모든 불안을 덜고, 그의 삶이 좀 더 낫고 좀 더 강한 손안에 놓여 있음을 의식하게 되네. 이 손에 서로를 맡기는 것이야말로 앞으로 몇 주 동안, 어쩌면 몇 달 동안, 자네 부부와 우리가 감당해야 할 과제일 것이네. (…) 사실로 굳어지기 전에는 인간의 수많

은 실패와 계산 착오와 과실이 있을 수 있지만, 일단 사실로 굳어지면 그 속에는 하나님이 자리하시네. 앞으로 몇 주 혹은 몇 달을 통과하고 나면, 모든 일이 우리에게 다가와 지금에 이른 것이 잘된 것임을 매우 분명히 깨닫게 될 것이네. 우리가 조금 덜 용감하게 살았더라면 삶의 여러 어려움을 피할 수 있었을 것이라는 생각은 정말 너무 얼빠진 생각이네. 그런 생각은 단 한 순간도 진지하게 대해선 안 되네. 나는 자네 부부의 과거에 비추어, 지금까지 일어난 것도 옳았고, 현재의 것도 옳을 수밖에 없다고 확신하네. 고통을 피하려고 진정한 기쁨과 인생의 의미를 회피하는 것은, 사실 그리스도인의 자세도 아니고 인간적인 자세도 아니네. (…)

방금 네투노 상륙[147] 뉴스를 들었네. 자네도 그곳 어딘가에 있지 않은가? 이러한 변화를 접할 때면 나는 냉정함이 내 천성의 일부가 아니라, 지속적으로 노력해서 획득해야 하는 것임을 깨닫곤 하네. 본래 냉정함은 대부분은 무관심과 무감각의 완곡한 표현에 지나지 않으며, 그런 점에서 썩 존경할 만한 것은 아닌 것 같네! 최근에 나는 레싱Lessing [148]의 책에서 이런 글귀를 읽었네. "나는 자부심이 어찌나 강한지, 나를 불행한 사람으로 여기지 않는다. 오히려 이를 악물고, 바람과 파도가 원하는 대로 배가 움직이게 한다. 나는 어찌나 만족스러운지, 배를 스스로 전복시킬 마음이 없다." 이 자부심과 이를 악무는 행위는 그리스도인에게 금지된 낯선 것인가? 가령 예방 차원의 온화한 냉정함을 지지해서는 안 되는가? 자부심이 강해 이를 악무는 냉정함은 없는가? 이러한 냉정함은 불가피한 것에 완고하게, 흐리멍덩하게, 멍청하게, 경솔하게 굴복하는 것과 다르지 않은가? 나는 삶의 가치들에 무감각해진 나머지 고통에 둔감해지기보다는, 하나님으로부터 받은 삶의 가치를 속속들이 알고, 그 삶의 가능성을 모두 이용하고, 그 삶을 사랑하고, 그래서 손상되거나 상실된 삶의 가치들에 대해 고통을 강하고 솔직하게 느끼는 것이—흔히들 이것을 시민적 실존의 약점과 감상주의라며 욕하지만—하나님을 더 영광스럽게 해 드리는 일이라고 생각하네. "주신 분도 주님이시요……"[149]라는 욥의 말도 이것을 배제하지 않고 오히려 포함하네. 이는 경건한 체하며 미리 부적절하게 복종하는 친구들과 달리 욥이 이를 악물고 하는 말과 하나님께서 그의 말을 의롭게 여겨 주시는 것욥 42:7 이하에서도 분명하게 드러나는 사실이지. (…)

이와 관련하여 자네가 우정에 관해 말하면서, 우정은

결혼 생활 및 친척 관계와 달리 일반적으로 승인된 권리가 전혀 없고 따라서 제 속에 내재하는 내용만을 근거로 삼는다고 한 것은 썩 좋은 관찰인 것 같네. 우정을 사회학적으로 분류하기는 사실 쉽지 않네. 우리는 우정을 문화와 교양 개념의 하위 개념으로 이해하고, 형제애는 교회 개념에, 동료애는 노동 개념과 정치 개념에 종속시켜야 할 것 같네. 결혼, 노동, 국가, 그리고 교회는 저마다 하나님으로부터 구체적인 위임을 받지만, 문화와 교양은 어떠한가? 흔히들 여러 관점에서 문화와 교양을 노동 개념에 종속시키고 싶어 하지만, 그래선 안 될 것 같네. 문화와 교양은 복종의 영역에 속하지 않고, 자유의 활동 공간에 속하네. 그리고 이 공간은 하나님으로부터 부여받은 세 위임[150]을 에워싸지. 이 자유의 활동 공간을 모르는 사람도 좋은 아버지, 시민, 노동자가 될 수 있고, 어쩌면 기독교인도 될 수 있을 것이네. 하지만 그런 사람이 온전한 사람인지(그리고 온전한 의미의 기독교인인지)는 의문이네. 우리의 개신교(루터교가 아니네!)적 프로이센 세계가 이 네 가지 위임을 통해 규정되는 바람에, 자유의 활동 공간이 그 뒤로 물러나고 말았네. 오늘날에는 거의 그럴싸해 보이는데, 아마도 교회 개념만이 자유의 활동 공간(예술, 교양, 우정, 놀이)에 대한 이해를 회복할 수 있지 않을까 싶네. "미학적 실존"키르케고르은 교회 영역에서 단도직입적으로 지시를 받는 것이 아니라, 교회 안에서 바로 새롭게 시작되어야 하지 않을까? 나는 참으로 그렇다고 생각하며, 여기서부터 중세와 접촉이 새롭게 이루어질 것으로 생각하네! 우리 시대에 음악이나 우정을 부담 없이 장려하고 연주하고 즐길 수 있는 사람이 누구겠는가? "윤리적" 인간은 당연히 그럴 수 없고, 오직 그리스도인만이 그럴 수 있을 것이네. 우정이 이 ("기독교인의") 자유의 영역에 속하는 까닭에, 우리는 이맛살을 찌푸리는 "윤리적" 실존들에 맞서 우정을 자신 있게 옹호해야 하네. 물론 신적 계명의 "필연성"이 아니라, **자유**의 "필연성"을 주장하면서 그리해야겠지! 나는 이 자유의 영역 안에서 우정이 가장 흔치 않고—처음 세 위임[151]을 통해 규정되는 이 세상 어디에 그런 것이 있겠는가?—가장 귀중한 선이라고 생각하네. 우정은 세 위임이 지닌 선들과 동렬에 놓여선 안 되네. 세 위임에 비하면 우정은 독자적인 것이라고 할 수 있네. 하지만 그것은 이삭이 여문 밭에 수레국화가 피듯이 세 위임에 속하기도 하네.

'그리스도의 불안'에 관해 묻는 자네의 메모에 대하여: 그리스도의 불안은 (시편에서처럼) **기도** 속에서만 언급되네. (어찌하여 복음서 기자들이 아무도 들을 수 없었던 이 기도를 언급하는지는 여전히 불분명하네. 예수께서 40일간의 복음 전도evangelium quadraginta dierum, 에반젤리움 콰드라진타 디에룸 중에 제자들에게 그것을 계시하셨다는 정보는 얼버무려 넘기는 것에 지나지 않네! 자네가 그것에 관해 좀 말해 줄 수 없을까?)

자네가 교양과 죽음을 놓고 소크라테스를 떠올린 것은 대단히 쓸모 있는 것 같네. 나는 이것에 대해 좀 더 숙고해 보아야겠네. 이 문제 전체와 관련하여 분명한 것은, 위험 속에서 작동하지 않는 "교양"은 결코 교양이 아니라는 것이네. 교양은 위험과 죽음에 대처할 수 있어야 하네. 교양이 죽음을 극복하지도 못한다면, "파멸이 두려움을 모르는 사람에게 타격을 줄 것이네."Horatius, 호라티우스 극복한다는 말은 무슨 뜻일까? 법정에서 용서를 받고, 두려움 속에서 기쁨을 얻는다는 뜻일까? 우리는 이것에 대해 좀 더 이야기해야 할 것 같네. (…)

라오콘Laokoon 군상[152]을 다시 보게 되거든, 라오콘(아비)의 두상이 후대 그리스도상의 전형이 아닌지 유심히 보게나. 나는 지난번에 고대의 이 수난상에 흠뻑 사로잡혀 오랫동안 몰두했다네. (…)

날마다 나와 함께 산책하는 동무에 대한 어조를 바꾸고

말았네. 그는 나에게 알랑거리려고 온갖 노력을 다했으면서도 최근에 게르트Gert 문제[153] 등에 대한 자신의 견해를 통제하지 못했네. 나는 그의 견해를 듣고, 이제까지 사람을 그리 대한 적이 없을 정도로, 나조차도 그 점을 걱정할 정도로, 그를 가까이 오지 못하게 하며 매몰차게 대하고, 모든 자잘한 편의를 즉시 빼앗았네. 이제 그는 내 주위에서 얼마 동안 애걸하지만, 그럴수록 나는 쌀쌀맞게 대하고 있네. 이런 내 모습에 나 자신도 놀라지만, 그것은 내게 흥미로운 점이 아닐 수 없네! 그는 정말 보잘것없는 사람이지만, 확실히 "가련한 나사로"는 아니네! (…)

나는 여전히 잘 지내고 있네. 연구하면서 기다리고 있지. 그 밖에 나는 어느 모로 보나 불굴의 낙천주의자일세. 나는 자네도 그렇게 되기를 바라네! 조만간 즐겁게 재회하기를! (…)

로마는 상태가 어떤가? 로마가 파괴될지도 모른다는 생각은 나에게 악몽이나 다름없네. 자네나 나나 평화로울 때 로마를 본 것은 참 잘한 일이 아닐 수 없네! (…)

테겔, 1944년 1월 29일, 30일

(…) 자네에게 편지를 쓰지 않고는 견딜 수 없어서, 지난 이틀 밤의 소란스러움과 대조되는 조용한 토요일 오후를 이용하여 자네와 이야기를 조금 나누려고 하네. 처음 며칠 동안 전쟁을 직접 접해 보니, 그리고 이제까지 평화로울 때만 알고 지내던 앵글로색슨계 사람들을 직접 마주해 보니 어떻던가? (…)

아침저녁으로 자네를 생각할 때면, 나는 자네가 맞닥뜨리는 갖가지 걱정과 곤경에 집착하기보다는 자네에 대한 내 생각이 기도가 되도록 상당히 조심한다네. 이와 관련하여 언젠가 곤경에 처했을 때 드리는 기도를 놓고 자네와 이야기를 나누어야 할 것 같네. 기도는 어려운 일이지만, 기도할 때 품는 의심 역시 좋지 않네. 시편 50편은 기도에 대해 이렇게 분명히 말하네. "재난의 날에 나를 불러라. 내가 너를 구하여 줄 것이요, 너는 나에게 영광을 돌리게 될 것이다."[154] 이스라엘 자손의 역사 전체는 이러한 도움의 호소들로 이루어져 있네. 나는 지난 이틀 밤이 나를 다시 근본적으로 이 문제 앞에 세웠다고 말하지 않을 수 없네. 폭탄들이 이곳 교도소 주위를 마구 두들겨 댈 때면, 나는 하나님, 그분의 심판, 진노하셔서 "드시는 손", 사 5:25, 9:11-10:4 나의 준비 부족을 생각하는 것 외에 아무것도 할 수 없네. 서약과 같은 것이 입 밖으로 나오는 것을 느끼고, 그러면 자네 부부를 떠올리면서 "저들 중 한 사람보다는 차라리 저를"이라고 말하네. 그러면서 내가 자네 부부에게 얼마나 애정을 가졌는지를 느끼네. 이것에 대해 더는 말하고 싶지 않네. 직접 만나서 할 말이니까. 하지만 위급한 일이 닥쳐 우리를 흔들어 깨워 기도하게 할 때만 겨우 그러는 것 같네. 나는 그럴 때마다 부끄러움을 느끼지만, 그것도 기도이기는 하다네. 내가 그리하는 것은 지금껏 그러한 순간에 다른 사람들에게 기독교적인 말을 해본 적이 없어서인 것 같네. 어제 저녁에 또다시 바닥에 엎드려 있는데, 한 사람이—평소에는 경박한 사람이었는데도—분명히 들리는 소리로 "아 하나님, 아 하나님!"하고 외치더군. 나는 어떻게든 그를 기독교적으로 고무하고 위로하기보다는 시계를 보면서 겨우 이런 말만 했던 것 같네. "고작 10분밖에 안 걸릴 거예요." 이것은 숙고해서 나온 말이 아니라, 저절로 나온 말이네. 어쩌면 이 순간을 종교적 협박의 기회로 이용해선 안 된다고 느껴서 그렇게 말한 것인지도 모르겠네. (어쨌든 십자가에 달리신 예수께서도 두 강도에게 믿음을 설파하시지 않았네. 오히려 그들 가운데 한 강도가 그분께 도움을 구했지!)

유감스럽게도 나는 그제 밤에 커다란 상실을 겪었네. 이곳 교도소에서 출소한 가장 지적이고 인간적으로 가장 마음에 드는 사람이 시내에서 완전 명중탄에 맞아 목숨을 잃었다네. 내가 나중에 자네에게 소개해 주려고 마음먹은 사람이자, 미래를 위한 여러 가지 계획을 나와 함께 세우고, 유익한 대화도 많이 나눈 사람이었네. 최근에는 『도미에와 사법』*Daumier und die Justiz*이란 책도 들여보내 주었지. 나는 지금도 그 책을 곁에 두고 있네. 그는 노동자 계층 출신의 교양인이자 사진사이며 세 자녀의 아버지였네. 그의 죽음은 나에게 큰 충격이었네.

나는 지난 며칠 동안 문학 소품을 다시 썼네. 이미 편지에서 밝힌 작품이지. 오래 사귄 두 친구가 전쟁 중에 오래 떨어져 지내다가 다시 만나는 것이 그 내용이네. 그들이 나눈 대화를 조만간 자네에게 보낼 수 있기를 바라네. 그렇다고 겁낼 필요까진 없네. 실화 소설이 **아니니** 말이야! (…)

지금은 이전에 마무리 지었어야 할 여러 문제 가운데 하나라도 잘 마무리 지으면 대단히 만족스러울 것 같네. 우리는 전쟁, 결혼, 교회, 직업 문제, 주거 걱정, 가까운 이들의 위험과 죽음, 게다가 내가 현재 처해 있는 특수한 상황까지 공통분모로 삼아야 하네. 대다수 사람에게는 이런 문제들이 발생해도 구속력 없이 뿔뿔이 흩어지지만, 기독교인과 "교양인"에게는 그렇지 않네. 기독교인이나 교양인은 마음이 분열되거나 갈라져서는 안 되네. 공통분모는 정신적으로든 개인적으로든 한결같은 생활에서 유지될 수 있어야 하네. 사건들과 문제들에 마음이 갈기갈기 찢기는 사람이 현재와 미래의 시험에 합격한 적은 없네. 어느 날 젊은 비티코는 이렇게 말하더군. "나는 '**온전한 것**을 행하기 위해' 세상으로 들어간다." 따라서 온전한 인간ἄνθρωπος τέλειος, 안트로포스 텔레이오스이 중요하네(τέλειος는 '온전한', '완전한'을 의미하네). "하늘에 계신 너희 아버지께서 완전하신 것 같이, 너희도 완전하여라."τέλειος, 마 5:48 야고보서 1:8의 두 마음을 품은 사람,ἀνὴρ δίψυχος, 아네르 디프쉬코스 이른바 의심하는 사람과는 다르네. 비티코는 "온전한 것을 행하기 위해" 실생활에서 가야 할 길을 가려고 애쓰고, 경험 많은 사람들의 조언을 항상 귀담아듣고, 스스로 "온전한 것"의 일부가 되더군. 혼자서는 "온전한 사람"이 될 수 없고, 다른 사람들과 함께할 때만 그리될 수 있네. (…)

나는 이제 막 하르낙의 『프로이센 아카데미 역사』를 읽기 시작했는데, 아주 좋네. 그는 이 주제에 마음이 두근거렸는지, 이 책을 여러 차례 자신의 걸작으로 꼽기까지 하더군. 자네의 몸 상태는 어떤가? 그것에 대해 몇 마디 적어 보내게. 나는 놀랍게도 아주 잘 지내고 있네. 무슨 일이 있어도 이곳에선 병들지 말아야겠다는 생각이 조금이라도 작용하는 것 같네. 책을 읽기에는 힘과 집중력이 늘 넘치고, 글을 쓰고 생산하기에는 늘 달리지만, 아주 좋을 때도 더러 있네. 어찌해야 사람들에게 다시 친숙해질지는 아직 모르겠네. (…)

테겔, 1944년 2월 1일

(…) 현재를 붙잡아라.Carpe diem, 카르페 디엠 나는 이 말대로 어느 기회든 잡아서 자네에게 안부 편지를 쓸 참이네. 첫째 이유는 자네에게 할 말을 몇 주 동안 써도 다 쓸 수 없기 때문이고, 둘째 이유는 이것이 얼마나 지속할지 알 수 없기 때문이네. (…)

자네도 알고 있겠지만, 지난 며칠 밤은 끔찍했네. 1월 30일 밤이 특히 그랬네. 폭격 피해자들이 약간의 위로를 얻으려고 아침마다 나를 찾아왔네. 그러나 나는 좋은 위로자는 아닌 것 같네. 들어줄 수는 있지만, 거의 아무 말도 해줄 수 없었거든. 그러나 특정한 사안은 묻고, 다른 사안은 묻지 않는 것이 본질적인 것을 어느 정도 가리키는 방식인 것 같네. 무언가를 지우거나 수정하기보다는 특정한 곤경을 실제로 경험하는 것이 더 중요한 것 같네. 나는 곤경을 잘못 해석하는 것에 대해서는 관대한 편이 아니네. 그런 것은 위로가 되려고 해도 완전히 잘못된 위로가 되기 때문이네. 그래서 나는 곤경을 **해석하지 않은 채로** 두고, 그것을 책임의 시작으로 여기네. 물론 내가 그것을 넘어서는 경우는 아주 드물지. 이따금 나는 진정한 위로는 곤경과 마찬가지로 생각지도 않게 들이닥쳐야 한다고 생각하지만, 그것이 발뺌이 될 수도 있음을 인정하네.

나 자신은 물론이고 다른 사람들에게도 수수께끼처럼 여겨지는 것이 있는데, 건망증이 그러하다네. 아무래도 야간 폭격 때 받은 충격 때문인 듯하네. 폭격이 있고 몇 분만 지나면, 그 전에 생각했던 거의 모든 것이 사라져 버리더군. 루터는 단 한 차례 번갯불을 접하고서 그것을 여러 해에 걸쳐 떠올리며 자기 일생의 전환점으로 삼았네. 오늘날 이러한 "기억력"은 어디로 갔는가? 이러한 "도덕적 기억력"의 상실이—끔찍한 말이 아닐 수 없네!—사랑과 결혼과 우정과 성실 등 모든 유대 관계를 파괴하는 원인이 아닐까? 기억 속에 남아 있거나 고정된 게 아무것도 없네. 모든 것이 단기적이고, 바로 즉시 사라지네. 그러나 정의와 진리와 아름다움 같은 선善들, 모든 위대한 업적들은 일반적으로 시간과 지속성과 "기억"을 필요로 하네. 그렇지 않으면 이 모든 것은 퇴화하고 말 것이네. 과거를 책임지고 미래를 설계할 의향이 없는 사람들은 "잘 잊어버리는" 자들이네. 이런 사람들을 감동하게 하고, 정지시키고, 의식을 찾게 해주려면 어찌해야 하는지 모르겠네. 무슨 말을 하면, 당장은 깊은 인상을 받다가도 이내 잊고 말기 때문이네. 그럴 때 어찌해야 하는가? 이는 기독교 목회의 커다란 문제가 아닐 수 없네. 내가 최근에 발견한 자네의 표현이 참 좋더군. 사람들은 "편안해지면" 너무 경박하게 되고 너무 "뻔뻔하게 된다." 이 표현을 자네에게서 훔쳐서라도 써먹어야겠네. (…)

그건 그렇다 치고, 자네는 교육받지 못한 사람들이 **객관적으로** 판단하기가 어려우며, 다소 우발적이고 부수적인 상황이 그들의 판단에 결정적인 역할을 한다는 사실도 관찰하고 있는가? 객관적인 사고와 개인적인 사고를 구분하는 법을 **배워야** 할 것 같네. 물론 다수의 사람은 그것을 배우려 하지 않네만(…).

2월 2일

자네가 로마 **북쪽에** 있(…)다는 게 사실인가? 자네가 그 도시를 한 번 더 볼 수 있게 되기를 바라네. 문턱에 있으면서 안으로 들어갈 수 없다니, 이는 탄탈로스의 고통임에[155] 틀림없네. 전에 그 도시를 본 적이 있어서, 그나마 위로가 될 거야. (…)

내가 이 체류지에서 얼마나 더 즐겁게 지내야 하는지는 8주 전과 마찬가지로 아직 확정되지 않았네. 나는 하루하루를 힘닿는 대로 이용하여, 나의 독서 과제와 연구 과제를 최대한 진척시키고 있네. 나중에 무슨 일이 닥칠지 전혀 알 수 없기 때문이지. 유감스럽게도 도서 조달이 원활하지 못해서, 계획들이 다소 뒤죽박죽이 되었네. 원래는 19세기 독일을 될 수 있으면 철저하게 알고 싶었지. 무엇보다도 딜타이를 잘 알고 싶은데 그러지 못해서 아쉽네. 그의 책들은 입수할 수 없을 것 같네. 나에게는 자연과학 분야에 대한 지식이 대단히 부족한데, 나는 이 점을 괴롭지만 더는 좁힐 수 없는 틈새로 여기고 있네.

전에 자네에게 보내는 편지에서 여러 차례 언급한 바 있는, 나와 같은 시간에 산책하는 사람은 점점 더 초라해지고 있네. 이곳에는 그의 동료가 두 명 더 있는데, 한 사람은 온종일 큰소리로 울고, 다른 한 사람은 공습경보가 울릴 때—어젯밤 경계경보가 울릴 때도!—글자 뜻 그대로 바지에 오줌을 싼다더군. 어제 그가 나에게 이런 사실을 알려 주었을 때, 나는 배꼽이 빠질 정도로 웃으면서 꾸짖었네. 그랬더니 그는 곤경에 처한 사람을 비웃거나 비난해선 안 된다며 나를 가르치려 들더군. 사실 그의 말은 나와는 거리가 너무 먼 것이었지. 사실 내가 그에게 단호히 한 말은 이런 뜻이었네. '다른 사람들을 가혹하게 대하고, 대단한 삶을 살아왔다고 호언장담하면서도, 아주 가벼운 시련을 직접 당할 때는 힘이 쭉 빠지고 마는 사람들을 나는 경멸한다. 모욕적으로 들릴지 모르겠으나, 나는 그런 사람들을 아주 쌀쌀맞게 대한다. 나는 당신 같은 대변자들을 조합에서 내치겠다. 조합을 웃음거리로 만들기 때문이다.' 그는 몹시 놀란 나머지 나를 매우 미심쩍은 기독교인으로 여기는 것 같더군. 이 귀족들의 행동거지는 이미 이곳에 널리 알려져 영향력을 발휘하고 있지만, 그들에게는 달갑지 않은 영향력일 거야. 이 경험은 내가 이제까지 이곳에서 보아 온 것 가운데 가장 역겨운 것에 속하지만, 나에게는 대단한 교훈이 되고 있네. 나는 곤경에 처한 사람을 쉽게 경멸한 적이 없다고 생각해서, 이 점을 오해의 여지가 없게 분명히 말했네. 두려움 때문인지 그의 머리털이 곤두서는 것 같았네. 하지만 내 눈에는 정말 비루해 보이기만 하더군. 이곳에서는 공습경보가 울리면 열일곱, 열여덟 살 젊은이들도 대단히 위험한 곳에서 흠잡을 데 없이 행동하건만(하마터면 내가 군사적 용어를 사용할 뻔해서 자네가 놀랐을지도 모르겠네!) 이들은 여기저기서 흐느껴 울기만 한다네. 정말 역겨운 사람들이지! 사서 창피당하고 있으니 말일세.

내가 힘깨나 쓰는 사람이 되었다고 생각하지는 말게. 이곳에서는 그럴 기회가 거의 없다네! 그러나 기독교와 무관한 약함이 있는데, 사람들은 이 약함 때문에 기독교를 이용하고 더럽힌다네. 바로 그때 바짝 신경 써서 기독교의 윤곽선을 또렷이 그어야 할 것 같네. 어제 S.[156]가 『마그데부르크 대교회당』*Magdeburger Dom*이라는 방대한 분량의 책을 들여보내 주었네. 나는 이 책에 실린 조각 작품들, 특히 슬기로운 처녀들을 조각한 작품 몇 점에 감동하였네. 대단히 현세적이고 거의 농부에 가까운 얼굴들에서 드러나는 행복감이 참 상쾌하고 감동적이더군. 나는 그 작품들을 본 기억이 없는데, 자네는 그것들을 아주 잘 알 거야! (…)

테겔, 1944년 2월 4일

(…) 내 생일인 오늘 아침, 자네에게 편지를 쓰고, 우리가 지난 8년간 해마다 이날을 함께 축하한 것을 회상하는 것만큼 자연스러운 일은 없을 거야. 연구는 두서너 시간 중단하는 것이 좋겠군. 성사될 것이라는 확신은 없지만, 나는 M.[157]의 면회나 부모님의 면회를 기다리고 있네. 8년 전 이날 저녁, 우리는 벽난로가에 둘러앉았지. 자네들은 나에게 바이올린협주곡 D-장조를 선사하고, 우리는 그 곡을 함께 들었지. 그다음 나는 자네들에게 하르낙 이야기와 지난 시절 이야기를 조금 해주었는데, 자네들은 어떤 이유로 그것을 특별히 좋아했고, 급기야 스웨덴 여행이 결정되었지. 1년 뒤의 이날에는 자네들이 나에게 루터 성경인 9월의 성서를 선물했네. 아름다운 축사와 맨 위에 자네의 이름이 적힌 성서였지. 그다음에는 슐뢴비츠와 지구르츠호프에서 이날을 축하했고, 지금은 더는 우리 가운데 있지 않은 많은 형제가 함께 축하했지. 이날 자네들이 문 앞에서 불러 준 축하의 노래, 자네가 인도한 예배에서의 기도, 내가 G.[158] 덕분에 알게 된 클라우디우스Claudius[159]의 성가, 이 모든 것이 아름다운 기억

들로 남아 있네. 이곳의 끔찍한 분위기가 결코 넘볼 수 없는 기억들이지. 자네의 다음 생일은 다시 다 함께 모여 축하하게 될 것이라고 확신하네. 누가 알겠는가, 부활절에 앞당겨 하게 될지! 그렇게 되면 우리는 저마다 필생의 과제로 되돌아가게 될 테고, 멋진 일도 많을 것이네. 그동안 우리가 경험한 것도 허사가 되지는 않을 것이네. 그러나 우리는 우리가 지금 하는 것처럼 현재의 일을 경험하게 된 것에 대해서도 서로 끊임없이 감사하게 될 것이네. 내가 알기로, 자네는 오늘 나를 생각할 거야. 그 생각들 속에 과거의 일은 물론이고, 변경되기는 했지만 함께하는 미래에 대한 희망도 담겨 있다면, 나로서는 정말 기쁘겠네.

얼마 지나지 않아, 자네는 R.[160]로부터 기쁜 소식을 받게 될 것이네. 이토록 유일무이한 기쁨의 날을 낯선 사람들 사이에서 축하하기가 쉽지만은 않을 것이네. 기쁨을 제대로 발산하며 일상의 삶과 연결하도록 도움을 주기는커녕, 대체로 모든 기쁨을 화주火酒 한 잔에 담아 삼키는 것을 자신들의 목표와 절정으로 삼는 사람들이니 말일세. 자네가 좀 더 가까이 지낼 수 있는 한 사람을 만나기를 바라네. 이미 편지에서 쓴 내용이지만, 그런 식으로 이곳에 불쑥 나타났던 유일한 사람이 폭격으로 죽고 말았네. 그러나 우리는 우정에 관한 한 다른 많은 이들보다 더 까다로운 사람들이니만큼, 찾음 직하고 그리워함 직한 대상을 찾기가 더 어려울 것 같네. 이 점에서도 단순한 "대역"은 그런 대상이 아니라고 할 수 있네.

편지를 쓰는 도중에 아래층으로 불려 내려갔는데, M.[161]이 가장 먼저 나를 반기며 기쁨의 소식을 전해 주더군. "R.[162]이 앙증맞은 아기를 낳았어요. 이름이 디트리히라네요!"[163] 출산 과정이 순조로웠고, 아기는 1시간 30분 만에 태어났으며, 어머니와 C.[164]가 산파 역할을 했다더군! 참으로 놀랍고 행복한 일이지 않은가! 이루 형언할 수 없을 만큼 기쁘네. 자네는 얼마나 기쁘겠는가! 모든 일이 그토록 신속히, 그토록 순조롭게 이루어지다니! 자네는 이제 아들을 얻었으니, 모든 생각이 희망에 부풀어 미래로 향하겠군. 그 애는 모든 재능을 타고났을 거야! (…) 이제 그 애는 정말 디트리히로 불리겠군. 이것에 대해 무슨 말을 해야 할지 모르겠네. 나는 그 애에게 좋은 대부代父와 "외종"조부(!)가 되어 주기로 자네 부부에게 약속할 수 있게 되기를 바라네. 숨기고 싶지 않아서 하는 말이네만, 나는 자네 부부가 맏아들에게 내 이름을 붙여 주어 정말 한없이 기쁘고, 그 점에 대해 자부심까지 느끼네. 그 애의 생일이 내 생일보다 하루 앞서는데, 이는 그 애가 같은 이름의 할아버지를 마주하여 독립심을 유지하며 언제나 이 할아버지보다 한 걸음 더 앞서가고 싶어 한다는 것을 의미하네. 그 애의 생일이 내 생일과 아주 가까워서 특히 기분이 좋네. 그 애가 자신의 이름을 받을 때, 할아버지가 어디에 있었는지를 훗날 듣게 된다면 깊은 인상을 받게 될 거야. 자네 부부가 그렇게 결심해 주어서 정말 감사하네. 다른 식구들도 이 사실을 듣고 기뻐할 것 같네!

2월 5일

많은 이들이 나를 보살피며 기분 좋게 해주던 어제, 나는 내 생일을 아예 잊고, 어린 디트리히의 생일만을 줄곧 축하했네. 나와 함께 지내는 이곳 사람들이 감동적이게도 나를 위해 꺾어다 만들어 준 작은 화환마저 그 앙증맞은 아기의 침대 곁에 두고 싶었지. 내 생일이 나에게 가져다준 기쁨 가운데 이보다 더 큰 기쁨은 없을 거야. 나는 잠자리에 들어서야, 자네가 우리 집안에서 한 세대를 확장했음을 분명히 깨달았네. 2월 3일을 기해, 외증조부모, 외조부모, 외종조부모, 그리고 어린 삼촌들과 이모들이 생겨난 것이지! 엄밀히 말하면 이것은 자네의 힘찬 개입으로 이루어진 일이네! 예컨대 나를 손자를 본 할아버지 세대로 승격시킨 것이지! (…)

내 생일인 어제, R.[165]은 손수 만든 훌륭한 "S'le"[166]를 나에게 보내 주었고, M.[167]은 대단히 아름다운 상자를 가져왔네. 그리고 부모님은 "헤르츨리프 찬장"을 선사하셨네. 언젠가 민나 헤르츨리프Minna Herzlieb가 괴테에게 선사했던 찬장이지. 클라우스에게서는 딜타이의 『독일 문학과 음악』*Von deutscher Dichtung und Musik*을 받았는데, 이 책의 내용에 대해서는 나중에 이야기해 주겠네! 어머니와 C.[168]에게 대모代母가 되어 달라고 부탁해 보지 않겠나? 유감스럽지만 편지를 마쳐야겠네. 지면이 없어서 말이야. 머리와 가슴에 좋은 생각과 즐거운 생각들이 가득 차 있어서, 종이에 다 담을 수 없을 정도네. 그러나 자네는 내가 얼마나 자네를 생각하면서 자네의 기쁨을 함께 나누려고 하는지, 내가 얼마나 자네와 끊임없이 환담하려고 하는지를 잘 알 거야. (…) 자네에게 곧 편지하겠네! 잘 지내고, 건강하게나. 하나님께서 자네 부부와 앙증맞은 아기를 지켜 주시고 복 주시기를 바라네! (…)

테겔, 1944년 2월 12일

(…) 하찮은 독감 때문에 며칠 침상에 누워 있다가, 다시 일어났는데, 이것도 좋군. 앞으로 대략 한 주 동안은 내 오감을 집중시켜야 하기 때문이네. 될 수 있으면 더 많이 읽고, 더 많이 쓰면서 한 주를 채울 생각이네. 언제 다시 그리하게 될지 알 수 없기 때문이네. (…)

자네 일행이 있는 곳에는 벌써 봄이 왔겠지? 이곳은 막 겨울이 시작되고 있네. 나는 이런 상상을 자주 하네. 이를테면 자연 속에서, 그것도 중간급 산악지대, 곧 프리드리히스브룬 근처의 숲 속 풀밭에서 살거나, 브로켄 산 위의 트레제 성이 건너다보이는 비탈에서 사는 것이지. 나는 잔디밭에 누워, 산들바람을 따라 푸른 하늘을 가로지르며 흘러가는 구름을 바라보고, 숲 속에서 바스락거리는 소리를 귀담아듣네. 이러한 유년시절의 기억들이 한 사람의 사고방식 전체에 큰 영향을 미친다는 것은 주목할 만한 사실이네. 이를테면 내 경우에는 고산지대나 바닷가에서 사는 것이 불가능하고 나의 천성에도 맞지 않는 것 같네. 나의 천성에 맞는 곳은, 나를 형성해 준 중간

급 산악지대, 곧 하르츠 지대, 튀링겐 숲, 베저 산맥 같은 곳이네. 물론 속물 같은 하르츠도 있고, 뜨내기 같은 베저 산맥도 있으며, 사교적인 엥가딘과 니체Nietzsche의 엥가딘도 있고, 낭만적인 라인란트, 베를린 같은 발트 해,海 수줍은 어부의 오두막처럼 가난하고 우울한 곳도 있네. 어쩌면 "나의" 중간급 산악지대는 "시민적인" 산악 지대인지도 모르겠네. (이는 자연스럽고, 과장되지 않고, 자제하고, 자족하고[?], 관념적이지 않고, 구체적인 것에 만족하고, 무엇보다 자기도 모르게 내준다는 의미에서 하는 말일세) 언젠가 자연을 사회학적으로 고찰해 보는 것도 매력적일 것 같네. 그건 그렇고, 나는 슈티프터 덕분에 순진함Einfalt과 단순함Einfachheit의 차이를 분명히 알게 되었네. ("시민적인 것"이 "단순한" 것처럼) 슈티프터도 순진하지 않고 단순하다네. "순진함"은 (신학적 의미에서도) 미적 개념이라고 할 수 있네. (빙켈만Winckelmann이 고대 예술을 "고귀한 순진함"으로 정의한 것은 정당한가? [하지만 예컨대 라오콘과 관련해서는 전혀 그렇지 않네] "정적인 위대함"이라는 그의 표현은 아주 좋더군) "단순함"은 윤리적 개념이네. "단순함"은 **되는 것**werden이고, "순진함"은 그냥 **존재하는 것**sein이라고 할 수 있네. "단순함"은 교육과 교양을 통해 이루어질 수 있네. 실로, 그것은 교육과 교양의 본질적 목표 가운데 하나라고 할 수 있네. 반면에 순진함은 하나의 선물이네. 나는 "순수함"das Reine이라는 개념과 "적당함"das Maßvolle이라는 개념에서도 이와 유사한 관계를 보고 있네. "순수함"은 근원이나 목표에 따라서, 다시 말해 세례에 의해서 혹은 성찬을 통한 죄 용서에 의해서만 **있을**sein 수 있네. 그것은 "순진함"과 마찬가지로 전체성 개념이라고 할 수 있네. 우리가 모든 순수함을 잃어버렸다고 해도, 우리는 그것을 믿음 속에서 되돌려 받을 수 있네. 하지만 발달 과정이나 삶 속에서 더는 "순수하게" 될 수 없고, 그저 "적당하게" 존재할 수 있을 뿐이네. 이것은 교육과 교양의 가능한 목표이자 꼭 필요한 목표라네.

이탈리아의 풍경이 자네에게 어떤 인상을 주는가? 이탈리아에도 풍경화라는 것이 있는가? 토마Thoma [169]나 클로드 로랭Claude Lorrain이나 로이스달Ruysdael [170]이나 터너Turner [171]의 것과 유사한 풍경화가 있는가? 아니면 그곳에서는 자연이 예술 속에 흡수되어 자연 자체를 더는 볼 수 없던가? 아름다운 도시 풍경화들만 내 머리에 떠오르고, 순수 풍경화는 전혀 떠오르지 않는군.

2월 13일

나는 이곳에서 나 자신과 여타의 사람들을 관찰하면서 비밀을 털어놓으려는 욕구, 발설하려고 하는 욕구와 고백하고 싶은 욕구의 차이를 확인하고 있네. 비밀을 털어놓으려는 욕구는 이따금 여자들의 관심을 끄는지 모르겠으나, 남자들의 관심은 끌지 못하는 것 같네. 자신의 문제가 다른 사람의 관심을 끌든 안 끌든, 다른 사람이 그것과 관계가 있든 없든 상관하지 않고 그저 지껄여야 하기에, 임의의 사람 앞에서 자신의 문제를 거의 무차별적으로 지껄이려고 하는 것, 바로 이것이 비밀을 털어놓으려는 욕구지. 거의 생리적인 이 충동을 몇 시간 동안 억제하고 나면, 자기 속을 털어놓지 않았다는 사실로 말미암아 기뻐하게 되네. 비밀을 털어놓으려는 욕구 때문에 사람들이 자신의 품위를 떨어뜨리고, 비밀을 들을 가치가 없는 사람들, 잘 들어주지도 않는 사람들에게 자신의 문제를 끊임없이 지껄이는 것을 볼라치면, 부끄러울 때가 한두 번이 아니네. 진실을 말하려는 욕구는 없고, 참된 것이든 꾸며낸 것이든 가리지 않고 그저 자신에 대해 장황하게 이야기하려고 하는 것, 바로 이것이 비밀을 털어놓으려는 욕구의 가장 큰 특징이네. 유익한 대화를 갈망하는 것, 정신적 만남을 갈망하는 것은 전혀 다른 욕구이네. 그러나 이곳에서 대화를 나누며 사적인 것을 넘어설 수 있는 사람은 극히 적다네. 고백하려는 욕구도 전혀 다른 욕구인데, 이곳에서는 주관적으로든 객관적으로든 "죄"가 관심사가 아니어서인지 이 욕구가 자주 일어나지는 않더군. 자네는 내가 보내 준 기도문들을 보면서, 죄 용서의 간구가 기도의 중심이 아니라는 것을 알아챘을 것이네. 여기서 "감리교처럼"methodistisch 대응하는 것은 목회 면에서나 객관적인 면에서나 완전히 잘못된 것 같네. 이것에 대해서는 나중에 이야기해야겠네.

2월 14일

(…) 아마도 여드레 안에 나를 상대로 의미심장한 결정이 이루어질 것 같네. 그리되었으면 좋겠네. 내가 바라는 것은 아니지만, 나를 마르틴Martin [172]의 지역[173]으로 보내는 것이 확실시된다고 해도, 걱정하지 말게나. 나 자신에게 무슨 일이 닥치든, 나는 조금도 걱정하지 않네. 자네 부부도 걱정하지 말게나. (…)

테겔, 1944년 2월 21일

(…) 나에 관해 유감스러운 소식을 전해야겠네. 나는 부활절 이후에야 이곳에서 풀려날 것 같네. (…) 나의 지나친 신중함—자네는 그것을 보고 종종 나를 놀려 대곤 했지. 우리가 함께했던 여행을 떠올리며 하는 말이네—은 시민 생활의 부정적인 면, 다시 말해 일종의 불신앙이 아닐까 싶네. 그것은 안전이 보장된 시기에는 숨어 있다가 불안정한 시기에 나타나지. 게다가 그것은 "불안"의 형태로 나타나네. 자명하고 명백한 행위 앞에서 품는 불안과 불가피한 결정들을 감수하는 것 앞에서 품는 불안 말일세. 내가 말하는 "불안"은 "비겁함"이 아니네. ("불안"은 비겁함의 형태로 나타나기도 하지만 만용의 형태로도 나타나지) 나는 이곳에서 "운명"에 대한 불가피한 저항과 불가피한 복종 사이의 경계가 어디에 있는지를 자주 생각하네. 돈키호테는 운명에 맞서 계속 저항하다가 자가당착, 곧 정신착란에 이른 인물의 전형이네. 미하엘 콜하스Michael Kohlhaas도 자신의 권리를 주장하다가 죄인이 되고 마네.[174] (…) 결국 이 두 사람의 저항은 그 현실적 의미를 잃고, 비현실적이고 공상적인 것이 되고 마네. 산초 판사

는 주어진 것에 만족하는 사람의 대변자라고 할 수 있네. 나는 우리가 위대하고 비범한 일을 하면서 동시에 불가피한 일, 곧 자명하고 보편적인 일도 해야 하며, "운명"das "Schicksal"—나는 이 단어의 성이 "중성"인 것을 중요하게 여기네—에 용감히 맞서면서 동시에 적당한 때 복종할 줄도 알아야 한다고 생각하네. 그럴 때 비로소 우리는 이 두 과정 **너머에** 자리한 "**하나님의 섭리**"에 대해 이야기할 수 있을 것 같네. 하나님은 우리를 "너"Du로서 만나 주시기도 하지만, 복면을 쓰신 채 "그것"Es 속에 계시기도 하네. 그러므로 내 논제에서 근본적으로 중요한 것은 다음과 같네. 어떻게 우리는 이 "그것"(운명) 속에서 "너"를 발견하는가? 바꾸어 말하면, 어떻게 "운명"은 실제로 "섭리"가 되는가? (…) 원칙상 저항과 복종의 경계를 정할 수는 없지만, 둘 다 있어야 하고, 둘 다 결단을 통해서만 파악되어야 하네. 신앙은 이처럼 유연하고 생생한 행위를 요구하네. 그럴 때만 우리는 그때그때 다가오는 현상을 견디고 열매를 맺을 수 있네. (…)

2월 23일

성주간(고난주간)에 기회를 잡아 로마에 가거든, 성 베드로 대성당에서 푸른 목요일Gründonnerstag 175 오후(대략 2-6시)에 거행하는 미사에 참석해 보기를 바라네. 로마 가톨릭교회는 성금요일을 전날 정오부터 시작하니 그 미사는 사실상 성금요일 미사라고 할 수 있네. 정확히는 알 수 없지만, 내 기억에 의하면, 수요일에도 대미사가 거행되는 것 같더군. 푸른 목요일에는 제자들의 도피를 상징하는 의미로 제단에 있는 열두 개의 촛불이 꺼지고 거대한 공간의 중앙에 단 하나의 초만 타는데, 이 초는 그리스도를 상징하네. 그 밖에 제단 정화淨化가 이루어지고, 토요일 아침 7시경에는 성수聖水 축성식이 거행되는데, 내 기억에 의하면, 이 축성식은 젊은 성직자들의 서품과 관련이 있는 것 같네. 토요일 정오까지 웅장한 부활절 할렐루야가 울려 퍼지고, 파이프 오르간이 반복해서 연주되고, 미사를 알리는 종들이 울리며, 성화들을 가리고 있던 덮개들이 벗겨지지. 이것이 본래의 부활절이라네. 나는 로마의 어딘가에서 그리스 정교회의 부활절 예배에도 참석한 적이 있는데—지금으로부터 20년 전의 일이네!—대단히 감동적인 예배였네. 그 밖에 라테란[176]에서(처음에는 세례당에서) 거행되는 토요 미사도 매우 유명하네. 나는 당시에 그 미사에도 참석했었네. 해 질 무렵 핀치오 언덕에 있는 트리니타 델 몬테Trinità del Monte 교회에 들르게 된다면, 그곳 수녀들이 여전히 그 시간에 찬송가를 부르는지 지켜보게나. 나는 그 찬송 소리를 듣고 무척 감동하였네. 이것은 여행 안내서에도 들어 있는 것 같네.

자네는 그곳에서 전쟁 사건들을 어느 정도나 접하는가? 이곳에 있는 우리처럼 주로 공습을 통해 접하지 않을까 싶네. 대략 지난 열흘 동안 집중된 공중전, 특히 주간 공습을 보면서, 영국인들이 이제는 침공 준비 작업의 하나로, 그리고 우리의 방어선을 독일 국내의 공간에 꽁꽁 묶어 두려고 일부러 공중전을 펼치는 것이 아니냐는 생각이 드네.

우리가 우리 고유의 직업적 생활 영역과 우리 고유의 개인적 생활 영역에서 오랫동안 벗어나 있으면 벗어나 있을수록, 우리의 삶은 우리 부모의 삶과 달리 단편적인 성격을 갖게 되는 것 같네. 나는 하르낙이 『프로이센 아카데미 역사』에서 제시하는 지난 세기 대학자들의 면모를 접하면서 그 점을 특히 분명하게 실감하고, 조금은 서러운 느낌을 받고 있네. 오늘날 정신적인 "역작"은 어디에 있는가? 어디서 수집과 제작과 공표가 이루어져 그런 역작이 탄생하는가? 그러한 삶의 아름다운 무목적성과 원대한 계획은 어디에 있는가? 나는 비할 데 없이 자유롭게 연구할 수 있는 공학자들과 자연 과학자들에게도 더는 그런 것이 존재하지 않는다고 생각하네. 18세기 말에 "보편적 지식인"이 사라지고, 19세기에 다방면의 교육 대신 한 방면에 집중하는 교육이 들어서고, 급기야 지난 세기말에 이를 토대로 "전문가"가 생겨났지만, 오늘날에는 사실 모든 전문가가 "기술자"에 지나지 않네. 예술 분야의 전문가도 마찬가지네(음악 분야에는 좋은 재능만 있으면 되고, 회화 분야와 문학 분야에는 극히 평범한 재능만 있으면 되지!). 그러나 그렇게 되면 우리의 정신적 실존은 미완성 작품(단편)으로 머물고 말 것이네. 중요한 것은 우리네 삶의 단편을 마주하여, 전체가 원래 어떻게 계획되었고 어떤 재료로 만들어지는지를 고려하는 것이라고 보네. 고작 쓰레기 더미(고상한 '지옥'이라는 표현이 더 잘 어울릴 것이네)에 던져질 단편들도 있고, 하나님만이 완성하실 수 있기에 수세기에 걸쳐 영향력을 미치는 것들, 단편이어야만 하는 것들도 있네. 예를 들면 푸가[Fuge, 둔주곡]의 기법을 떠올릴 수 있을 것이네. 우리의 삶이 단편의 희미한 반영에 지나지 않는다고 해도, 그 단편이 다양한 주제들을 점점 더 많이 모아 잠시 화음을 이루고, 위대한 대위법[對位法]을 시종일관 유지하고, 급기야 중단된 뒤에도 최소한 '제가 여기서 당신의 보좌로 나아갑니다'라는 성가를 부를 수 있는 단편이라면, 우리는 우리의 단편적인 삶을 슬퍼하기보다는 더 기뻐하게 될 것이네. 예레미야 45장이 나를 붙잡고 놓아 주지 않는군. 자네도 기억하겠지? 내가 핑켄발데에서 그 장을 해석해 주던 어느 토요일 저녁을. 그 장에도 불가피한 삶의 단편이 존재하네. 하지만 "네가 어디로 가든지, 너의 목숨만은 건져 주겠다"렘 45:5고 하셨네. (…)

자네가 흔한 동료들 이외에 즐거운 대화를 나누며 여러 가지 일을 도모할 동지도 발견했다니, 참 반가운 소식이네. 하지만 내가 그를 대신할 수 있다면 얼마나 좋을까 싶네. 그런 날이 오겠지? 우리가 예전처럼 여기서 다시 부활절을 경축할 수 있지 않을까? 자네도 알다시피, 나는 희망을 놓지 않고 있네. 자네도 희망을 놓지 말게! (…)

테겔, 1944년 3월 1일

(…) 단 하루라도 좋으니 (…) 한 해 동안 쌓은 경험들과 지식을 나누면 어떨까(…)? 어쨌든 이 대망은 내가 현재 품고 있는 희망 가운데 하나이네. 자네는 상상도 못 하겠지만, 어느 날 이 희망은 다 이루어질 것이네. 사람들은 거의 믿지 않지만, 이 희망의 성취를 가로막는 장벽이 단번에 무너질 것이네. "지체되는 것

은 그만큼 더 달콤하지……"[177] 나는 큰 희망을 품고 새로운 이달을 맞이한다고 말하지 않을 수 없고, 자네도 그럴 것으로 생각하네. 나는 마지막 남은 시간을 되도록 집중적으로 활용할 참이네. 어쩌면 자네는 자네의 삶 전체에 중요하게 작용할 인상들을 받을 수 있을지도 모르겠네. 지금 거의 모든 사람이 경험하듯이, 삶에 대한 일상적인 위협은 순간을 이용하도록, "시간을 충분히 이용하도록", 유일무이한 방식으로 자극을 준다네. 나는 이따금 내가 오래 살 것으로 생각하네. 정말로 원대한 목표를 여전히 품고 있으니 말일세. (…)

테겔, 1944년 3월 9일

(…) 오늘 부모님을 통해 자네의 소식을 다시 들었는데, 어쨌든 그럭저럭 봐줄 만하다더군. 삶으로부터 많은 것을 바라는 것도 아니지만, "그럭저럭 봐줄 만하다"니 그나마 위안이 되네. 우리의 현 상태를 "중간 상태"status intermedius, 스타투스 인테르메디우스로 여긴다면 말일세. 이 "연옥 상태"가 언제 끝날지 알 수만 있다면 좋으련만! 나 개인에게는 5월에 그렇게 될 거라고 약속하더군! 이것은 비열한 늑장이 아닐까? (…) 제프Sepp [178]는 다시 자기 집

으로 돌아가, 친숙한 목지牧地에서 고집 센 표정을 지으며 자기의 대의를 맹렬히 관철하고 있다더군.[179]

미켈란젤로와 부르크하르트와[180] "힐라리타스"hilaritas, 쾌활함에 대한 자네의 생각들에 대해 아직 답하지 않았네. 어쨌든 부르크하르트의 논제들과 관련된 자네 생각은 일면 내 마음에 들더군. 다른 한편으로, 힐라리타스를 (라파엘과 모차르트의) 고전적 유쾌함Heiterkeit으로만 이해해선 안 될 것 같네. 몇 사람의 이름을 꼽자면, 발터 폰 데어 포겔바이데,Walther von der Vogelweide 밤베르크의 기사,騎士[181] 루터, 레싱, 루벤스, 후고 볼프, 칼 바르트도 힐라리타스를 어느 정도 가지고 있네. 나는 힐라리타스를 자기 일에 대한 신뢰, 세상 사람들과 통속적 판단에 대한 도전과 대담성, 세상 사람들이 좋아하지 않더라도 자신의 작품으로 그들에게 **선**을 조금이라도 보여줄 수 있다는 확신, 의기양양한 자기 확신으로 기술하고 싶네. 나는 미켈란젤로나 렘브란트,Rembrandt 그리고 이들과 다르기는 하지만 키르케고르와 니체도 앞서 언급한 사람들과 전혀 다른 노선에 있음을 인정하네. 그들의 작품들에는 단언적인 것, 명료한 것, 완결된 것이 적고, 극복된 것이 적으며, 자기 자신과의 거리 두기와 유머도 적네. 그런데도 나는 그들 가운데 몇몇 사람에게 위대함의 필수적 속성으로서 앞서 기술한 의미에서의 힐라리타스를 적용하고 싶네. 바로 여기에 부르크하르트의 한계가 있네. 그도 자신의 한계를 알고 있었을 거야.

최근에 나는 13세기의 "세상성"(발터 폰 데어 포겔바이데, 니벨룽겐,Nibelungen 182 파르치발,Parsival 183 파르치발의 이부형제 파이레피츠Feirefiz로 대변되는 이슬람교도에 대한 관용, 나움부르크 대교회당과 마그데부르크 대교회당)Weltlichkeit을 집중적으로 연구했네. 르네상스를 통해 생겨난 것이 아니라, 중세에 교황권에 도전한 **황제의 이상**Kaiseridee에서 생겨난 세상성이지. 그것은 "해방된" 세상성이 아니라, "기독교적"이면서 반교권주의적인 세상성이네. 본질상 르네상스와는 다른 이 "세상성"은 도대체 어디에서 중단되는가? 내 생각에는 서구의 계몽주의와 구별되는 레싱에게서 이 세상성을 조금 발견할 수 있고, 방법을 달리하면 괴테에게서도 발견할 수 있으며, (클라우디우스와 고트헬프는 말할 것도 없고) 슈티프터와 뫼리케Mörike 184에게서도 발견할 수 있지만, 실러Schiller 185와 관념론자들에게서는 전혀 발견할 수 없는 것 같네. 이 자리에서 확실한 계보를 더듬어 보는 것이 좋을 것 같네. 이 경우에 제기되는 물음은 다음과 같네. 그리스·로마 시대는 어떤 중요성이 있는가? 그리스·로마 시대는 우리에게 진정한 문제이자 힘의 원천인가 아닌가? 우리는 "도시πόλις, 폴리스—인간"의 관점에서 근대적으로 고찰하는 것을 이미 넘어선 상태일세. 미학적 관점에서 고전주의적으로 고찰하는 것은 소수의 사람에게만 중요하고, 케케묵은 것이네. 인문주의의 기본 개념들—인간성, 관용, 온화함, 절제—은 이미 볼프람 폰 에셴바흐와 밤베르크의 기사 등에게서 가장 아름다운 방식으로 나타나고 있네. 우리는 그 개념들을 그리스·로마 시대보다는 이들에게서 더 쉽게 얻을 수 있고, 더욱 그래야 하네. "교육"은 그리스·로마 시대와 어느 만큼이나 연결되어 있는가? 랑케Ranke [186]에서 델브뤼크에 이르기까지, 역사를 "고대"와 "중세"와 "근대"로 구성된 하나의 연속체로 이해하는 관점이 정당한가? 아니면 역사적 사건들을 너무 생물학적으로 이해하기는 하지만, 문화권을 자기 완결적인 것으로 이해한 슈펭글러Spengler [187]의 관점이 옳은 것인가? 역사를 연속체로 이해하는 관점은 사실 헤겔[188] 때문이라고 할 수 있네. 그는 역사의 진로 전체가 "근대"에서, 다시 말해 자신의 철학 체계에서 정점에 이른다고 생각하네. 이 관점은 **관념론적인** 것에 지나지 않네(모든 역사적 순간은 "신과 **직결되어**" 있다고 랑케는 말했지. 헤겔은 이 명제를 토대로 발전의 연속이라는 기본 개념을 수정할 수 **있었는데도** 그러지 않았네). 슈펭글러의 "형태학"은 **생물학적이라는** 데에 그 한계가 있네(문화의 "노화," 문화의 "몰락"이라니?). 이것은 교양 개념을 정립하려면 관념론처럼 그리스·로마 시대를 역사의 기반으로만 지칭해서도 안 되고, "생물학이나 형태학처럼" 그 시대를 우리의 교육계에서 무턱대고 제거해서도 안 된다는 것을 의미하네. 그 이상의 것을 볼 수 있을 때까지는, 과거와의 관계, 특별히 그리스·로마 시대와의 관계를 일반적인 역사 개념에 따라 규정하기보다는 **내용들**과 **주제들**에 따라 규정하는 것이 좋을 것 같네. (…) 나 개인은 유감스럽게도 르네상스와 고전주의를 쌀쌀맞게 대하는 편이네. 어찌 된 영문인지 이 둘이 낯설게만 느껴져, 도저히 내 것으로 만들지 못하겠더군. (…) 오늘날 우리에게는 그리스·로마 시대보다는 다른 나라들에 대한 지식과 그 나라들과의 내적 접촉이 더 중요한 요소가 된 것이 아닐까? 물론 다른 나라들에 대한 지식과 그 나라들과의 내적 접촉에는 속물근성이 자리하고 있네. 하지만 정치적 이해관계, 사업상의 이해관계, 속물적 태도를 넘어 다른 민족들 및 다른 나라들과의 만남을 진정한 교양 체험으로 삼는 것이 우리의 과제인 것 같네. 그래야 이제껏 사용하지 않은 사조思潮가 우리의 교양을 풍부하게 해주고, 이와 동시에 유구한 서구 전통과 연결될 것이네.

지금 막 유선 방송을 통해 더 강력한 비행기 편대의 공습이 고지되고 있네. 일부이긴 하지만 이곳에서도 지난 이틀 동안 진행된 베를린 주간 공습이 아주 잘 보였네. 고사포 사격이 부분적으로 현저하게 이루어지는데도 편대들이 항적운을 그리며 쾌청한 하늘로 날아가더군. 어제(3월 9일)는 공습경보가 두 시간 반 동안 계속되었고, 밤에는 더 길게 계속되었네. 오늘은 하늘에 구름이 끼어 있군. (…) 지금 막 사이렌이 울리고 있어서, 이만 중단하고 나중에 이어서 써야겠네.

유선 방송에 따르면, 다시 두 시간 동안 "도시 전역에 폭탄 투하"가 있었다는군. 나는 지난 몇 달 동안 이곳에서 사람들이 "초자연적인 것"Übersinnliches을 얼마만큼 믿는지를 관찰하였네. 그랬더니 미신적 관습이라고 할 만한 생각들, 곧 일반적으로 퍼져 있는 다음의 세 가지 생각들이 관찰되더군.

1. "제 엄지손가락을 눌러 주세요."[189] 이곳에서는 이 소리가 하루에도 부지기수로 들려온다네. 이는 어떤 힘을 떠올리고 인정함으로써 결정적인 시간에 자기 혼자 있지 않고 누군가가 눈에 보이지 않게 동행해 주기를 바라기 때문이 아닐까 싶네.

2. "입 닥쳐"와 "나무에 손을 대봐." 이 소리는 이곳 사람들이 저녁마다 "오늘 밤 저들이 올까 오지 않을까"라는 물음을 두고 상의하면서 외치는 소리라네. 이것은 인간의 교만에 대한 하나님의 진노를 상기시키고, 겸손을 촉구하는 도덕적이고 형이상학적인 토대로 작동하는 것 같네.

3. "누구도 자신의 운명을 피할 수 없다." 그러니 저마다 자기가 놓인 자리에 그대로 머물러 있어야 한다는 생각도 하더군. 기독교적으로 해석하면, 이 세 가지 생각에는 중보기도와 공동체에 대한 기억, 하나님의 진노와 은총에 대한 기억, 신적 섭리에 대한 기억이 담겨 있는 것 같네. 이 마지막 기억에는 "혹시 알아? 그게 좋은 것일지!"라는 말도 속하는 것 같네. 내가 보기에, 이 세 가지 생각에는 종말론적 여운이 전혀 없는 것 같네. 혹시 자네는 그곳에서 다른 것을 관찰했는가? (…)

나는 이곳에서 고난주간을 두 번째로 지내고 있는데, (…) 여러 편지에서 나의 "고난"에 대해 말하는 표현들을 읽을 때면 내적 거부감을 느끼곤 하네. 그러한 표현들이 신성모독으로 여겨져서 말이지. 이까짓 것을 과장해서는 안 될 것 같네. 내가 자네나 대다수 사람보다 "고난을" 더 많이 "겪고" 있는지는 의문이네. 물론 끔찍한 일이 많지만, 어딘들 그렇지 않겠나? 어쩌면 우리는 이 문제에 너무 무겁고 너무 엄숙한 의미를 부여해 왔는지도 모르네. 나는 전에 가톨릭 신자들이 이런 경우들을 소리 없이 대수롭지 않게 넘기는 것을 보고 여러 차례 놀랐네. 그러나 그러려면 좀 더 큰 힘이 있어야 하지 않을까? 그들은 고난과 순교가 실제로 어떤 것인지를 자신들의 역사를 통해 아는 까닭에 사소한 괴로움과 고통에 침묵하는 것인지도 모르네. 나는 예컨대 신체상의 고난이나 실제적인 고통 등도 "고난"에 속한다고 생각하네. 우리는 영적인 고난을 즐겨 강조하지만, 그리스도께서는 그런 고난을 우리에게서 제거하셨고, 신약성서나 옛 순교자들과 관련된 기록들에도 그런 고난은 눈에 띄지 않네. "교회가 고난을 겪는 것"과 그 교회의 한 성직자에게 이런저런 일이 일어나는 것에는 커다란 차이가 있는 것 같네. 나는 이 지점에서 많은 것이 시정되어야 한다고 생각하네. 솔직히 말하면, 우리는 우리 자신의 고난에 대해 자주 이야기하는데, 나는 이 점이 심히 부끄럽네. 아니, 고난은 내가 이제껏 경험한 것과는 전혀 다른 것, 전혀 다른 차원임이 틀림없네.

오늘은 이만하기로 하세! 언제 우리가 다시 대화할 수 있을는지? 건강히 지내고, 아름다운 나라를 즐기고, 자네 주위에 힐라리타스를 퍼뜨리고, 자네 자신도 그것을 유지하게! (…)

테겔, 1944년 3월 19일

(…) 자네들 근처에서 격전이 벌어지고 있다는 소식을 듣고, 자네를 끊임없이 생각하지 않을 수 없고, 성서에서 읽은 모든 말씀과 모든 찬송 가사를 자네와 관련짓지 않을 수 없네. 이 위험천만한 시기에 (…) 자네가 품는 그리움이 특히 강할 것 같네. 편지를 읽을 때마다 그 그리움이 더욱 커질 거야. 그러나 미성년자와 달리, 사내대장부의 특징은 자기 삶의 중심을 자신이 처한 곳에 두고, 자기의 소원 성취를 갈망하더라도 자신이 처한 곳을 지키면서 자기 몫을 온전히 감당하는 것이 아닐까? 청춘기의 남자는 자기가 처해 있는 곳에 머무는 법이 도무지 없고, 이것이 그의 특징이라네. 그렇지 않다면 그는 무딘 사람이겠지. 반면에 성인 남자는 언제나 한 사람의 전인全人으로서 현재를 회피하지 않네. 그가 품고 있으면서 남에게 드러내지 않는 그리움은 어느 정도 극복된 그리움이라고 할 수 있네. 그가 많은 것을 이겨 내면서 현재에 온전히 있으려고 하면 할수록, 그의 존재는 동료들에게, 특히 그가 이미 돌파해 온 길 위에 있는 젊은이

들에게 더 신비롭고 더 신뢰할 만한 것이 될 것이네. 소원에 너무 집착하면, 그 소원이 우리에게서, 우리가 되어야 하고 될 수 있는 무언가를 앗아가기 쉽네. 우리가 현재의 과제를 수행하기 위해 거듭 억누르는 소원이라야 우리를 더 풍요롭게 해줄 수 있네. 소원이 없는 상태는 결핍 상태에 지나지 않네. 지금 내가 처해 있는 환경 속에는 자신의 소원에 매달리기만 할 뿐 다른 사람들을 위해서는 아무 일도 하지 않는 자들이 넘쳐나고 있네. 다른 사람의 말을 더는 듣지 않고, 이웃을 사랑할 능력도 없는 자들이지. 내 생각에는 이곳에서도 소원과 미래가 전혀 없다는 듯이 살면서, 있는 그대로의 인간으로 살지 않으면 안 될 것 같네. 그럴 때만 다른 사람들이 우리를 신뢰하고 인사하면서 무슨 말을 해달라고 하니, 참 별난 일이 아닐 수 없네. 내가 이 모든 것을 자네에게 말하는 까닭은, 내가 보기에 자네가 지금 큰 과제를 맡은 것 같아서이고, 나중에 자네가 그 과제를 힘닿는 데까지 실현했다고 생각하면서 스스로 기뻐할 것이기 때문이네. 어떤 사람이 위험에 처해 있음을 알게 되면, 그 사람을 있는 모습 그대로 알고 싶어지네. 많은 소원을 성취하지 못했어도 완성된 삶이라는 것이 존재하네. 바로 이것이 내가 본래 말하고 싶었던 것이네. 내가 이러한 "숙고들"로 계속해서 자네를 대하는 것을 용서하게나. 그러나 내가 이곳에서 주로 하는 일은 숙고하면서 지내는 것이니, 자네도 이미 이 점을 잘 이해하고 있을 것이네. 그건 그렇고 앞서 말한 것에 다음의 사실을 꼭 덧붙이고 싶네. 나는 우리의 소원 성취가 가까워지고 있으니, 절대로 체념해선 안 된다는 사실을 전보다 더 굳게 믿고 있네. (…)

나는 다시 성서를 거의 읽지 않고 몇 주를 지내고 있는데, 이것을 어찌 여겨야 할지 잘 모르겠네. 성서를 읽지 않고 지내는데도 잘못했다는 느낌이 들지 않는군. 물론 시간이 조금 지나면 다시 강력한 갈망에 사로잡혀 성서를 읽으리라는 것도 알고 있네. 이런 것을 대단히 "자연스러운" 정신적 과정으로 여겨도 될까? 나는 대체로 그렇게 생각하는 편이네. 자네도 알다시피, 우리의 공동생활vita communis, 비타 코무니스 시절에도 그런 때가 있었지. 사실 잘못을 저지를 위험은 남아 있지만, 그런 때도 불안해할 것이 아니라, 나침반은 조금 흔들리다가 다시 제 방향을 가리킨다는 사실을 믿어야 할 것이네. 자네도 그렇게 생각하겠지? (…) 우리가 지난날들을 함께 보내며 여러 일을 함께 도모하다가 떨어져 지낸 지 벌써 1년이 되어 가는군. 우리가 장차 우리의 길을 계속 걷게 될지, 직업 활동 면에서 내가 간절히 소망하는 바이지만, 그 길이 어떤 식으로든 한 번 더 함께하는 길이 될 것인지, 아니면 과거의 것으로 만족해야 하는지를 알고 싶어 못 견디겠네. (…)

테겔, 1944년 3월 24일

(…) 자네 부부 아이의 세례 문제가 자네의 머리에 맴돌 것 같고, "갈피를 잡지 못하게 하는 생각"이 자네 마음을 짓누를 것 같아, 그 문제에 대해 주로 말하겠네. 전에 우리가 여러 차례 권면한 대로, 유아는 성례전 때문에 될 수 있으면 빨리 세례를 받아야 하네. 설령 친부와 대부代父가 참석하지 못하더라도 그리해야 하네. 이것은 분명한 근거들이 있네. 하지만 나는 유아세례를 미루는 자네의 심정에 동의할 수밖에 없네. 나는 한 교구의 목사가 성례전의 효력을 믿으면서 자기 아이를 곧바로 세례받게 하는 것을 변함없이 좋은 것으로, 바람직한 것으로 여기고, 특히 공동체에 본을 보이는 합당한 것으로 여기며, 그 아이의 아버지이자 한 교구의 목사인 사람에게도 그러하다고 여기네. 그런데도 이 예식에 직접 참여하여 아이를 위해 기도하고 싶어 하는 아버지의 바람도 나름의 권리를 가지고 있네. 곰곰이 생각하고 나서 하는 고백이네만, 하나님께서는 세례받아야 할 아이

가 세례를 받지 못한 상태로 있어도 여전히 그 아이를 사랑하신다는 생각이 나를 떠나지 않네. 신약성서에는 유아세례에 관한 규정이 없네. 유아세례는 교회에 선사된 은총의 선물, 곧 확고한 믿음 속에서 받아들여 이용해야만 하는 선물이네. 그러므로, 그것은 공동체에 대단히 확고한 믿음의 증언이 될 수 있네. 하지만 믿음 자체가 아니라, 내면이 유아세례를 강요한다면, 이는 성서적인 것이라고 할 수 없네. 단지 보여주기 위한 것이라면, 유아세례는 제 정당성을 잃고 마네. 우리가 아이를 위해 기도하면서, 함께 아이를 세례받게 할 날을 조만간 선사해 달라고 하나님께 구한다면, 이 기도는 반드시 상달될 것이네. 그날이 조만간 오리라는 정당한 희망을 품고 있는 한, 그날이 하나님께 문제 될 것 같지는 않네. 그러니 하나님의 자비로우신 섭리를 신뢰하는 가운데 위로를 받으며 조금 더 기다렸다가, 지금은 답답한 율법으로만 느껴지는 것을 나중에 더 확고한 믿음으로 완수하는 것이 좋을 것 같네. (…) 나는—양심에 거리낌 없이—잠시 기다릴 참이네. 그러니 나중에 다시 만나서 추진하기로 하세. 오로지 율법에 매여 세례식을 거행하기보다는 될 수 있으면 믿음 안에서 힘차게 거행하는 것이 더 중요할 것 같네. (…)

자네가 지금 알아 가고 있는 그 세계는 내가 정말 사

랑하는 세계라네. 어쩌면 자네가 그 세계를 나보다 훨씬 많이 알고 있겠군. 자동차를 타고 자네 곁에 앉아 체칠리아 메텔라Cecilia Metella 190나 빌라 하드리아니Villa Hadriani 191를 볼 수 있으면 좋으련만! 나는 피에타Pietà 192를 보아도 무덤덤하기만 하던데, 자네는 그것을 보고 그토록 감동하였다니, 언젠가는 그 이유를 설명해야 할 것이네.

3월 25일

어젯밤 또다시 맹렬한 폭격이 있었네. 지붕에서 시내 쪽을 바라다보는데 충격적이더군. 형제자매들에 관한 소식은 아직 받지 못했지만—다행히도 부모님은 어제 페치히로 떠나셨네—서부 지역에는 큰 피해가 없었다고 하네. 비행 경보가 울리면 다들—"성 플로리안이시여, 저의 집에 피해를 주시지 말고 다른 집을 태우소서"라는 속담을 따라—무의식적으로 자신들이 두려워하는 재앙이 다른 도시들에 임하기를 바라는데, 이는 정말 어처구니없는 짓이 아닐 수 없네. "저들[193]이 마그데부르크나 슈테틴 등에 머물러 있으면 좋으련만." 이런 소리가 짧고 깊은 탄식처럼 자주 들린다네. 그러한 순간에는 타락한 본성natura corrupta, 나투라 코룹타과 원죄peccatum originale, 페카툼 오리지날레를 의식하게 되네. 이런 점에서 폭격기들은 매우 유익한 것인지도 모르겠네. 지난 며칠간의 공습은 대단히 이례적이어서, 이는 침공이 일어나지 않고 있는 것에 대한 또 한 차례의 보상이 아니겠냐고 묻게 되더군.

나는 5월에야 미래 설계를 할 수 있을 것 같네. 나는 이와 같은 시간 예측을 점점 의심하게 되어, 이제는 그런 것에 무관심한 상태라네. 다음에는 또다시 "7월에"라고 말하게 될지 누가 알겠는가? 국민의 미래에 비하면 개인의 미래는 부차적인 것에 지나지 않네. 하지만 이 둘은 매우 밀접하게 연결되어 있네. 우리의 미래 설계를 놓고 다시 함께 상의할 수 있게 되기를 바라네. (…)

나는 이곳에서 여전히 잘 지내고 있네. 이른바 노예 신세로 전락하여 원하는 만큼의 휴식을 취하지 못할 때가 더러 있기는 하지만 말일세.

남유럽이 풍경화를 거의 알지 못한다는 자네의 말은 옳은 것 같네. 남프랑스와 고갱은 예외겠지? 남쪽 나라들도 풍경화를 모르지는 않았을 거야. 나는 잘 모르지만, 클로드 로랭은 어떠한가? 풍경화는 독일과 영국에 살아 있지. 남쪽 나라들에는 아름다운 자연이 **있고**, 우리는 그것을 동경하고 사모하며,

그런 자연이 드문 것을 서러워하지. 이와는 상관없는 것을 말하겠네. "아름다운 것은 복된 것을 담고 있는 것 같다"는 뫼리케의 표현은 야콥 부르크하르트와 대체로 상통하는 것 같지 않나? 우리는 너무나 유치한 니체의 양자택일에 빠져 이 "아폴론적인"[194] 아름다움의 개념 맞은편에 디오니소스적인,[195] 혹은 오늘날 흔히 말하듯이 악마적인 아름다움의 개념만 있는 것처럼 생각하기 쉽네. 그러나 사실은 전혀 그렇지 않네. 예컨대 브뢰겔Brueghel [196]이나 벨라스케스,Velasquez [197] 한스 토마, 레오폴트 칼크로이트,Leopold Kalckreuth 혹은 프랑스의 인상파 화가들을 떠올려 보게. 이들의 작품에서 드러나는 아름다움은 고전적이거나 악마적이지 않고, 그야말로 현세적인 아름다움, 대단히 고유한 권리를 지닌 아름다움이라고 할 수 있네. 마음을 터놓고 하는 말이네만, 내 가슴은 이런 아름다움을 볼 때만 두근거리네. 이런 아름다움에는 최근에 언급한 마그데부르크 대교회당의 처녀상像들[198]과 나움부르크 대교회당의 인물상들도 속하네. 고딕 예술을 "파우스트적인[199] 것으로" 해석하는 것은 잘못된 것이 아닐까? 그렇지 않고야 조형 예술과 건축 양식의 모순이 어디에서 왔겠는가?[200] (…)

오늘은 이쯤 하겠네! 그러지 않으면 자네가 편지 읽기

를 마치지 못할 테니. 자네가 그때 '다 찬양하여라……'Lobe den Herren…… 칸타타를 연습하던 모습이 떠올라 기분이 좋네! 그 모습을 보고 다들 **너무나** 좋아했었지! (…)

3월 27일

부활절을 앞두고 나의 특별한 인사와 바람을 미리 말해야 하지 않을까 싶네. 편지 배달에 시간이 얼마나 걸릴지 알 수 없기 때문이네. (…) 요즈음 『새 찬송가』를 계속해서 죽 훑어보면서 분명히 알게 된 사실은, 내가 부활절 찬송가를 노래하는 기쁨을 알게 된 것은 사실 자네 덕분이라는 것이네. 나는 지난 1년 동안 찬송 부르는 소리를 한 번도 듣지 못했네. 하지만 신기하게도, 내면의 귀로 온전히 집중하면서 듣는 음악이 육신의 귀로 듣는 음악보다 훨씬 아름답더군. 그런 음악은 순수함을 더 많이 지니고 있어서 모든 앙금을 떨어내지. 그런 음악은 "새 몸"을 입는다고 할 수 있네. 내가 아는 찬송가 가운데 내가 내면의 귀로 들을 수 있는 곡은 얼마 안 되지만, 부활절 찬송가들이 특히 그러하네. 내게는 귀먹은 베토벤의 악곡도 아주 잘 이해된다네. 특히 그의 작품 111번의 대변주곡이 그러하지. (…) 나는 최근에 열악한 라디오 방송이긴 하지만 18시부터 19시까지 방송되는

일요 음악회도 자주 청취하고 있네. (…)

부활절? 우리의 시선은 죽음der Tod보다는 죽는 것das Sterben에 더 쏠리지. 죽는 것을 어떻게 처리하느냐가 죽음을 어떻게 극복하느냐보다 훨씬 중요하네. 소크라테스는 죽는 것을 극복했고, 그리스도는 최후의 원수ἔσχατος ἐχθρός, 에스카토스 에크트로스, 고전 15:26인 죽음을 극복하셨네. 죽는 것을 처리한다는 것은 죽음을 마무리한다는 뜻이 아니네. 죽는 것의 극복은 인간이 할 수 있는 일들 가운데 하나이고, 죽음의 극복은 부활을 의미하네. 죽는 방법ars moriendi, 아르스 모리엔디을 통해서가 아니라, 그리스도의 부활을 통해서만 새로운 바람, 정화하는 바람이 현 세상 속으로 불어 들어올 수 있네. **이것이야말로** 다음과 같은 말에 대한 대답이 아닐까 싶네. "설 수 있는 곳을 나에게 주어 보시오. 그러면 내가 지구를 움직여 보이겠소."δός μοὶ ποῦ στῶ καὶ κινήσω τὴν γῆν, 도스 모이 푸 스토 카이 키네소 텐 겐[201] 몇 사람이라도 이것을 실제로 믿고 현세적 활동 속에서 그대로 움직였다면, 많은 것이 달라졌을 것이네. 부활에 기대어 사는 것, 이것을 부활절이라고 하네. 자네도 알다시피, 사람들 대다수는 자신들이 무엇에 기대어 사는지를 모르고 있네. 영혼들의 혼란perturbatio animorum, 페르투르바시오 아니모룸이 걷잡을 수 없이 퍼져서, 다들 해결하고 해방하는 말씀을 무의식적으로 기다리고 있네. 그러나 아직은 사람들이 그런 말씀을 귀담아들을 때가 아닌 것 같네. 하지만 그때는 반드시 올 것이네. 이번 부활절은 우리의 미래 과제를 준비할 수 있는 마지막 기회 가운데 하나인지도 모르겠네. 이미 짧아지고 있는 부자유에도 불구하고 자네가 이 기회를 기쁘게 활용하기를 바라네. 잘 지내게. 이만 줄여야겠네. (…)

테겔, 1944년 4월 2일

(…) 우리가 집에서 다시 만나지 못한 채 부활절이 지나가더라도, 나는 이 재회의 희망을 성령강림절 이후로 미루지 않을 참이네. 자네는 이것을 어떻게 생각하는가? 자네가 있는 곳은 봄빛이 완연하겠군. (…)

나는 우연한 기회에, 그것도 갑작스럽게 필적 감정을 다시 시작했는데, 그 모습을 생각해 보게. 여간 재미있는 게 아닐세. 나는 지금 클라게스Klages의 책[202]을 숙독하고 있네. 하지만 내 친척들의 필적은 감정하지 않으려네. 필적 감정에 관심을 보이는 이들이 이곳에도 많기 때문이지. 나는 필적 감정을 신뢰할 만한 것으로 생각하네. 자네도 알다시피, 나는 대학생 시절에 그 일로 대성공을 거두었지만—스무 살 때부터는—그 일이 괴로워서 덮고 말았네. 그러나 지금은 심리학의 위험을 극복했다고 여겨, 그 일에 다시 흥미를 느낀 나머지, 이것을 놓고 자네와 이야기하고 싶을 정도라네. 이 일이 내 기분을 상하게 하면, 즉시 그만둘 참이네. 내 생각에는 자네도 이 방면에서 대성공을 거둘 수 있을 것 같네. 이 일에는 감정이입 능력과 가장 정확한 관찰 능력이 필요한데, 이 둘 가운데 자네는 두 번째 능력을 나보다 월등하게 소유하고 있기 때문이네. 자네가 해보겠다면, 언제 한 번 이 일에 관해 몇 자 더 적어 보내도록 하지.

칼 킨트Karl Kindt가 써서 1941년에 출간한, 800쪽에 달하는 두툼한 전기 『클롭슈토크』*Klopstock*에서 나는 클롭슈토크의 희곡 「아담의 죽음」에서 발췌한 인상 깊은 글들을 발견했네. 첫 사람의 죽음을 서술하는 글들로서 착상이 재미있고, 설명도 중후하다네. 나는 예전에 클롭슈토크를 복권해야 한다고 여러 차례 생각했지. 그래서인지 이 책이 매우 흥미롭군. (…)

나는 로마의 주위 환경을 담은 아주 정확한 지도를 가지고 있는데, 종종 그것을 들여다보며 자네를 생각하고, 자네가 이미 오래전부터 익숙해진 방향감각을 따라 그곳의 여러 가도街道를 드라이브하는 모습, 멀지 않은 곳의 전투 소리를 듣는 모습, 산에서 바다를 내려다보는 모습을 그려보곤 하네. (…)

테겔, 1944년 4월 11일

(…) 원래는 부활절 기간에 편지를 쓰려고 했는데, 선의를 지닌 많은 사람의 면회 때문에 마음이 뜻대로 안정되지 않았네. (…) 그런데도 조용한 고독에 너무나 익숙해진 나머지, 몇 시간이 지나자 그것을 다시 갈망하게 되더군. 전혀 상상이 되지 않지만, 또다시 하루를 예전처럼 혹은 지금의 자네처럼 보내야겠네. (…) 나는 유익한 대화는 간절히 갈망하지만, 진정성이 없는 잡담은 딱 질색일세. (…)

자네는 부활절을 어떻게 보냈는가? 로마에 있었는가? 향수를 어떻게 달랬는가? 향수를 달래기에는 내 처지보다 자네 처지가 더 어려울 것으로 생각되네. 기분 전환이나 오락만으로는 향수를 달랠 수 없기 때문이지. 어쨌든 자신의 고민을 해결하기 위해서는 마지막 남은 진리까지 다 짜내야 하고, 자기 자신을 위한 시간도 많이 가져야 하네. 올해 들어 처음으로 찾아온 따스한 봄날들을 접하니 마음이 다소 싱숭생숭하군. 자네 마음도 그럴 거야. 자연이 제자리로 돌아오고 있는데도, 우리 자신의 삶과 우리가 몸담고 살아가는 역사적 공동체들이 여전히 풀리지 않는 긴장 속에 머물러 있으면, 특히 심한 갈등을 느끼게 되네. 하지만 이것도 동경과 다름없을 테니, 이것을 다시 한 번 강하게 느끼는 것도 좋을 것 같네. 어쨌든 나 자신은 많고 많은 세월 동안 사람들이 온전히 몰두하는 목표들과 과제들과 희망들을 품고 살아왔지만, 개인적인 동경은 없이 살아왔다고 말할 수밖에 없네. 어쩌면 그래서 빨리 늙는지도 모르겠네. 모든 것을 지나치게 "객관적으로" 따지는 것도 그래서일 것이네. 오늘날 거의 모든 사람이 목표와 과제들을 가지고 있으면서, 모든 것을 터무니없이 객관화하고 물질화하고 있네. 그러나 오늘날 누군가는 개인의 강한 감정과 진정한 동경을 여전히 용납하고, 그 동경을 품고 충분히 소화하여 열매를 맺게 하려고 애쓰며 온 힘을 기울이지 않겠는가? 인위적 순진함과 공허한 단순함을 지닌 채 라디오에서 흘러나오는 몇몇 감상적 유행가들은 구슬픈 잔재여서, 사람의 내면에 최대

치의 피로, 곧 소름 끼치는 처량함과 빈곤을 안겨 줄 뿐이네. 그런데도 우리는 그것이 우리 마음을 조금이라도 더 강하게 붙잡을라치면 마구 기뻐하고, 그것과 관련된 고통까지 풍요로움으로 간주하려 든다네. 고도의 긴장(전압)은 강력한 불꽃을 일으키네(이 말은 물리학의 냄새를 풍기지 않는가? 그렇다면 자네가 적절한 표현으로 번역해 주게!).

나는 오래전부터 부활절과 예수승천일 사이의 시기를 특히 좋아했네. 이 시기에도 고도의 긴장 상태를 유지하는 것이 중요하네. 하늘과 땅 사이의 긴장도 모르면서 어찌 현세의 긴장들을 견뎌 내겠는가? 자네도 『새 찬송가』를 가지고 있지? 자네와 함께 승천일 찬송가들을 배우던 때가 또렷이 떠오르는군. 그 찬송가들 가운데 내가 지금까지 가장 좋아하는 찬송가는 '이날에 우리가 유념합니다……'Auf diesen Tag bedenken wir……라네. 우리가 서로 알고 지낸 지도 10년이 넘는군. 꽤 긴 시간이지. 우리는 지난 1년을 우리의 공동생활 시절 못지않게 함께 집중적으로 경험해 온 것 같네. (…)

(…) 우리 두 사람이—자네와 나 말일세—동시에 귀가할 것 같은 느낌이 드네. 당분간은 나의 현 상태의 변화를 목표로 삼지 말라면서 2주 전부터 지금까지 나에게 새로운 것들

을 약속하더군. 나는 이것을 옳은 처사나 현명한 처사로 여길 수 없어서 내 나름대로 숙고하고 있네. 이 문제에 대해 자네와 이야기를 나누고 싶은 마음이 간절하고 또 간절하군. 하지만 내 의견을 관철할 수 없으니 어느 정도 저들의 의견을 따를 수밖에 없네. 어쨌든 나는 성령강림절에 기대를 걸고 있네!

어제 듣자니, 이곳의 누군가가 지난 몇 해는 완전히 잃어버린 세월이라고 말하더군. 기쁘게도, 나는 아직 그런 생각을 한순간도 해본 적이 없네. 나는 1939년 여름에 단행한 나의 결단을 후회한 적이 없고, 어쨌든 외적인 삶의 경영에 관한 한, 내 삶은—이상하게 들릴지 모르겠네만—매우 직선적으로 거침없이 달려왔다고 생각하네. 내 삶은 경험의 부단한 확충이었네. 나는 이 사실에 그저 감사할 따름이네. 설령 나의 현 상태가 내 인생의 마지막 단계라고 해도, 거기에는 의미가 있을 것이며, 나는 그 의미까지 이해할 수 있을 것으로 생각하네. 다른 한편으로, 이 모든 것은 새로운 시작을 위한 철저한 준비일지도 모르네. 그 시작은 결혼, 평화, 새로운 과제로 특징지어지겠지. (…)

오늘은 이만 줄이려네. 필적 감정을 해야 하거든. 나는 제대로 연구할 수 없을 때는 그것으로 시간을 보내네. 중단을 거듭하며 쓰다 보니 편지지가 너덜너덜하군. (…)

테겔, 1944년 4월 22일

(…) 자네는 이 시기가 나의 실질적 연구에 대단히 중요하다며, 내가 나중에 이야기해 줄 내용과 이미 편지에 쓴 내용이 궁금하다고 말하는데, 자네는 나에 대한 환상을 조금도 가져선 안 되네. 물론 나는 지식을 많이 늘렸네. 하지만 나 자신이 많이 변했다고는 생각하지 않네. 변하는 사람도 있지만, 거의 변하지 않는 사람도 많네. 나는 나 자신이 변한 적이 없다고 생각하네. 변한 적이 있다면 기껏해야 외국에서 여러 인상을 처음 받던 때와 아버지의 인격을 처음 의식하던 때가 아닐까 싶네. 그 결과로 일어난 것은 진부한 표현에서 진실한 표현으로 돌아선 것뿐이네. 나는 자네도 변한 게 없다고 생각하네. 발전은 확실히 다른 것이네. 우리 두 사람은 이제껏 살아오면서 단절을 경험하지 않았네. 물론 우리는 자진해서 의식적으로 많은 것과 관계를 끊었지만, 그것 역시 전혀 다른 것이네. 우리 두 사람이 지금 경험하고 있는 시간도 수동적인 의미의 단절을 의미하지는 않을 것 같네. 예전에 나는 그러한 단절을 여러 차례 갈망했지만, 요즘은

달리 생각하네. 자기 과거와의 연속성은 커다란 선물이기도 하네. 디모데전서 1:13[203]과 디모데후서 1:3[204]에 등장하는 바울의 경우가 그러하다고 할 수 있지. 놀랍게도, 나는 이곳에 있는 거의 모든 사람과 달리 과거의 잘못들을 파고들지도 않고, 이런저런 일을 다르게 했더라면 오늘날 많은 것이 완전히 달라졌을 것으로 생각하지도 않네. 나는 그런 것 때문에 괴로워하지 않네. 내게는 모든 것이 불가피하고 필연적이며 올바른 것으로 보이고, 좀 더 고차원적인 섭리로 결정된 것으로 보이네. 자네도 그러하겠지?

최근에 나는 비교적 긴 시간이 흐른 뒤에 과거에 받은 심각한 인상들에 대체로 무감각해지는 것을 무엇이라고 불러야 하는지, 그것을 도대체 어떻게 설명해야 하는지를 놓고 자주 숙고하곤 하네. 1년 전의 이 주간을 생각해 보아도, 그 점이 두드러지는 것 같네. 같은 문제들이 전혀 다르게 보이니 말일세. 본성의 자기방어 때문이라는 대답은 만족스러운 대답이 아니네. 이런 대답보다는 오히려 자신의 제한된 과제들과 가능성을 좀 더 분명하게, 좀 더 냉철하게 파악하여, 실제적인 이웃 사랑을 가능하게 하는 것이 중요한 것 같네. 공상이 자극을 받아서 날뛰는 한, 이웃 사랑은 매우 불분명하고 막연한 것이 되고 마네. 나는 요즘 들어 사람들, 그들의 곤경, 그들의 궁핍을 더 침착하게 보고, 그들을 더 잘 도울 수 있게 되었네. 내가 말하고 싶은 것은 감각의 둔화가 아니라 감각의 순화일세. 물론 어떤 것을 다른 것으로 변화시키는 것은 언제나 과제로 남을 것이네. 그러나 이러한 상황에서는, 시간이 지날수록 감수성이 더는 예민해지지 않고 긴장이 풀린다며 자책할 필요가 없을 것 같네. 물론 전체를 시야에서 놓치지 않도록 그 위험을 항상 의식하고, 순화되는 중에도 강력한 감수성을 생생히 유지해야 하네. 자네는 자네를 위해서라도 이러한 경험을 조금 시작할 수 있겠지?

분명한 이유 없이 몇몇 날들이 다른 날들보다 더 힘겨운 것은 도대체 무엇 때문일까? 각성의 고통 때문일까? 시련 때문일까? 그 날들이 지나가면, 갑자기 세상이 온통 달라 보인다네.

최근에 나는 라디오를 통해 "팔레스트리나"Palestrina [205]의 천사의 합창을 청취하다가, 뮌헨을 떠올렸네.[206] 천사가 합창하는 대목은 당시에 내가 특히 좋아한 유일한 대목이었지. 이곳에는 대단한 "팔레스트리나 숭배자"가 있는데, 내가 그 악곡에 반응을 전혀 보이지 않자, 이해할 수 없다는 표정을 짓더니,

내가 천사의 합창을 마음에 들어 하자, 몹시 감격하더군. (…)

아무것도 생산하지 않고 오랜 시간을 보냈으니, 다가오는 봄에는 다시 창작의 기쁨을 더 많이 느껴야겠네. 다음번에는 그것에 관해 이야기하겠네. 그동안 건강히 좋은 기분으로 지내게. 모든 난관을 헤치고 곧 기쁘게 재회하기를 바라네!

테겔, 1944년 4월 30일

(…) 또 한 달이 지났군. 자네가 있는 곳에서도 내가 있는 이곳처럼 시간이 빠르게 흘러가는가? 시간이 어찌나 빨리 흘러가는지 나 자신도 놀랄 정도라네. (…) 우리 두 사람이 마주 보게 될 그 달은 언제 오려나? 엄청난 사건들이 하루가 멀다고 세상을 뒤흔들어, 우리의 모든 개인적 사정을 뒤바꾸어 놓을지도 모른다는 느낌이 강하게 드는군. 그래서 자네에게 훨씬 더 자주 편지를 쓸 참이네. 이 일을 얼마나 오래 하게 될지 알 수 없고, 무엇보다도 되도록 자주, 그리고 가능하면 오래 모든 것을 함께 나누고 싶기 때문이네. 자네가 이 편지를 받을 무렵이면, 모든 전선에서 커다란 결정들이 진행될 것이라고 확신하네. 그렇게 되면 몇 주 동안은 내적으로 흔들림이 없어야 할 것이네. 나는 자

네가 그렇게 하기를 바라네. 매사에 생각을 집중하고, 무슨 일이 일어나도 놀라선 안 되네. 나는 미래를 예상하며 성서의 "반드시……(해)야 한다"δεῖ, 데이는 표현을 인용하곤 하네. 그리고 나는 베드로전서 1:12에 언급된 천사들의 "호기심" 같은 것을 느끼네. 해결할 수 없는 것처럼 보이는 문제를 하나님께서 어떻게 해결하시는지를 보고 싶어 하는 것이지. 나는 하나님께서 무언가를 성취하려고 하시는 때가 되면, 우리는 안팎으로 협력하며 오로지 매우 놀라고 경외하면서 수용할 수밖에 없다고 생각하네. 볼 줄 아는 사람은 시편 58:11[207]과 9:19[208]이 참말임을 눈으로 확인하게 될 것이네. 우리는 예레미야 45:5[209]을 날마다 되뇌어야 할 것이네. (…) 떨어져 지내는 처지이니 나보다는 자네가 이 일을 계속하기가 더 어려울 것이네. 그래서 나는 자네를 특별히 염두에 둘 것이며, 이미 그리하고 있네.

우리 두 사람이 이 시기를 함께 견디면서 서로 힘이 되어 줄 수 있다면 참 좋았을 테지만, 그러지 않고 각자 홀로 견디는 것도 "더 나을" 것 같네. 매일 아침저녁으로 성서를 읽으면서 자네를 떠올리거나, 낮에 성서를 읽지 않을 때도 자네를 더 자주 떠올리는 것 외에, 당장 자네에게 도움을 주지 못해서 마음이 무겁네. 나에 대해서는 조금도 염려하지 말게. 나는 아주 잘 지내고 있네. 자네가 나를 면회하러 와서 내 모습을 보면 깜짝 놀랄 것이네. 자네가 보기에도 심한 아부의 말일 텐데, 이곳 사람들은 나를 볼 때마다 이런 말을 한다네. "목사님에게서는 대단한 빛이 발산되는군요. 목사님은 늘 명랑하시군요." 이따금 개인적으로 정반대의 경험을 할 때도 그 경험을 착각에 기인한 것으로 여길 정도라네(물론 내가 그 말들을 곧이곧대로 믿는 것은 아니네!). 나의 신학 사상과 그 귀결을 접하고 놀라거나 근심할지 모르지만, 자네가 지금 이곳에 없어서 무척 아쉽네. 명쾌한 해결을 의미하는 대화를 자네 말고 또 누구와 나눌 수 있을지 알지 못하기 때문이네.

도대체 기독교는 오늘 우리에게 무엇인가, 그리스도는 오늘 우리에게 누구이냐는 물음이 내 마음을 끊임없이 움직이고 있네. 신학적인 말이건 신앙적인 말이건 간에, 사람들에게 말로 기독교를 알리는 시대는 지나갔네. 내면성의 시대와 양심의 시대도 지나갔네. 이를테면 종교 일반의 시대가 지나간 것이네. 우리는 완전히 종교 없는 시대를 맞이하고 있네. 사람들이 지금의 모습으로는 더는 종교인으로 살아갈 수 없는 시대를 말일세. 자신을 거리낌 없이 "종교인"으로 소개하는 자들조차 그대로 살고 있지 않네. 그들은 "종교인"이라는 말을 전혀 다른 의미로 사용하는지도 모르겠네.

하지만 1,900년간 이어져 온 우리의 기독교 선포와 기독교 신학은 인간의 "종교적 선험성"das religiöse Apriori에 근거를 두고 있네. "기독교"는 언제나 "종교"의 형식이었네(어쩌면 진짜 형식이었는지도 모르지). 그러나 어느 날, 이 "선험성"이 전혀 존재하지 않으며, 역사의 제약을 받는 덧없는 표현 형식에 지나지 않았다는 사실이 분명해지고, 그래서 사람들이 철저히 비종교적으로 된다면—나는 실제로 이런 일이 일어나고 있다고 생각하네(예를 들면, 이번 전쟁이 기존의 모든 전쟁과 달리 "종교적" 반응을 불러일으키지 못하는 이유가 어디에 있겠는가?)—이것은 기독교에 무엇을 의미할까? 이제까지 이어져 내려온 "기독교"의 기반 전체가 뽑히고 있네. 이제는 몇 안 되는 "최후의 기사騎士"만 남아 있거나, 지적으로 불성실한 사람 몇이 남아 있을 뿐이네. 우리가 "종교적으로" 다가갈 수 있는 사람은 그들뿐이네. 설마 그들이 선택받은 소수이겠는가? 굳이 이 미심쩍은 인간 집단에 달려들어 열성을 다하거나 화를 내거나 격분하면서 우리의 상품을 팔아야겠는가? 몇몇 불행한 사람들의 마음이 약해졌을 때 그들을 기습하여 종교적으로 억압해야겠는가? 우리가 그렇게 하기를 바라지 않는다면, 그리고 서구 기독교의 형태를 완전한 비종교성의 전 단계로 판단할 수밖에 없다면, 우리에게 그리고 교회에는 어떤 상황이 빚어질까? 어찌해야 그리스도는 비종교인의 주님도 되실까? 비종교적 그리스도인이 존재하기는 할까? 종교가 기독교의 의복에 지나지 않고 그 의복도 다양한 시대에 다양한 모습을 보였다면, 비종교적 기독교는 어떤 모습일까?

바르트는 이 방면에서 사고하기 시작한 유일한 사람이지만, 이 사고를 끝까지 밀고 나가지 못하고 그만 계시실증주의에 빠졌고, 결국에는 사실상 복고주의에 머물고 말았네. 그는 비종교적 노동자나 일반인에게 결정적인 것을 주지 못했네. 하지만 우리가 답해야 할 질문은 이런 것이 아닐까 싶네. 비종교적 세상에서 교회, 교구, 설교, 예전,禮典 그리스도인의 삶은 무엇을 의미하는가? 종교에 의지하지 않고, 시대의 제약을 받는 전제들, 이른바 형이상학이나 내면성 등에 의지하지 않고 하나님에 대해 말하려면 어찌해야 하는가? "하나님"에 대해 "세상적으로" 말하려면 어찌해야 하는가? (하나님에 대해 예전처럼 "말하는 것"은 불가능할 것이네.) 어떻게 우리는 "비종교적-세상적으로" 그리스도인이 되는가? 어떻게 우리는 자신을 종교적 특권을 지닌 자로 여기지 않고, 완전히 세상에 속한

자로 여기면서, 에클레시아,ἐκ-κλησία 곧 부름받은 자가 되는가? 여기에 답할 수 있을 때, 그리스도는 더는 종교의 대상이 되지 않고 전혀 다른 무엇이 되시고, 실제로 세상의 주님이 되실 것이네. 하지만 이것은 무엇을 의미하는가? 비종교성에서 제의祭儀와 기도는 무엇을 의미하는가? 바로 여기서 비밀 훈육,die Arkandisziplin 혹은 (자네가 이미 나에게 배운 바 있는) '차극'과 '궁극'의 구별이 새로운 중요성을 얻겠지?

오늘은 이만 줄여야겠네. 지금 편지를 보내야 하기 때문이네. 이틀 뒤에 이어서 써 보내겠네. 자네가 내 말을 대강 이해하고, 지루해하지 않기를 바라네. 그사이에 잘 지내게! 메아리 없는 편지를 쓰자니 쉽지 않군. 설령 독백 같은 것이 되더라도 용서하게! (…)

좀 더 쓸 수 있게 되었네. 페리토메περιτομή [210]가 칭의의 조건인가라는 바울의 물음은, 종교가 구원의 조건인가라는 물음인 것 같네. 페리토메 면제는 종교 면제인 것 같고. 나는 종종 나 자신에게 이렇게 묻곤 하네. 어찌하여 나의 "기독교적 본능"은 종교적인 사람들보다 비종교적인 사람들에게 더 자주 끌리는가? 이는 선교의 의도를 품고 던지는 물음이 아니라, "형제처럼" 말하고 싶어서 던지는 물음이네. 나는 종교적인 사람들을 마주해서는 하나님의 이름을 언급하고 싶지 않을 때가 자주 있네. 하나님의 이름을 언급하면 어쩐지 그 이름이 잘못될 것만 같고, 나 자신도 불성실하게 여겨지기 때문이지. (특히 다른 사람들이 종교적인 용어로 말하기 시작하면, 나는 아예 입을 다물고 답답해하거나 불쾌해한다네.) 반면에 비종교적인 사람들을 마주해서는 마음이 차분해져서 당연하다는 듯이 하나님의 이름을 언급하네. 종교적인 사람들은 인간의 지식이 (때때로 사고의 나태함 때문에) 막다른 골목에 이르거나, 인간의 능력이 쓸모없게 되었을 때 하나님을 언급하네. 하지만 이것은 종교적인 사람이 해결 불가능한 문제를 그럴듯하게 해결하기 위해 등장시키거나, 아니면 인간적인 능력이 쓸모없게 되었을 때 등장시키거나, 아니면 인간의 약점을 이용하여 등장시키거나, 아니면 인간의 한계에 다다랐을 때 등장시키는 '데우스 엑스 마키나' deus ex machina [211]에 지나지 않네. 인간들이 제힘으로 한계를 조금 더 밀어내어 '데우스 엑스 마키나'로서의 신이 불필요하게 될 때까지만 그런 일이 불가피한 것으로 여겨질 것이네. 나는 인간의 한계에 대해 말하는 것을 수상쩍은 행위로 여기네(오늘날 인간들은 죽음도 두려워하지 않고, 죄도 거의 이해하지 못하고 있네. 그런데도 이런 것들이 진정한 한계들이겠는가?). 우리가 하나님을 위해 공간을 남겨 두려 하는 것도 그저 불안해서인 것 같네. 나는 삶의 가장자리에서가 아니라 삶의 한복판에서 하나님에 대해 말하고 싶네. 나는 약할 때가 아니라 힘이 있을 때 하나님에 대해 말하고 싶네. 나는 죽을 때나 죄를 지었을 때가 아니라 삶과 인간의 선 안에서 하나님에 대해 말하고 싶네. 한계에 다다라서는 입을 다물고 해결 불가능한 것을 미해결로 남겨 두는 것이 더 좋을 것 같네. 부활신앙이 곧 죽음의 문제를 해결하는 것은 아니네. 하나님의 "피안"이 우리 인식능력의 "피안"인 것은 아니네! 인식론적인 초월성은 하나님의 초월성과는 아무 관계가 없네. 하나님은 우리의 삶 한복판에서 피안으로 계시네. 교회는 인간의 능력이 통하지 않는 곳에, 다시 말해 한계에 있지 않고, 마을 한복판에 있네. 바로 이것이 구약성서의 관점이네. 이런 의미에서 말하면 우리는 신약성서를 구약성서의 관점에서 너무 적게 읽고 있다고 할 수 있지. 이러한 비종교적 기독교가 어떤 모습으로 보이며, 어떤 형태를 취할 것인지에 대해서는 좀 더 숙고하여 조만간 더 많이 써 보내겠네. 어쩌면 바로 이 지점에서 동양과 서양의 한가운데 자리한 우리에게 중요한 과제가 주어질지도 모르네.

이제는 정말 마쳐야겠네. 언젠가 이 모든 것에 대한 자네의 견해를 들을 수 있게 되면 참 좋겠네. 자네의 의견은 자네가 추측하는 것보다 훨씬 많은 의미를 나에게 줄 것이네! 그건 그렇고 잠언 22:11-12[212]을 이따금 읽어보게. 이 두 구절은 경건을 가장한 온갖 도피를 막는 빗장이라고 할 수 있네. (…)

테겔, 1944년 5월 5일

(…) 휴가 기간이 차차 끝나 가고 있겠군. (…) 앞서 보낸 편지가 휴가 중인 자네에게 미리 발송되어, 그 속에 담긴 내용이 케케묵은 소리가 되기를 바라지만, 요즘은 모든 것이 불확실하군. 게다가 오랜 경험에 비추어 볼 때 모든 것이 곧 변화되기보다는 지금처럼 그대로일 개연성이 더 높아 보이지만, 그래도 자네에게 여전히 편지를 써 보내려 하네. (…) 나는 개인적으로도 객관적으로도 아주 잘 지내지만, 석방 시기 문제는 여전히 미결정 상태라네. 그러나 온갖 좋은 것은 갑자기 닥치기 때문에, 나는 확신에 차서 그렇게 되기를 고대하고 바라고 있네. (…)

"비종교성"에 관한 내 견해들에 몇 마디 더 보태네. 자네는 "신약성서의 탈신화화"에 관한 불트만Bultmann[213]의 논문을 기억할 것이네. 대다수 사람은 그가 "너무 멀리" 나갔다고 생각하지만, 나는 그가 너무 덜 나갔다고 생각하네. (원칙적으로 하나님, 신앙 등의 개념들과 떼려야 뗄 수 없는) 기적, 승천 등의 "신화적" 개념들만 문제가 있는 것이 아니라, "종교적인" 개념들도 문제가 있네. (불트만이 생각하는 것처럼) 하나님이란 개념과 기적이란 개념을 분리해서는 안 되고, 오히려 **이 둘**을 "비종교적으로" 해석하여 선포할 수 있어야 하네. 사실, 불트만의 실마리는 자유주의적이지만(복음을 제한하지만), 나는 신학적으로 생각하고자 하네. 그러면 "종교적으로 해석한다는 것"은 무엇을 의미하는가?

내가 보기에, 그것은 한편으로는 형이상학적으로 말하는 것을 의미하고, 다른 한편으로는 개인주의적으로 말하는 것을 의미하는 것 같네. 이 둘은 성서의 메시지에도 맞지 않고, 현대인들에게도 맞지 않네. 개인의 영혼 구원에 관한 개인주의적 물음은 우리 모두에게서 거의 완전히 사라지지 않았는가? 우리는 이 물음(이 **사실**이 아닌 이 **물음**!)보다 더 중요한 것이 있음을 알고 있지 않은가? 나는 이렇게 말하는 것이 상당히 엄청난 소리로 들릴 것임을 잘 알고 있네. 그러나 이것은 사실 성서적이지 않은가? 구약성서 안에 영혼 구원에 관한 물음이 존재하는가? 하나님의 정의와 하나님의 나라가 모든 것의 중심이지 않은가? 로마서 3:24 이하에 등장하는 사상의 목표도 하나님만이 의로우심을 드러내려는 것이지 개인주의적인 구원론이 아니지 않은가? 내세가 중요한 게 아니라 창조되어 유지되는 세상, 율법 안에 수용되어 화해를 이루고 갱신되는 세상이 중요하네. 복음서에서는 이 세상 너머에 있는 것이 이 세상을 **위해** 존재하려고 하네. 이는 자유주의 신학, 신비주의 신학, 경건주의 신학, 윤리 신학 등의 인간 중심적 의미에서 하는 말이 아니라, 창조와 예수 그리스도의 성육신, 예수 그리스도의 십자가 처형과 부활이라는 성서적 의미에서 하는 말일세. 바르트는 종교 비판을 최초로 시작한 신학자라고 할 수 있네. 이것은 그의 엄청난 공로로 남을 것이네. 하지만 그는 종교의 자리에 실증주의적 계시론을 들여앉혔네. 이는 "먹느냐 먹히느냐"를 의미하네. 이를테면 동정녀 탄생이든 삼위일체든 여타의 것이든 각각의 것이 전체 중 일부로 똑같이 중요하고 똑같이 필요하니, 전체를 통째로 삼키든가, 아니면 말아야 한다는 것이지. 그러나 이것은 성서적이지 않네. 인식에도 단계들이 있고, 중요성에도 단계들이 있기 때문이네. 이를테면 비밀 훈육을 회복하여, 기독교 신앙의 **비밀들**이 세속화되는 것을 막아야 한다는 말이네. 계시실증주의는 너무나 경솔해서 신앙의 율법을 세우고, 게다가—그리스도의 성육신을 통해!—우리에게 선물로 주어진 것을 파괴하고 마네. 이제는 교회가 종교를 대신하고 있지만—이것 자체는 성서적이라고 할 수 있네—세상은 대체로 자기 자신을 의지하고 자기 자신에게 골몰하고 있네. 이것은 잘못된 점이 아닐 수 없네. 나는 참회, 신앙, 의인, 거듭남, 성화 등의 개념들을—구약성서의 의미에서 그리고 요한복음 1:14[214]의 의미에서—"세상적으로" 해석하려면 어찌해야 하는지를 놓고 깊이 생각하고 있는데, 이것에 대해서도 자네에게 써 보내겠네.

이제껏 나 자신만 알아볼 수 있는 독일어 필체로 쓴 것을 용서하게. 자네를 가르치려는 목적보다는 나 스스로 해결하려는 목적이 더 커서 그렇게 썼던 것 같네. 자네는 이 문제들과 씨름할 시간이 없을 테고, 이 문제들이 자네를 성가시게 할 것만 같아서 이 문제들로 자네를 불안하게 하고 싶지 않지만, 자네를 내 사고에 참여시키면, 내 사고 자체가 비로소 명료해지니, 나도 어쩔 수가 없네. 이것이 자네에게 옳은 일이 아니라면, 꼭 그리 말해 주게나.

내일은[215] 부활절 후 넷째 주일이군. 그날, 나는 자네와 함께했던 수많은 아름다운 추억을 떠올릴 참이네. (…)

잘 지내게! 우리도 그러겠지만 인내하면서 변함없이 건강하게! (…)

테겔, 1944년 5월 6일

(…) 그리스도인들의 "이기주의"("사심 없는 자기애") 등에 관해서는 곧 써 보내겠네. 우리는 이 문제와 관련하여 같은 의견일 것 같네. 과도한 이타주의는 억압적이고 요구하는 바가 많네! 차라리 "이기주의"가 더 사심 없고, 요구하는 바도 더 적을 수 있지! (…)

1944년 5월 7일 부활절 후 넷째 주일

방금 나는 레거Reger [216]와 후고 디스틀러Hugo Distler의 아름다운 아침 음악을 청취했네. 기분 좋은 일요일의 시작이었네. "전투기 편대가……로 날아오고 있음"이라는 내용이 음악에 실려 고지될 때는 이상하긴 하더군. 그런데도 이 둘의 관계를 당장은 알지 못하겠네.

나는 밤중에 시어머니와 장모의 역할에 대해 다시 한

번 생각해 보았네. (…) 시어머니와 장모가 교육적 기능을 하고 있지는 않은 것 같네. 그들이 어디서 그런 권리를 얻겠는가? 그들의 특권은 **다 자란** 딸이나 아들을 하나 더 얻어, 자기 가족이 확충되는 것을 깨닫는 것이지, 비판하는 것이 아니네. 시어머니나 장모는 아들 부부나 딸 부부를 보며 즐거워하고, 이들이 조언과 도움을 구할 때는 그것들을 주어도 되지만, 이들의 결혼 생활에 대한 책임과 교육의 의무를 지고 있는 것은 아니네. 이것이야말로 특권이라고 할 수 있네. 나는 시어머니나 장모가 자기 자식이 실제로 사랑받는 것을 보고 기뻐하기**만** 할 뿐 다른 모든 것은 삼가고, 특히 성격을 뜯어고치려는 시도는 아예 하지도 말아야 한다고 생각하네! 과묵의 진가를 제대로 인정할 줄 아는 사람이 적어서 하는 말이네. (…)

막 경보기가 울리고 있군. 나중에 이어서 쓰겠네—상당히 심한 폭격이었네. (…) 어떤 사람이 변함없이 과묵을 유지하는 **것**도 중요하지만, 흉금을 털어놓을 상대가 있는 것도 중요하네. (…) 시어머니의 질투를 말하는 것은 새롭지 못한 것 같네. 시어머니의 질투를 말하는 것은 상이한 사랑 때문이네. 어머니의 사랑과 아내의 사랑이 달라서, 많은 오해가 생기지. 어쨌든 며느리가 시어머니와 사이좋게 지내는 것보다는 사위가 장모와 사이좋게 지내는 것이 더 쉬운 것 같네. 하지만 나오미와 룻의 관계는 성서가 제시하는 비길 데 없는 모범이 아닐 수 없네. (…)

지난 며칠 동안 나는 또다시 시내에 몇 차례 다녀왔네.[217] 결과가 대단히 만족스러웠지만, 석방 시기 문제가 여전히 해결되지 않은 상태여서, 나는 내 소송사건에 흥미를 잃어가고 있네. 몇 주 동안 내 소송사건을 완전히 잊고 지낼 때도 종종 있지. 이만 줄이네! 하나님께서 자네와 우리 모두를 지켜주시기를! (…)

테겔, 1944년 5월 9일

(…) 임박한 휴가를 기대하고 있다니, 내게도 참 반가운 소식이 아닐 수 없네. 자네 부부가 며칠 뒤에 (…) 자네 부부의 아이를 세례받게 하는 일이 정말로 성사되거든, 내가 그 자리에 없다는 이유로 자네 부부가 기쁨을 조금이라도 잃는 일이 없기를 바라고, 특히 자네(…)의 마음이 무거워지지 않기를 바라네. 나는 그 세례를 위해 자네 부부에게 무언가를 써 보낼 참이네. 잘 알테지만, 나는 생각으로라도 자네 부부와 그 자리에 함께할 것

이네. 물론 사실 같지 않은 일이 발생하고, 그날마저 자네 부부와 함께 축하할 수 없어서 마음이 아프지만, 나는 이 현실을 온전히 받아들였네. 나는 나에게 일어나는 일 가운데 무의미한 일은 없으며, 우리의 바람들에 어긋나는 일조차도 우리 모두에게 좋은 것으로 생각하네. 나는 나의 현재 생활을 하나의 과업으로 여기며, 이 과업을 내가 꼭 성취하기만을 바랄 따름이네. 원대한 목표에서 바라보면, 모든 부자유와 성취되지 않은 소원들은 사소한 것에 지나지 않을 거야. 자네 부부가 며칠 뒤에 경험하게 될 흔치 않은 큰 기쁨의 순간에 나의 현재 운명을 불행으로 여기려고 하는 것만큼 모욕적이고 잘못된 것은 없을 것이네. 그것은 내 뜻을 거스르는 행위이자, 내가 나의 처지를 주시하며 품는 확신을 내게서 빼앗는 행위와 다름없네. 우리는 개인의 모든 경사스러운 일에 감사하되, 우리가 살면서 이루려고 애쓰는 위대한 일들을 한순간도 시야에서 놓쳐선 안 되네. 그럴 때만 어떤 우울함을 능가하는 특별한 빛이 자네 부부의 기쁨 위에 비칠 것이네. 자네 부부가 아주 힘겹게 쟁취한 몇 주간의 기쁨이 현재 내가 겪는 있는 일 때문에 조금이라도 흐려진다면, 그것은 나에게 몹시 참을 수 없는 근심거리가 될 것이네. 그러는 것이야말로 진짜 불행이 될 테니, 그래선 안 되네. 나는 자네 부부가 이 봄날의 광채를 (…) 가능한 한 눈부시게 받게 하고 싶네. 그렇게 되면 자네 부부가 나를 소홀히 대하는 셈이 될 것이라는 생각은 한순간도 하지 말게. 오히려 정반대일세! 내가 자네 부부를 위해 이 말들을 억지로 한다는 생각은 더더욱 하지 말게. 오히려 이 말들은 나의 가장 깊은 진심을 담아 자네 부부에게 건네는 당부의 말이니, 내 말대로 해주면 정말 기쁘고 행복하겠네. 우리가 며칠 뒤에 재회하게 된다면 더없이 멋진 일이겠지만, 이것 때문에 괜스레 마음을 쓰지는 말게. 지난해 12월 23일을 생생히 떠올리며 하는 말이네. 굳이 하루를 허비하면서까지 이곳에 있는 나에게 무언가를 건네러 오지는 말게. 내가 알기로, 자네 부부는 나를 보러 오고 싶어 할 테지만, 그렇게 되면 나에게 부담이 될 것이네. 물론 자네 부부의 아버지[218]가 지난해 12월과 똑같은 경로를 통해 내 면회를 성사시켜 준다면, 정말 감사한 일이 되겠지. 내가 알기로, 자네 부부는 아침마다 「로중」을 읽으며, 내가 자네 부부를 떠올리듯이, 나를 떠올릴 것 같네. 자네 부부가 다시 아침저녁으로 성서를 함께 읽을 수 있게 되어 정말 기쁘네. 그것은 이 시기는 물론이고 앞으로도 자네 부부에게 중요한 일이 될 것이네. 짧은 만남과 임박한 이별을 생각하면서 그 며칠을 망치지 말고, 너무 많은 것을 계획하지도 말고,

이곳저곳 돌아다니기보다는 차라리 손님들이 찾아오게 하고, 하루의 매시간을 커다란 선물로 여기며 아주 조용히 음미하게나. 내 생각으로는, 다음 몇 주 안에 대단히 엄청나고 놀라운 사건들이 일어날 것 같은데, 자네 부부의 휴가 초기에는 그 결과가 어찌 될지 가늠이 되지 않을 것이네. 이 사건들이 우리의 운명을 함께 결정하겠지만, 나는 자네 부부가 휴가를 함께 보내면서 맛보는 본질적 평온을 잃지 않기를 바라네. 자네 부부가 지금이라도 당장 함께 지내면서 모든 일을 같이 결정할 수 있다면 참 좋겠네. (…)

나는 자네 부부의 아이에게 세례를 베풀고 싶었네. 하지만 그것은 중요하지 않네. 나는 무엇보다도 그 세례일에 아이의 생명과 자네 부부 자신의 생명이 보호받고 있음을 깨닫고, 확신에 차서 미래를 바라보기를 바라네. 세례용 본문은 자네 부부가 직접 고르겠지? 본문을 찾는 중이라면, 디모데후서 2:1이나 잠언 23:26 혹은 잠언 4:18이 어떨까?[219] (마지막 것은 내가 최근에 찾아낸 것인데, 참 좋은 것 같네.)

자네 부부의 재회 초기에 너무 긴 편지로 자네 부부를 성가시게 하고 싶지 않네. 그저 안부 인사만 전하며, 내가 자네 부부와 더불어 기뻐한다는 사실을 말하고 싶었을 뿐이네!

아름다운 곡을 아주 많이 연주하게! (…)

테겔, 1944년 5월 16일

(…) 방금 듣자니, 자네가 오늘 아침 일찍 도착할 것이라고 알려 왔다더군. 자네가 지금 이곳에 있을 수 있게 되어 내 마음이 얼마나 기쁘고 홀가분한지를 자네는 상상도 하지 못할 것이네. 나조차도 이 대목에서 "섭리"와 "기도 응답"이라는 말을 입 밖에 내고 싶을 정도이니, 자네도 그럴 거야. (…)

세례에 대해서는 계속 쓰고 있네. 세례용 본문으로는 시편 90:14[220]이 어떨까? 이사야 8:18[221]도 생각해 보았는데, 너무 막연한 것 같더군.

테겔, 1944년 5월 18일

(…) 세례일을 맞아 자네 부부에게 무언가를 써 보내고 싶었네. (…) 내가 그것을 자네 부부에게 보내는 까닭은, 내가 자네 부부를 참으로 생각하고 있음을 알려주기 위함이네. (…) 나는 자네 부부가 이 세례일을 특별히 즐겨 회상하기를 바라고, 이 세례일

이 자네 부부의 짧은 동거—곧 중단 없는 동거가 되기를!—기간에 중요한 내용을 부여하여, 이 내용이 분리의 기간에도 유지되기를 바라네. 괴로운 기억도 있고, 기운 나게 하는 기억도 있지만, 이날은 기운 나게 하는 기억의 날이 될 것이네. (…)

나는 걱정하지 말게. 마르틴[222]도 곧 7년이 되네! 그러나 이것은 전혀 다른 것이네. (…) 더는 가능한 일이라고 여기지 않았는데, 내일 자네를 이곳에서 만나게 되리라는 멋진 소식을 방금 들었네. 그 만남 시간을 준비하면서 오늘 하루를 보내고 있네. 누가 그것을 성사시켜 주었는가? 그분에게 **참으로** 감사하네!

D. W. R.[223]의 세례일에 맞춘 생각—1944년 5월

1944년 5월

너의 등장으로 우리 집안에서 새로운 세대가 시작되는구나. 너의 출현으로 갑자기 우리의 위치가 이른 시기에 2세대, 3세대, 4세대로 바뀌면서 세대 관계가 약간 혼란에 빠지긴 했지만, 너는 앞으로 이어질 새 세대의 맏이로서 선두에 서게 되었다. 너는 네 삶의 일부를 너보다 앞선 3세대, 4세대와 함께 나누며 살게 될 텐데, 이는 네 인생의 비길 데 없는 소득이 될 거야. 네 외증조부[224]는 18세기에 태어난 사람들과의 만남에 관해 이야기해 줄 수 있을 테고, 너는 2000년대의 어느 무렵에 네 후손에게 250년 이상의 세월을 생생히 구전하는 교량이 될 거야. 이 모든 것은 "주께서 원하시면, 우리가 살 것이고"약 4:15라는 야고보서의 전제하에 이루어지는 것이란다. 너의 출생은 우리에게 특별한 기회를 제공하여, 시대의 변천을 숙고하게 하고, 미래의 윤곽을 힘써 알게 하는구나.

네가 꿰차고 있는 세 이름자는, 네 인생과 불가분의 관계로 연결된 세 집안을 가리키고 있단다. 네 아버지 쪽을 보자면, 네 조부[225]의 집안은 마을의 목사 집안이란다. 단순함과 건강함, 침착하고 광범위한 정신생활, 서민과 그들의 노동을 아우르는 자연스럽고 자유로운 생활 공동체, 삶의 실제적인 문제들을 제힘으로 해결하는 능력, 내적 만족에 토대를 두는 검소함, 이 모든 것이야말로 마을의 목사 가문에 자리한 불변의 현세적 가치들이자, 네 아버지를 통해 네게서 시작되고 있는 가치들이란다. 그것들은 네가 어떤 생활환경에 처하든 사람들과의 공동생활, 참된 행동, 내적 행복의 확고한 기초가 되어줄 거야.

네 외가에서 구현된 문화는 유서 깊은 시민 전통의 도시 문화란다. 이 문화는 고차원적이고 공적인 책임과 최고의 정신적 능률과 통솔에 대한 소명 의식을 창출하고, 위대한 역사적 유산과 정신적 전통의 보호자가 되려는 뿌리 깊은 의무감도 창출해 왔단다. 이 문화는 네가 파악하기도 전에 너에게 사고방식과 행동 방식을 제시해 줄 거야. 불성실하지만 않으면, 너는 이 문화를 절대로 잃어버리지 않을 거야.

너는—네 부모의 다정한 생각에 따라—한 외종조부의 이름으로 불리게 되었단다. 그는 목사이자 네 아버지의 훌륭한 친구이며, 현재는 다른 선한 독일인들 및 개신교인들과 운명을 같이하는 까닭에 네 부모님의 결혼식과 네 출생과 세례를 멀리서 경험할 수밖에 없지만, 커다란 확신과 즐거운 희망을 품고서 네 미래를 내다보고 있단다. 그는 자신이 어디서나 자기 부모, 곧 네 외증조 부모의 가문 속에서 구현된 정신 속에 있음을 입증해 보이려고 애쓰고 있단다. 그는 네 부모가 이 가문에서 서로 알게 된 것을 네 미래의 좋은 전조로 여기며, 네가 언젠가 이 가문에 자리하고 있는 힘을 의식하고 감사히 받아들이기를 바라고 있단다.

네가 장성하면, 유서 깊은 마을 목사 가문과 유서 깊은 시민 가문은 쇠락한 세계가 되어 있을 거야. 하지만 유서 깊은 정신은 오해와 실제적인 약화의 시기, 퇴각과 내적 재성찰의 시기, 검증과 회복의 시기를 거친 뒤에 새로운 형식들을 만들어 낼 거야. 과거라는 토양에 뿌리를 깊게 내리면, 삶이 더 힘들어지기도 하지만 더 풍요로워지고 더 강해지기도 한단다. 이 세상에는 근본진리라는 것들이 있고, 인생은 이르든 늦든 그 진리들로 돌아가게 되어 있단다. 그러니 우리는 서둘러선 안 되고, 기다릴 수 있어야 한단다. 성서에서는 이렇게 말하더구나. "하나님은 지나간 것을 다시 찾으신다."전 3:15

좋은 집안에서 보호받고 있음을 알면, 다가오는 격변기에 그것이 가장 큰 선물이 될 거야. 또한, 그것은 안팎의 모든 위험을 막아 주는 견고한 방벽이 될 거야. 자녀들이 오만불손하게 부모를 멀리하는 시대는 지나가고 말 거야. 자녀들은 부모의 보호를 받고, 집에서 피난처와 조언과 평온과 해결책을 찾게 될 거야. 격변기에 집이 얼마나 중요한지를 경험으로 아는 부모를 두었으니, 너는 운이 좋은 아이야. 정신생활이 전반적으로 빈곤해질 때 너는 네 집안에서 정신적인 가치들의 반석과 정신적인 자극들의 원천을 발견하게 될 거야. 네가 혼란에 빠졌을 때는 네 부모가 잘 알고 장려하는 음악이 네 본성을 맑고 순수하게 해주고, 네 감각에 도움을 줄 것이며, 네가 걱정하고 슬퍼할 때는 기쁨의 원음原音을 생생하게 유지해 줄 거야. 네 부모의 보살핌은 너를 조기에 지도하여, 자력으로 일을 처리하게 하고, 어떤 비결도 하찮은 것으로 여기지 않게 할 거야. 너는 무심코 사람들의 호의를 얻는 네 부모의 재능을 타고 났을 테니 많은 친구와 조력자를 얻게 될 거야. 네 집안의 경건은 시끄럽고 말 많은 경건이 아니라, 너에게 기도하는 법과 하나님을 무엇보다 두려워하고 사랑하는 법과 예수 그리스도의 뜻을 즐겨 행하는 법을 가르치는 경건일 거야. "아이들아, 아버지의 명령을 지키고, 어머니의 가르침을 저버리지 말아라. 그것을 항상 네 마음에 간직하며, 네 목에 걸고 다녀라. 네가 길을 갈 때 그것이 너를 인도하여 주며, 네가 잠잘 때에 너를 지켜 주고, 네가 깨면 너의 말벗이 되어 줄 것이다."잠 6:20-22 "오늘 구원이 이 집에 이르렀다."눅 19:9

나는 네가 시골에서 성장하기를 바란다. 그러나 그 시골은 더는 네 아버지가 성장한 곳과 같지는 않을 거야. 사람들이 충만한 삶과 깊은 만족을 기대하는 대도시, 사람들이 축제를 벌일 때처럼 떼 지어 모여드는 대도시는 죽음과 사멸과 온갖 끔찍한 일을 끌어들이기 때문에, 여자들과 아이들이 도주하듯 이 공포의 장소를 떠나고 있단다. 우리의 대륙에서 대도시의 시대는 이제 끝

난 것 같구나. 성서의 진술에 따르면, 대도시의 설립자는 가인이란다. 세계적 대도시는 더러 존재할지도 모르겠구나. 하지만 그런 도시들은 외관이 제아무리 매혹적이어도 유럽인의 눈에는 기분 나쁜 구석을 지닌 것으로 보일 거야. 다른 한편, 도시에서 시골로 감행하는 대탈출은 철저한 변화를 의미한단다. 고요하고 한적한 시골 생활은 이미 라디오, 자동차, 전화, 거의 모든 생활 영역의 조직화로 크게 손상된 상태란다. 수백만 명의 사람이 대도시 생활의 부단한 활동과 요구들을 더는 견디지 못한 채 시골로 이사하고, 산업체들이 시골 지역으로 이전하면, 시골의 도시화가 급속도로 진척되고, 시골 생활의 구조가 철저히 바뀔 거야. 30년 전에 있었던 마을은 이제 남태평양의 목가적인 섬처럼 거의 존재하지 않게 되었어. 사람들이 아무리 갈망해도 고독과 고요함은 찾기가 어려울 거야. 이 시대 변화 속에서 딛고 설 한 뙈기의 땅이라도 있고, 그 땅에서 새롭고 자연스럽고 소박하고 만족스러운 하루 일을 수행할 힘을 끌어올린다면 그나마 소득일 거야. "자족할 줄 아는 사람에게는, 경건은 큰 이득을 줍니다.……우리는 먹을 것과 입을 것이 있으면, 그것으로 만족해야 할 것입니다."딤전 6:6-8 "저를 가난하게도 부유하게도 하지 마시고, 오직 저에게 필요한 양식만을 주십시오. 제가 배가 불러서, 주님을 부인하면서 '주가 누구냐'고 말하지 않게 하시고, 제가 가난해서, 도둑질을 하거나 하나님의 이름을 욕되게 하거나, 하지 않도록 하여 주십시오."잠 30:8-9 "너희는 바빌로니아에서 탈출하여, 각자 자기의 목숨을 건져라. 바빌로니아의 죄악 때문에 너희까지 함께 죽지 말아라. 이제 주님께서 바빌로니아를 그가 받아야 마땅한 대로 보복하실 때가 되었다.……이제는 바빌로니아를 내버려 두고, 각자 고향 땅으로 돌아가자."렘 51:6-9

우리는 우리 부모와 조부모의 다음과 같은 현실 인식 속에서 자랐단다. 사람은 자신의 삶을 스스로 설계하고 건설하고 형성할 수 있고 의당 그래야 하며, 사람이 작심하고 온 힘을 기울여 완수해야 하고 능히 그렇게 할 수 있는 필생의 사업이 있다는 것이지. 하지만 우리의 현실 인식은 이제 달라지고 말았단다. 이를테면 앞날을 설계할 수 없게 되었고, 이미 건설한 것도 밤사이에 허물어지고, 우리의 삶도 우리 부모의 삶과 달리 실체가 없거나 단편적인 것이 되고 말았다는 것이지. 그런데도 나는 우리 시대가 우리의 외적 행복을 무시한다고 해도 다른 시대보

다는 우리 시대에 살고 싶다고 말할 수밖에 없구나. 우리가 다른 시대보다는 이 시대에 더 분명하게 알게 된 사실이 있단다. 이 세상은 하나님의 진노하시는 손과 자비로우신 손안에 있다는 것이지. 예레미야서에서는 이렇게 말하더구나. "나 주가 말한다. 나는, 내가 세운 것을 헐기도 하고, 내가 심은 것을 뽑기도 한다.……네가 이제 큰일을 찾고 있느냐? 그만 두어라. 이제 내가 모든 사람에게 재앙을 내릴 터인데 너만은 내가 보호하여, 네가 어디로 가든지, 너의 목숨만은 건져 주겠다."렘 45:4-5 인생의 선善들이 무너져도 우리의 살아 있는 영혼을 무사히 건질 수 있다면 그것만으로도 만족해야 할 거야. 창조주께서 자신의 작품을 보고 친히 불평하신다고 해서, 우리가 우리 작품이 파괴되었다고 불평해서야 쓰겠니? 한 번 더 "큰일을 찾는 것"은 우리 세대의 과제가 아니란다. 우리의 영혼을 혼돈에서 구출하여 보존하는 것, 불타는 집에서 "노획물"처럼 챙겨야 할 유일한 것이 바로 그 영혼임을 인식하는 것, 이것이 우리의 과제란다. "그 무엇보다도 너는 네 마음을 지켜라. 그 마음이 바로 생명의 근원이기 때문이다."잠 4:23 우리는 우리의 삶을 설계하기보다는 차라리 감당하고, 계획하기보다는 오히려 희망하고, 앞서 걷기보다는 차라리 참고 견뎌야 할 거야. 그러나 우리는 너희 젊은이들,

갓 태어난 세대가 영혼을 보존하고, 그 영혼의 힘으로 새롭고 더 나은 삶을 설계하고, 건설하고, 형성하기를 바란단다.

우리는 사전에 모든 가능성을 고려하여 모든 행위를 안전하게 하면 그 행위가 저절로 이루어진다는 생각을 강하게 고수하고 또 그리 말해 왔단다. 우리는 생각이 아니라 책임지겠다는 각오가 행위의 원천임을 너무 뒤늦게 배웠단다. 너희는 사고와 행동의 관계를 재정립하게 될 거야. 너희는 행동하면서 책임져야 한다는 사실만을 생각하게 될 거야. 우리 세대에는 사고思考가 방관자의 사치였지만, 너희 세대에는 사고가 전적으로 행위에 헌신하게 될 거야. 예수께서는 이렇게 말씀하신단다. "나더러 '주님, 주님' [말]하는 사람이라고 해서 다 하늘나라에 들어가는 것이 아니다. 하늘에 계신 내 아버지의 뜻을 **행하는** 사람이라야 들어간다."마 7:21

우리 삶의 대부분에서 고통은 낯선 것이 되었단다. 될 수 있으면 고통을 겪지 않는 것이 우리 삶의 무의식적 기본 원칙들 가운데 하나가 되었지. 자신의 고통과 타인의 고통을 섬세하게 느끼고 강하게 경험하는 것은 우리 생활 형식의 강점이면서 동시에 약점이기도 하단다. 너희 세대는 일찍부터 궁핍과 고통을 겪고 힘겨운 인내의 시험을 거치면서 더 강건해지고 실생활과 더 밀접하게 될 거야. "젊은 시절에 이런 멍에를 짊어지는 것이 좋고." 애 3:27

우리는 살면서 이성과 법을 통해 자기 생각을 주장할 수 있다고 믿고, 이 둘이 실패할 때는 우리의 가능성이 끝나는 것으로 여겼단다. 우리는 역사의 과정에서도 이성적인 것과 정의로운 것의 의미를 과대평가했단다. 너희는 인류의 90퍼센트가 원하지 않으면서도 세계대전을 치르기 위해 재화와 목숨을 버리는 시기에 성장하고 있어서, 힘이 세상을 결정한다는 사실을, 이성

은 그것을 조금도 꾸짖지 못하고 있다는 사실을 어릴 적부터 경험하고 있단다. 그러므로 너희는 이 힘들과 좀 더 냉철하게, 좀 더 효과적으로 대결하게 될 거야. 우리의 삶 속에서 "적"은 본래 아무 실체도 아니었단다. 너희는 적과 친구가 있음을 알고, 살면서 적이 무엇을 의미하고, 친구가 무엇을 의미하는지도 알게 될 거야. 너희는 어려서부터 우리에게는 낯선 방식이지만 적과 맞서 싸우는 방식을 배우고, 친구에 대한 조건 없는 신뢰도 배우게 될 거야. "인생이 땅 위에서 산다는 것이, 고된 종살이와 다른 것이 무엇이냐?"욥 7:1 "나의 반석이신 주님을 내가 찬송하련다. 주님은 내 손을 훈련시켜 전쟁에 익숙하게 하셨고, 내 손가락을 단련시켜 전투에도 익숙하게 하셨다. 주님은 나의 반석, 나의 요새, 나의 산성, 나의 구원자, 나의 방패."시 144:1-2 "친구를 많이 둔 사람은 해를 입기도 하지만 동기간보다 더 가까운 친구도 있다."잠 18:24

우리는 거대 기구들과 집합체의 시대로 나아가고 있는가? 아니면 작고 조망 가능하며 인간적인 관계들에 대한 수많은 사람의

바람을 실현하고 있는가? 이 둘은 서로를 배제하게 마련인가? 성긴 망상 조직의 세계 기구들이 개인의 삶에 더 많은 공간을 제공한다고 생각해선 안 되는가? 우리는 최상의 것을 선택하는 시대, 다시 말해 귀족적 질서의 시대로 나아가고 있는가? 아니면 인간의 모든 내적·외적 생활 조건들을 획일화하는 시대로 나아가고 있는가? 오늘날 사람들 사이에서 물질적인 생활 조건과 정신적인 생활 조건이 광범위하게 동화되고 있지만, 이와 반대로 모든 사회계층을 관통하는 고품격 감각, 곧 정의와 성취와 용기 같은 인간적 가치들을 알아채어 정리하는 감각은 강력한 지도력을 겸비하고 있다고 인정받는 사람들을 새로이 선택할 수 있을 거야. 우리는 우리의 특권에 기대어 살다가도 역사적 정의를 인식하고서는 그 특권을 포기할 수도 있을 거야. 우리의 바람과 권리들을 무시하는 사건과 상황들이 빚어지기도 할 거야. 그럴 때 우리는 불쾌하고 쓸모없는 교만 속에서가 아니라, 하나님의 심판에 대한 의식적인 복종 속에서, 그리고 동포 전체와 그들의 고난에 대한 관대하고 사심 없는 참여 속에서 힘차게 살고 있음을 입증해 보일 거야. "그러나 바빌로니아 왕의 멍에를 목에 메고, 그를 섬기는 민족에게는 내가 고향 땅에 남아 농사를 지으며, 그대로 살 수 있게 하겠다. 나 주의 말이다."렘 27:11

"또 너희는, 내가 사로잡혀 가게 한 그 성읍이 평안을 누리도록 노력하고, 그 성읍이 번영하도록 나 주에게 기도하여라." 렘 29:7 "나의 백성아! 집으로 가서, 방 안으로 들어가거라. 들어가서 문을 닫고, 나의 진노가 풀릴 때까지 잠시 숨어 있어라." 사 26:20 "주님의 진노는 잠깐이요, 그의 은총은 영원하니, 밤새도록 눈물을 흘려도, 새벽이 오면 기쁨이 넘친다." 시 30:5

너는 오늘 세례를 받고 기독교인이 된다. 너는 조금도 이해하지 못할 테지만, 기독교 선포의 유구하고 고매한 말씀들을 받고, 예수 그리스도의 명령대로 세례를 받는 것이지. 하지만 우리 자신도 이해의 기원基源들로 다시 던져진단다. 화해와 구원은 무엇을 의미하는가, 거듭남과 성령은 무엇을 의미하는가, 원수 사랑과 십자가와 부활은 무엇을 의미하는가, 그리스도 안에 살면서 그리스도를 따른다는 것은 무엇을 의미하는가, 이 모든 것은 너무나 어렵고 너무나 멀리 떨어져 있어서, 우리가 더는 이야기할 수 없는 물음들이란다. 우리는 전해 내려오는 말씀들과 예식들 속에서 전혀 새롭고 변혁적인 것을 감지하면서도, 그것을 이해

하여 표현하지는 못했단다. 바로 이것이 우리의 죄책이란다. 요 몇 해 동안 자기 보존이 목적 그 자체라는 듯이 그것을 위해서만 투쟁해 온 우리의 교회는 인간들과 세계를 화해시키고 구원하는 말씀의 담당자가 되지 못했고, 그 바람에 과거의 말씀들은 힘을 잃고 침묵할 수밖에 없었단다. 오늘날 우리의 기독교인 됨은 다음 두 가지, 곧 기도하기와 사람들 사이에서 정의로운 일 수행하기에만 그 본질이 있단다. 기독교의 환경 속에서 사고하고 말하고 조직하는 행위는 모두 이 기도와 정의 수행으로 거듭나야 한단다. 네가 다 자라면, 교회의 모습이 크게 달라져 있을 거야. 개조가 아직 끝나지 않은 까닭에, 새 조직의 세력 신장을 조기에 꾀하려고 하는 시도는 모두 방향 전환과 성숙을 지연시킬 따름일 거야. 사람들이 다시 부름을 받아 하나님의 말씀을 선포하고, 그리하여 세계가 변화되고 쇄신되는 날—그날은 올 거야—을 예언하는 것은 우리의 과제가 아니란다. 그것은 새로운 언어, 어쩌면 예수의 언어처럼 비종교적이면서도 해방해 구원하는 언어, 사람들이 듣고 놀라서 그 힘에 굴복하는 언어, 새로운 정의와 진리의 언어, 하나님과 사람의 화목을 선포하고 임박한 하나님 나라를 선포하는 언어가 될 거야. "그리고 내가 이 도성에 베풀어 준 모든 복된 일과 평화를 듣고, 온 세계가 놀라며 떨 것이다."렘 33:9 그때까지 그리스도인들의 일은 조용하고 은밀한 것이 될 거야. 하지만 기도하면서 정의를 수행하고 하나님의 때를 기다리는 사람들이 있을 거야. 너도 그런 사람들 가운데 하나가 되어, 장차 이런 말을 듣게 되기를. "의인의 길은 동틀 때의 햇살 같아서, 대낮이 될 때까지 점점 더 빛난다."잠 4:18

테겔, 1944년 5월 19일

(…) 자네 부부가 나를 면회하러 와 주어서 얼마나 기쁜지, 그리고 바로 결심하고 두 번째 면회를 와 준 것이 얼마나 특별했는지를 말로 다 표현할 수 없네. (…)

자네가 지난 몇 주 동안 겪은 일들을 나에게 보고해 주어 감동이었네. 오늘은 너무 바빠서 그것을 논하지 못하겠네. 나는 무엇보다도 자네가 이곳 베를린에서 안팎의 휴식을 얻기를 바라네. 이토록 머리끝이 곤두서는 시간을 보내고 나면 휴식이 필요할 테니 말이네. 자네 부부가 공습이 진행되는 중에 이곳에 온 것이 안타까워서 하는 말이네. 나는 자네 부부의 호출을 받고서야 감사하며 안도의 한숨을 쉬었네. 물론 "의미"에 관한 물음이 부담스러울 때가 종종 있지만, 이 모든 것이

무엇 때문에 필요한지를 최소한이라도 알고, 그 "이유"가 불확실하더라도 견뎌 내야 한다는 것을 자네는 이미 무덤덤하게 받아들일 거야. 이곳에 있는 나에게는 그 점이 더 분명해지고 있네. (…)

테겔, 1944년 5월 20일

(…) 모든 강력한 성애에는 사랑의 다성多聲 음악을 상실할 위험이 있네. 내 말뜻은 이러하네. 하나님과 그분의 영원하심은 온 마음의 사랑을 받으려고 하되, 현세적 사랑을 손상하거나 약화하지 않고, 삶의 다른 성부聲部들을 대위법[226]으로 울려 나오게 하는 정선율cantus firmus, 칸투스 피르무스[227]로서 그리하네. 이 대위법의 주제들은 나름의 **완전한 독립성**을 지니면서 정선율과 관계를 유지하는데, 이 주제들 가운데 하나가 바로 현세적 사랑이네. 성서에도 아가雅歌가 있지. 아가에서 말하는 사랑만큼 열정적이고 육감적이며 열렬한 사랑은 없을 거야.아 7:6 참조[228] 열정의 조절을 기독교적인 것으로 여기는 모든 사람에 맞서, 아가가 성서에 자리하고 있는 것은 정말 좋은 일이 아닐 수 없네(도대체 구약성서 어디에 그런 조절이 자리하고 있는가?). 정선율이 분명하고 뚜렷

한 곳에서만, 대위법은 되도록 힘차게 발전할 수 있네. 이 둘은 칼케돈 신조가 그리스도 안에 자리한 신성과 인성을 두고 말하는 것처럼 "분리되지 않으면서도 구별되는" 것이라고 할 수 있네. 다성 음악이 우리에게 이토록 친근하고 중요한 것은, 그것이 기독론적 사실의 음악적 모사模寫이고, 그래서 우리 그리스도인의 삶vita christiana, 비타 크리스티아나도 되기 때문이 아닐까? 나는 어제 자네의 면회를 받고 나서 이런 생각을 처음 하게 되었네. 내 말뜻을 이해하겠지? 나는 자네가 자네 부부의 동거 속에서 정선율이 매우 뚜렷하게 울려 나오게 하기를 바라네. 그러면 충만하고 완전한 화음이 이루어질 것이고, 대위법이 늘 유지되면서, 벗어나거나 느즈러지는 일 없이, 독자적이고 온전한 것 자체로 남게 될 것이네. 삶은 이 다성 음악 안에 있을 때 비로소 온전한 것이 되네. 그리고 우리가 정선율을 끝까지 고수하는 한, 해로운 일은 일어나지 않을 것이네. 그래야 지금 함께 지내는 나날은 물론이고 앞으로 헤어져 지내는 나날도 견디기가 더 쉬워질 것이네. 부디 (…) 다시 이별이 찾아와도 그것과 그것으로 말미암은 위험들을 두려워하거나 미워하지 말고, 정선율을 의지하게. 내가 지금 제대로 말했는지 모르겠네만, 좀처럼 접하기 힘든 내용일 것이네. (…)

테겔, 1944년 5월 21일

(…) 방금 편지의 날짜를 썼는데, 이는 세례 준비 시간과 세례식 자체를 상상으로나마 자네 부부와 함께 경험하기 위해서라네. 날짜를 쓰는 순간 경보기가 울리더군. 지금 나는 의무실에 앉아서, 오늘은 자네 부부만이라도 공습을 면하기를 바라고 있네. 세례 준비 시간은 어떠할까! 세례식은 어떠할까! 앞으로 몇 해가 지난 뒤 떠올리는 기억들은 어떠할까! 중요한 것은 이 모든 인상을 어느 정도 올바른 영혼의 경로로 유도하여, 더 굳건하고, 더 견고하고, 더 명료하게 하는 것이네. 그리고 이러한 일은 좋은 일이라고 할 수 있네. 이러한 세례일에 유약한 감정 상태가 되어선 안 될 것이네. 하나님께서 공습경보의 위협 한복판에서 그분의 나라로 나아오라는 복음의 부름을 공표하게 하셨으니, 그 나라가 어떤 나라이고, 그 나라의 바라는 것이 무엇인지가 분명해지는군. 그 나라는 전쟁과 위험보다 강한 나라, 능력과 권능의 나라이고, 누군가에게는 영원한 공포와 심판의 나라이지만, 다른 이에게는 영원한 기쁨과 정의의 나라라네. 그 나라는 마음속의 나라가 아니라, 땅과 온 세상을 다스리는 나라,

무상하지 않고 영원한 나라, 스스로 길을 내고 사람을 불러 그 길을 예비하게 하는 나라, 그것을 위해 목숨을 걸면 상을 주는 나라라네.

지금 막 발포하기 시작하는군. 하지만 오늘은 그다지 심할 것 같지는 않네. 몇 시간 뒤에 있을 자네의 설교를 듣고 싶네. (…) 오늘 아침 8시에 나는 멋진 하루의 시작으로 찬송가 '하나님이 하시는 일이니 잘 될 거야'Was Gott tut, das ist wohlgetan 229 의 오르간 전주를 들었네. 나는 이 곡을 들으면서 자네 부부(…)를 떠올렸네! 오랫동안 오르간 소리를 듣지 못했더니, 그 소리가 마치 우리가 피할 성채처럼 느껴지더군. (…) 자네는 오늘 만찬 사도 하면서 틀림없이 나를 떠올릴 거야. 자네가 무슨 말을 했는지 꼭 듣고 싶네. 요즘은 그런 말을 나누는 경우가 드문 탓인지, 때로는 그런 말이 듣고 싶네. 이것을 이해하겠는가? 이곳에서 고독하게 지내다 보니 그런 바람이 평소보다 더 강해지는 것 같네. 전에는 모든 것을 당연한 것으로 여겼고, 지금도 그렇지만 말일세! (…)

다성 음악 생각이 여전히 나를 따라다니고 있네. 나는 오늘 자네 부부와 함께 있지 못한 것에 아픔을 느끼면서, 고통도 기쁨도 삶 전체의 다성 음악에 속하는 것이고, 따라서 독자성을 유지하면서 병존할 수 있는 것으로 생각하지 않을 수 없었네. (…)

공습경보 해제. 자네 부부가 있어서 참 기쁘네. 내 책상 위에는 멋진 라일락 두 다발이 놓여 있네. 심금을 울리는 어떤 사람이 가져다준 것이지. 나는 자네가 가져다준 사진들을 앞에 놓고 세례받는 아이를 눈여겨보았네. (…) 아이가 내 마음에 쏙 드는군. 그 애의 신체적 장점들 가운데 나를 닮은 구석이 있다면, 치통과 두통이 없는 것, 장딴지 근육, (장단점을 가진 지참금 같겠지만) 예민한 입맛이기를 바라네. 그 밖의 장점은 다른 곳에서 받는 게 더 좋을 거야. (…) 그건 그렇고 그 애의 이름은 내게서 가장 좋은 부분을 받은 것이라고 할 수 있네. 나는 그 이름에 늘 만족하고, 소년 시절에는 자랑스럽게 여기기까지 했네. 그러나 내가 그 애에게 늘 멋진 대부代父가 되어 주고, 그 애의 일이라면 무엇이든 힘껏 도와주리라는 것을 자네 부부는 믿어 의심치 않을 것이네. 그 애는 나보다 더 나은 대부를 찾을 수 없을 것이네! (…)

자네가 전쟁을 생각할 때마다 죽음만을 본다면, 이는 하나님의 다양한 길을 과소평가하는 게 될 것이네. 인간에게는 죽음의 때가 정해져 있어서, 그가 몸을 돌리는 곳이면 어디든 따라다닐 것이네. 그리고 우리는 그때 대비해야 할 것이네. 그러나 "그분께서는 수천 명의 현인을 죽음에서 건지는 법을 아시고, 그들을 양육하시고, 그들이 극심한 굶주림에 시달릴 때도 먹을 것을 주시네."[230] 다시 공습경보. (…)

자네에게 일어날지도 모를 일에 대비하여[231] 니부어 Niebuhr[232]에게 보내는 편지를 동봉해서 보내네. 만약을 대비하여 접선 장소도 정해야 할 것이네. 우리는 장차 니부어와 조지 George[233] 숙부를 거쳐 연락을 취할 수 있을 것이네. (…)

테겔, 1944년 5월 24일

(…) 자네 부부에게는 회상할 때마다 무언가가 없어서 괴로워하는 날들이 아니라, 변치 않는 무언가를 통해 힘을 얻는 날들이 필요하네. 「로중」에 있는 말씀들과 연관 지어 몇 자 적어 보려 했는데, 일부는 오늘 공습경보 중에 쓴 것이어서 다소 만족스럽지 못하고 필요한 만큼의 철저한 숙고를 거치지 못했네. (…)

나는 지금 바이체커Weizsäcker[234]의 책 『물리학의 세계상』*Zum Weltbild der Physik*을 아주 재미있게 읽으면서, 내 연구를 위해서라도 이 책에서 많은 것을 배우게 되기를 바라고 있네. 정신적인 교류가 가능하다면 참 좋으련만. (…)

테겔, 1944년 5월 26일

(…) 대부代父의 직무에 대하여. 옛 책들에서는 대부가 아이의 일생에 특별한 역할을 하더군. 자라나는 아이들은 종종 부모 이외의 어른들에게서 이해와 친절과 조언을 얻고 싶어 한다네. 대부들은 부모가 그러한 상황을 염두에 두고 자기 아이를 맡기는 이들이지. 부모가 지시하는 사람이라면, 대부는 유익한 조언을 하는 사람이라고 할 수 있네. (…)

테겔, 1944년 5월 29일

(…) 자네 부부가 공습경보를 무릅쓰고 여름답게 따스한 이 성령강림절기의 고요함과 아름다움을 만끽했으면 좋겠네. 삶을 위협하는 것들로부터 내적으로 거리 두는 법을 차츰차츰 배우는 것이지. "거리 두기"라는 표현을 쓰고 보니 너무 부정적이고, 너무 형식적이고, 너무 인위적이고, 너무 냉정한 말처럼 들리는군. 차라리 다음과 같이 말하는 것이 더 옳을 것 같네. 이를테면 이

일상적인 위협들을 자기의 삶 전체에 끌어들여 품는 것이지. 내가 이곳에서 거듭 확인하는 사실이 있는데, 여러 가지 일을 동시에 품을 줄 아는 사람이 너무 적다는 것이네. 이곳 사람들은 폭격기들이 다가오면 걱정만 하고, 좋은 먹을거리가 있으면 탐욕만 부리며, 바라던 바를 이루지 못하면 절망만 하고, 무언가를 이루면 다른 것은 거들떠보지도 않네. 그들은 충만한 삶을 무시하고, 자기 삶의 전체성을 무시하네. 그들에게서는 주관적인 것과 객관적인 것이 모두 산산조각이 나고 마네. 반면에 기독교는 우리를 삶의 다양한 차원 속으로 동시에 밀어 넣네. 우리는 하나님과 온 세상을 어느 정도 우리 안에 품고 있지. 우리는 우는 사람들과 함께 울고, 기뻐하는 사람들과 함께 기뻐하네.[235] 우리는—나는 지금 공습경보로 다시 중단하고 밖에 앉아 햇빛을 즐기고 있네—우리의 목숨을 걱정하지만, 이와 동시에 우리의 목숨보다 훨씬 중요한 사상을 사고하지 않으면 안 되네. 예컨대 공습경보가 울리는 동안 자신의 안위를 걱정하기보다는 다른 방향으로, 다시 말해 우리 주위에 평온을 퍼뜨리는 과제 쪽으로 전환하면, 상황이 완전히 달라지네. 그래야 삶이 단 하나의 차원으로 되돌아가지 않게 되네. 삶의 차원이 다양해지고, 삶의 음音도 다양해지지. **사고**할 수 있다는 것과 사고의 다

차원성多次元性을 유지하는 것은 일종의 해방이나 다름없네. 이곳 사람들이 공습을 두려워할 때마다, 내가 거의 규칙 삼아 하는 말이 있네. 이러한 공습이 더 작은 도시들에 훨씬 더 심할 것이라고 말하는 것이지. 단선적인 사고방식에서 사람들을 벗어나게 해주어야 하네. 이것은 신앙의 "준비", 혹은 신앙을 "가능하게 하는 것"이라고 할 수 있네. 여러 차원의 삶을 가능하게 하고, 우리에게 공습경보를 무릅쓰고 이 성령강림절 기간을 경축하게 하는 것은 신앙 그 자체이지.

이번 성령강림절에는 누구에게서도 편지를 받지 못했는데, 처음에는 이를 두고 조금 어이없어 하기도 하고 슬퍼하기도 했네. 그러다가 어쩌면 이것은 나를 전혀 걱정하지 않고 있음을 보여주는 좋은 징조일지도 모른다고 나 자신에게 말했네. 하지만 인간 안에는 변덕스러운 충동이 자리하고 있어서, 다른 사람들이 자신을 조금이라도 걱정해 주기를 바란다네.

나는 바이체커의 『물리학의 세계상』을 여전히 탐독하고 있네. 하나님을 우리의 불완전한 인식을 메워 주는 미봉책으로 삼아선 안 된다는 사실이 다시 분명해지더군. 사실상 불가피하기는 하지만, 인식의 한계들이 계속 밀려나면 이로 말미암아 하나님도 계속 밀려나게 되고, 결국에는 끊임없이 퇴각하고 말 것이네. 우리가 인식할 수 있는 것 안에서 하나님을 찾아야지, 인식할 수 없는 것 안에서 하나님을 찾아선 안 되네. 하나님은 해결되지 않은 문제가 아니라 해결된 문제 속에서 우리에게 파악되기를 바라시네. 이것은 하나님과 과학적 인식의 관계에 유효한 말이지만, 죽음과 고난과 죄책에 관한 인간의 일반적인 물음에도 유효한 말이라고 할 수 있네. 오늘날은 이 물음들에 대해서도 하나님을 도외시할 수 있는 인간적인 대답들이 존재하는 시대라네. 인간들은 사실상—어느 시대에나 그랬지만—하나님 없이도 이 물음들을 해결했네. 기독교만이 이 물음들에 대한 해결책을 가지고 있다는 것은 참말이 아니네. "해결책"이라는 개념으로 보자면, 기독교적 답변들은 여느 가능한 해결책들과 마찬가지로 확신할 만한 것이 거의 없(거나 상당히 많)네. 여기서도 하나님은 미봉책이 아니네. 우리는 우리네 가능성의 가장자리에서가 아니라, 삶의 한복판에서 하나님을 분별해야 하네. 하나님은 죽음이 아니라 삶 속에서, 슬픔이 아니라 건강과 능력 속에서, 죄가 아니라 행동 속에서 인식되기를 원하시네. 예수 그리스도 안에서 이루어진 하나님의 계시가 그 근거이지. 그분은 삶의 한복판이시지, 해결되지 않은 문제들에 답하러 "오신 분"이 결코 아니네. 문제들도 삶의 한복판에서 발생하고, 그에 대한 답들도 삶의 한복판에서 생겨나네(욥의 세 친구에 대한 하나님의 판단[236]을 떠올리며 하는 말이네!). 이만 줄이네. 방금 또다시 방해를 받았거든.

5월 30일 밤

홀로 침상 위에 앉아 있는데, 교도소 안은 고요하고, 밖에서는 새 몇 마리가 지저귀고, 멀리서는 뻐꾸기까지 울고 있네. 내가 이곳에서 두 번째로 경험하고 있는 이 길고 따스한 밤이 나를 조금 괴롭히는군. "정신을 차리지" 않으면, 나가고 싶은 충동이 일어 바보짓을 할지도 모르겠네. 어쩌면 **너무** 정신을 차리고 있는 게 아닐까? 모든 욕구를 오랫동안 억누르다 보면, 두 가지 끔찍한 결과가 일어날 수도 있네. 이를테면 내적으로 완전히 탈진하든지, 아니면 모든 것이 쌓여 있다가 어느 날 무시무시한 폭발을 일으키는 것이지. 자기 자신을 참으로 잃어버리는 결과도 있을 수 있네. 하지만 나는 나의 경우가 그 정도는 아니라는 것을 아주 잘 알고 있네. 자네는 욕구를 억눌러선 안 된다고 말할지도 모르겠네. 그리고 자네의 말이 옳을지도 모르네. (…) 나는 사고思考 속으로, 편지 쓰기로 (…) 도피하고, 자기방어의 하나로 나의 욕구를 포기하고 있네. 역설적으로 들릴지도 모르겠네만, 나는 나의 욕구를 마주하여 걱정하지 않고, 그것을 되는대로 놔두는 것이 더 자기를 상실하는 것 같네. 나에게는 이것이 더 어려운 일이네.

조금 전에 의무실에서 우연히 라디오를 통해 솔베이지의 노래Solveigs Lied[237]를 들었는데, 나를 정말 사로잡더군. 평생에 걸친 성실한 기다림, 그것은 공간의 적의敵意에 대한 대승大勝 곧 분리에 대한 대승이며, 시간의 적의에 대한 대승 곧 덧없음에 대한 대승리라네. 자네는 이러한 성실함이 행복을 몰고 오고, 불성실함이 불행을 몰고 온다고 생각하지 않는가? 이 밤도 방해를 받겠지만, 이제 잠자리에 들어야겠네. 잘 지내게! (…)

테겔, 1944년 6월 2일로 추정

(…) 아가에 관해서는 자네가 이탈리아로 간 뒤에 쓰려네. 나는 그것을 사실상 현세적인 사랑가로 읽고 싶네. 그것은 최고의 "기독론적" 해석인 것 같네. 에베소서 5장에 관해서는 다시 깊이 생각해 보아야겠네. 불트만에 관해서는, 앞서 보낸 편지[238]가 분실되지 않았다면, 거기서 무언가를 발견하게 되기를 바라네. (…)

테겔, 1944년 6월 5일

(…) 나는 이곳에서 이따금 시 습작에 열중하곤 하는데, 이 사실을 자네에게 숨기다니, 내가 미련한 젊은이처럼 여겨지는군. 이제까지는 그것을 모든 사람에게 (…) 숨겨 왔네. (…) 오늘 자네에게 본보기로 시 한 편[239]을 동봉할 텐데, 첫째 이유는 자네에게 숨기는 것이 어리석은 것처럼 여겨져서이고, 둘째 이유는 자네가 여행 중에 예기치 않은 읽을거리를 갖게 하기 위해서이며, 셋째 이유는 주제가 지금의 자네와 가깝고, 자네가 비슷하게 생각할 만한 것을 담고 있기 때문이네. 내가 이처럼 과거와 씨름하는 것은 과거를 붙들고 되찾으려는 것이자, 무엇보다도 과거를 잃어버릴지 모른다는 두려움 때문이라고 할 수 있네. 이 두려움이 이곳 생활의 일상적인 배경음악이 되고, 특히 짧은 면회 뒤에 오랜 이별이 이어질 때면, 이따금 변주곡이 되기도 하더군. 작별하기, 다시 말해 과거 경험하기는 어제의 시간과 지나간 세월이 급속도로 서로 녹아들어 나에게 되돌아오는 과제라네. 자네도 언젠가 "작별할 때마다 마음이 대단히 불편하다"고 쓴 적이 있지. 동봉하는 시에서 참으로 중요한 대목은 마지막

몇 구라네. 나는 그 구절들이 너무 짧다고 생각하는데, 자네는 어찌 생각하는가? 이상하게도 그 구절들의 각운이 저절로 이루어지더군. 시 전체를 쓰는 데 몇 시간밖에 걸리지 않았고, 쓰고 나서는 손을 대지 않고 그대로 두었네. (…) 앞으로는 내 안에서 일어나는 이와 같은 충동을 억제하고, 내 시간을 더 유용하게 쓰려고 하는데, 자네의 의견을 듣고 나서 그러고 싶네. 자네가 원한다면, 그 밖의 시들도 시험 삼아 보내겠네. (…)

과거[240]

떠나가는구나, 너 사랑하는 행복과 사랑하기 어려운 고통아.
너를 어찌 부를까? 곤궁, 삶, 행복,
나의 일부, 내 마음—과거라고 부를까?
문이 철컥 닫히고,
나는 너의 발걸음이 서서히 멀어져 약해지는 소리를 듣는다.
나에게 남은 것은 무엇인가? 기쁨, 고통, 갈망?
나는 이것만을 아노니, 너는 떠나가고
—모든 것은 흘러간다는 것이지.

느끼는가, 내가 지금 너를 얼마나 붙잡으려 하는지,
내가 너에게 얼마나 매달려
너를 고통스럽게 하는지를?
너 육체적이고 현세적이며 충만한 삶아,
내가 네 상처를 할퀴어
피를 흘리게 하는 것은

네 곁에 있기 위해서라는 것을?

예감하는가, 내가 지금 나의 고통을 지독하게 갈망하고 있음을?

내가 내 피를 보려 하는 것은

모든 것이 과거에

빠지지 않게 하려는 것임을?

삶이여, 어쩌자고 나를 사로잡았느냐?

어쩌자고 왔다가 지나갔느냐?

나를 멀리하는 과거여,

나의 과거로, 나의 것으로 남아 있지 않으련?

태양이 어둠 속으로 이동할 때보다

바다 너머에서 더 빨리 지듯이,

네 모습도 과거의 바다 속으로

지체 없이

가라앉고 가라앉고 또 가라앉으니,

몇 차례의 파도가 묻어버리는구나.

따스한 입김이

차가운 아침 공기 속에서 사라지듯이,
네 모습도 내게서 사라져
네 얼굴, 네 손, 네 형태를 더는 알지 못하겠구나.
미소, 눈길, 인사가 떠오르다가
이내 부서져
흩어지고,
위로도, 친밀함도 없이,
소멸하고,
사라지기만 하는구나.

네 존재의 향기를 들이마시고,
네 존재의 향기를 빨아들이고, 그 속에 머물고 싶구나,
무더운 여름날 꿀벌들이
진한 꽃들을 방문하여
향기에 취하듯이,
나방들이 쥐똥나무로 몰려가듯이.
그러나 매서운 돌풍은 향기와 꽃들을 흩어버리고,
나는 바보처럼 우두커니 서서
사라진 것, 지나간 것을 바라보누나.

내 과거의 삶인 네가 급히 떠나니,
부집게로 내 살을
조각조각 찢는 것 같구나.
화와 분노가 미친 듯이 날뛰며 나를 덮치니,
나 쓸모없고 무익한 물음을 헛되이 던지노라.
왜, 어째서, 어쩌자고, 라는 말만 끊임없이 던지노라.
지나가고 사라진 삶이여,
내 감각이 너를 붙잡지 못하더라도,
나 생각하고 또 생각하여,
기어이 내 잃어버린 것을 찾아내리라.
그러나 나 느끼노니,
내 위에, 내 곁에, 내 아래 있는 모든 것이
나를 보고 수수께끼처럼 쌀쌀맞게 비웃는구나,
바람을 붙잡으려 하고,
지나간 것을 되찾으려고 하는 내 절망적인 노력을 비웃는구나.

두 눈과 영혼이 적의에 차는구나.
나 미워하노라, 내 눈에 보이는 것을.
나 미워하노라, 내 마음에 감동을 주는 것을.

나 미워하노라, 내 잃어버린 것의 보상이 되려고 하는
모든 살아 있는 것과 아름다운 것을.
내가 원하는 것은 나의 삶, 내가 반환을 청구하는 것은 나 자신의 삶,
내 과거,
바로 너.

너—내 눈에서 눈물이 솟아 흐르면,
눈물의 베일 속에 있으면,
네 온전한 모습을,
너를 온전히
되찾게 될까?
그러나 나 울지 않으리.
눈물은 강한 사람에게나 도움이 되고,
약한 사람은 병만 들게 할 뿐이니.

나 지쳐 밤을 맞이하고,
소유하는 것이 나에게 허락되지 않으니,
나에게 알맞은 것은
망각을 약속하는 침상이구나.

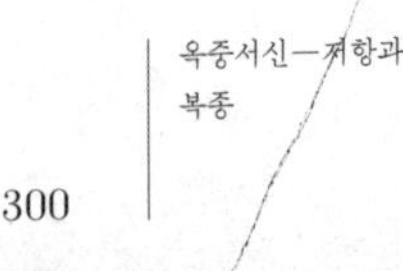

밤아, 타오르는 것을 꺼주고, 나에게 완전한 망각을 선사해 다오,
나에게 자선을 베풀어다오, 밤아, 네 상냥한 직무를 이행해 다오,
네게 내 속마음을 토로하노니.
그러나 밤은 현명하고 강하니,
나보다 지혜롭고, 낮보다 힘이 있구나.
현세의 어떤 힘도 줄 수 없고,
사상과 의미, 반항심과 눈물도 줄 수 없는 것을
밤은 내게 듬뿍 안겨 주는구나.
악의적인 시간에 다치지 않은 상태로,
순수하고 자유롭고 온전한 상태로
꿈이 너를 내게 데려다주는구나,
너 과거를, 너 내 삶을,
너 어제의 날을, 어제의 시간을.

네가 가까이 다가온 것 같아 나 깊은 밤중에 깨어났다가
깜짝 놀라노라.
너는 다시 내게서 사라지는 것이냐?
내 너를 영원토록 헛되이 찾고 있는 것이냐,
너, 나의 과거를?

나 손을 뻗어 기도하노라.

그러다 새로운 것을 경험하노라.

흘러간 것이

감사와 참회를 통해

네 삶의 가장 생생한 부분으로서 돌아온다는 것을.

나 흘러간 것 속에서 하나님의 용서와 선하심을 붙잡고,

하나님께서 오늘도 내일도 너를 지켜 주시기를 기도하노라.

테겔, 1944년 6월 6일

(…) 오늘[241]을 어떤 식으로든 자네 및 자네 부부와 함께 경험하려고 자네에게 급히 안부 편지를 쓰네. 뜻밖의 것은 아니었지만, 사태가 기대했던 바와는 완전히 다른 것이 되고 있네. 오늘의 「로중」[242]과 가르침의 본문Lehrtext [243]은 우리 모두를 복음의 중심으로 부르고 있네. "구원"은 말씀이고, 모든 것이 이 말씀 주위를 맴돌지. 우리 모두 이어지는 몇 주와 전반적인 미래를 확신을 가지고 맞이하세. 자네의 길과 우리 모두의 길을 낙관하며 하나님께 맡기세. 은혜와 평화가 함께하기를!Χάρις καὶ εἰρήνη!, 카리스 카이 에이레네

테겔, 1944년 6월 8일

(…) 자네는 여러 면에서 처음에 우려하던 것보다 더 가벼운 마음으로 떠났을 것 같네. 우리는 우리의 재회를 성탄절에서 부활절을 거쳐 성령강림절로 미루었고, 축일도 하나둘 지나갔네. 그러나 다음 축일은 확실히 우리의 축일이 될 것이네. 나는 이 점

을 더는 의심하지 않네. (…)

자네는 최근에 내가 생각하고 있는 것들과 관련하여 중요한 물음을 많이 던지는데, 내가 그 물음들에 답할 수 있다면 좋겠지만 그러지 못해서 안타깝네. 지금은 모든 것이 시작 단계에 있고, 대체로 나는 이미 규명한 문제들보다는 미래의 문제들에 본능적으로 더 끌린다네. 일단은 역사적인 것으로부터 나의 입장을 설명해 보겠네. 인간의 자율(나는 이것을 법칙들의 발견으로 이해하는데, 세상은 이 법칙들에 따라 과학, 사회생활, 국가생활, 예술, 윤리, 종교 속에 존속하면서 제힘으로 해결하고 있네) 방면에서 대략 13세기에—나는 시점과 관련된 논쟁에는 관여할 마음이 없네—시작된 운동은 우리 시대에 어느 정도 완성되었지. 인간은 "작업가설로서의 신"의 도움을 받지 않고도 모든 중요한 물음들에 제힘으로 답할 수 있게 되었네. 이것은 과학의 물음, 예술의 물음, 윤리의 물음 속에서도 더는 흔들릴 수 없는 자명한 것이 되었네. 하지만 그것은 약 100년 전부터 종교적인 물음들에도 점점 더 유효하게 되고 있네. "하나님" 없이도 모든 것이 돌아가고, 예전처럼 잘 돌아가고 있음이 명백해지고 있지. 과학 분야에서와 마찬가지로 인간 일반의 영역에서도 "하나님"은 점점 더 멀리 밀려나, 기반을 잃고 있네.

가톨릭의 역사 숙고와 개신교의 역사 숙고는 이 발전을 하나님과 그리스도로부터 거대한 이탈로 여긴다는 점에서 같은 의견이라고 할 수 있네. 그러한 역사 숙고가 하나님과 그리스도를 이 발전과 반목시키면 반목시킬수록, 이 발전 자체는 더욱더 반反기독교적인 것으로 이해될 것이네. 자기 자신을 자각하고 자기 삶의 법칙들을 자각하게 된 세상은 우리에게 소름이 끼칠 만큼 자신감에 차 있네. 바람직스럽지 않은 발전과 실패들에도 불구하고 세상은 제 길의 필요성과 제 발전의 필요성을 의심하지 않을 것이네. 세상은 남성적인 냉철함으로 그 실패들을 감수하고, 이번 전쟁과 같은 사건까지도 감수할 것이네.

이러한 자신감에 맞서 가장 다른 형태로 등장한 것이 바로 기독교 변증론이네. 이를테면 성년이 된 세상을 향해, "하나님"이라는 후견인이 없으면 세상이 살아갈 수 없음을 입증하려고 시도하는 것이지. 세상의 모든 문제에 항복했다고 해도, 궁극적인 물음들—죽음과 죄책—은 변함없이 남아 있고, 이 물음들에 대해서는 하나님만이 답을 주실 수 있으며, 그러므로, 하나님과 교회와 목사가 필요하다는 것이지. 우리는 대체로 인간들의 이 궁극적인 물음들에 기대어 살고 있네.

그러나 이 물음들 자체가 어느 날 더는 존재하지 않게 된다면, 그리고 이 물음들마저 "하나님" 없이 답변이 이루어진다면 어떻게 될까? 더 정확히 말하면 지금은 기독교 신학의 세속화된 자손들, 이른바 실존 철학자들과 정신 요법 의사들이 출현하여, 안심하고 만족스러워하며 행복해하는 인간에게 다음과 같이 알리고 있다네. "사실 당신은 불행한 사람이자 절망에 처한 사람입니다. 그런데도 당신은 그것을 인정하려 하지 않는군요. 당신은 곤경에 처해 있는데도 이 사실을 모르고 있습니다. 당신을 그 곤경에서 구해 줄 사람은 우리뿐입니다." 그들은 건강함과 힘과 안정과 단순함이 있는 곳에서 달콤한 열매를 냄새로 알아내, 그 열매를 갉아먹거나 그 열매 속에 파멸의 알을 낳네. 그들은 인간을 내적 절망으로 몰고 간 뒤 승산이 있는 게임을 펼치네. 바로 이것이 세속화된 감리교일세. 세속화된 감리교가 얻는 사람들은 누구인가? 소수의 지성인, 타락자들, 자신을 세상에서 가장 중요한 사람으로 여겨 자기 자신에게만 골몰하는 자들이네. 자신의 일상적인 생을 노동과 가족 속에서 그리고 갖가지 유흥으로 보내는 단순한 사람은 그런 것에 영향을 받지 않네. 이런 사람은 실존적 절망에 사로잡히거나, 자신의 소박한 행복을 "곤경", "염려", "불행"의 관점에서 고찰할 시간은커녕 그럴 마음조차 품지 않는다네.

나는 기독교 변증론이 성년이 된 세상을 상대로 펼치는 공격을 첫째로는 무의미한 것으로, 둘째로는 고상하지 못한 것으로, 셋째로는 비非기독교적인 것으로 여기네. 무의미하다고 한 까닭은, 그 공격이 성인이 된 사람을 사춘기로 되돌리려 하고, 그로 하여금 더는 의지하지 않는 것들에 의지하게 하려고 하고, 그가 더는 문제로 여기지 않는 것들 속으로 그를 밀어 넣으려 하기 때문이네. 고상하지 못하다고 한 까닭은, 그 공격이 인간에게 낯선 목적들, 곧 인간이 쉽게 긍정하지 않는 목적들을 위해 인간의 약점을 이용하려 하기 때문이네. 비기독교적이라고 한 까닭은, 그 공격이 그리스도를 인간 종교성의 한 특정한 단계, 다시 말해 인간의 율법과 혼동하기 때문이네. 이것에 대해서는 나중에 더 자세히 설명하도록 하겠네.

그전에 역사적 상황에 관해 몇 마디 더 해야겠네. 그리스도와 성년이 된 세상, 이것이 중요하네. 자유주의 신학의 결점은 그리스도의 자리를 지정할 권한을 세상에 양도했다는 것이네. 자유주의 신학은 교회와 세상의 싸움에서 세상이 강요한—비교적 관대한—평화를 수용하고 말았지. 자유주의 신학의 장점은 역사를 되돌리려 하지 않고 역사와의 대결을 있는 그대로 받아들였다는 것이네(트뢸치Troeltsch!).[244] 하지만 이 대결은 자유주의 신학의 패배로 끝나고 말았네. 이 패배에 이어 항복이 이루어지고, 자유주의 신학은 성서와 종교개혁 속에 자리한 자신의 토대들을 자각함으로써 완전한 새 출발을 시도했네. 하임Heim[245]은 경건주의와 감리교처럼 개인이 "절망이냐, 예수냐"라는 양자택일의 물음 앞에 서 있음을 이해시키려 했네. 그는 사람들의 "신뢰"를 얻었네. (현대적·실증적 노선을 계승하여 강력한 종파성을 띠는) 알트하우스Althaus[246]는 세상에서 루터교회 가르침(직무)의 공간과 루터교회 제의의 공간은 얻어내려 하면서도, 그 밖의 것은 세상 자체에 맡기고 말았네. 틸리히Tillich[247]는 세상 자체의 발전을—세상의 의지와 반대로—종교적으로 해석하고, 종교를 통해 세상의 모습을 제시하려고 했네. 이는 대단히 과감한 시도였지만, 세상은 그를 안장에서 떨어뜨리고 저 혼자 달려가고 말았네. 그도 세상이 스스로를 이해하는 것보다 세상을 더 잘 이해해 보려고 했지만, 세상은 자신이 완전히 오인되고 있다고 여기면서, 그와 같은 무리한 요구를 물리쳤네. (사실 세상은 스스로 자신을 이해하는 것보다 더 잘 이해되**어야** 했지만, 종교사회주의자들이 원하는 것처럼 "종교적으로" 이해되어서는 안 되었던 것이지.)

바르트는 이 모든 시도(엄밀히 말하자면 이 모든 시도는 본의 아니게 자유주의 신학의 영향을 받았다고 할 수 있네)의 잘못을 최초로 인식한 사람이네. 이 모든 시도는 세상 안에서 혹은 세상에 맞서 종교를 위한 공간을 확보하려는 시도에서 비롯된 것에 지나지 않는다는 것이지. 그는 예수 그리스도의 하나님을 종교에 대한 반대 논거로 제시하고, 영*πνεῦμα*, 프뉴마을 육*σάρξ*, 사르크스에 대한 반대 논거로 제시했네. 이것이야말로 그의 가장 큰 공로라고 할 수 있네(『로마서』*Der Römerbrief* 2판이 신칸트주의의 외피를 두르고 있지만 말이네!). 그는 그 뒤에 쓴 『교회교의학』*Kirchliche Dogmatik*을 통해 교회라는 개념을 손질하여 이 구분을 근본적으로 철저히 관철했네. 흔히들 말하듯이, 그는 윤리학에서도 실패하지 않았네. 그의 윤리적 발언들은, 그것들이 존재하는 한, 그의 교의학적 발언들과 마찬가지로 중요한 의미를 가질 것이네. 하지만 그는 신학 개념들을 비종교적으로 해석하는 것과 관련해서는 구체적인 지침을 전혀 제시하지 않았네. 교의학 속에서도, 윤리학 속에서도 제시하지 않았지. 바로 여기에 그의 한계가 있네. 그러므로 그의 계시신학은 실증주의적이라고 할 수 있으며, 내가 표현한 대로 "계시실증주의"라고 할 수 있네.

고백교회는 바르트의 실마리를 대체로 망각한 채, 실증주의를 등지고 보수적 복고에 빠지고 말았네. 고백교회의 의의는 기독교 신학의 주요 개념들을 고수한 데 있지만, 고백교회는 그러는 사이에 서서히 지쳐 가고 있는 것 같네. 이 개념들에는 (자네가 말하는 진리 주장과 자비도 해당하는데) 진정한 예언의 요소뿐만 아니라 진정한 제의의 요소도 포함되어 있네. 그런 점에서 고백교회의 말은 대체로 주목과 경청의 대상이 되기도 하지만 기피의 대상이 되기도 하네. 그러나 이 두 요소가 발전하지 못하고 기피 대상이 되는 까닭은 해석이 빠져 있기 때문이네. 여기서 예컨대 파울 쉬츠Paul Schütz나 옥스퍼드 그룹Oxforder[248]이나 베르노이헨 운동Berneuchenertum[249]처럼 "운동"이나 "생활"을 그리워하는 사람들은 계시신학의 실마리를 등지고 "종교적" 쇄신을 추구하므로 위험한 보수주의자이자 반동주의자라고 할 수 있네. 그들은 대체로 무엇이 문제인지를 전혀 이해하지 못한 채, 핵심을 완전히 벗어난 말을 하고 있네. 그들에게는 미래가 전혀 없네. (성서적 본질을 잃지만 않는다면, 그나마 옥스퍼드 그룹이 가장 유망할 것 같네.)

불트만은 어찌어찌하여 바르트의 한계를 감지한 것 같지만, 그것을 자유주의 신학이 말하는 의미로 오해하여, 자유주의의 전형이라고 할 수 있는 환원주의에 빠지고 마네(그는 기독교의 "신화적" 요소들을 제거하고, 기독교를 그 "본질"로 환원시켰지). 나는 "신화적" 개념들을 포함하여 모든 내용이 존속해야 한다고 생각하네. 신약성서는 보편적 진리에 신화의 옷을 입힌 것이 아니네! (부활 등의) 신화는 사실 그 자체라네! 그러나 이 개념들은 종교를 신앙의 전제 조건으로 삼지 않는 방식으로 해석되어야 하네(바울은 περιτομή페리토메[250]를 신앙의 전제 조건으로 삼지 않았네!). 내 생각으로는 그럴 때만 자유주의 신학(부정적이기는 하지만 바르트도 이 신학으로 분류되네)을 극복함과 동시에 그 신학의 문제를 수용하여 대답할 수 있을 것 같네(고백교회의 계시실증주의에서는 이것이 문제가 되지 **않지**!). 이제 세상의 성년 됨은 더는 논쟁과 변증의 빌미가 되지 않는다네. 이제 세상은 자신을 스스로 이해할 때보다 복음과 그리스도에 의해 더 잘 이해되고 있네.

교회의 "공간"은 어디에 있는가, 그 공간은 완전히 사라진 게 아니냐는 자네의 물음, 그리고 예수께서는 자신을 인간의 "곤경"에 결부시키시지 않았는가, 따라서 앞서 비판한 "감리교"가 옳은 게 아니냐는 물음.

6월 9일

여기서 중단하고 내일 계속 쓰려네. (…)

테겔, 1944년 6월 21일

(…) 자네는 어딘가에서 자네의 부대를 찾고 있겠군. 옛 야전 우편번호가 여전히 맞을 것이라고 가정하여 말하는데, 자네가 부대에 도착하면, 자네에게 보낸 안부 편지들도 거기에 도착해 있기를 바라네. 오늘은 자네에게 안부 편지만 보낼 참이네. 신학 단편이나 시의 속편을 보내지 않는 것은, 야전 우편번호가 여전히 자네와 통하는지를 알 수 없기 때문이네. 조만간 그것을 알아내, 이어서 보내겠네. 내 시를 평가하고 비평해 주어 **정말** 고맙네. 내가 직접 낳은 이 자식들을 마주하고 보니 너무 당혹스러워 어찌할 바를 모르겠네. (…)

오늘 아침에는 이제까지 받은 공습 가운데 가장 불쾌한 공습을 받았네. 내 감방도 도시 위를 뒤덮은 연기구름으로 몇 시간 동안 어두워져, 하마터면 전등을 켤 뻔했다네. 전해 들은 바에 의하면, 집은 모든 게 정상이라더군. (…)

화창하고 긴 여름날들을 이곳에서 두 해째 보내자니, 이따금 마음이 약간 무거워지곤 하네. 하지만 있을 곳을 내 마음대로 고를 수 있는 것이 아니니, 사람을 화나게 하는 구구한 생각들에서, 사람을 강하게 하는 큰 생각들로 나아가는 수밖에 도리가 없는 것 같네.

나는 지금 (쾨니히스베르크의) 고전 어문학자 W. F. 오토Otto의 빼어난 책 『그리스 신들』*Die Götter Griechenlands*을 읽고 있네. 결론에서 말하듯이, "존재의 염려와 갈망이 아니라 존재의 부요함과 깊이에서 비롯되는 신앙의 세계"를 다룬 책이지. 나는 이러한 공식화와 그에 상응하는 서술을 참 매혹적으로 여기고, 무서운 말이지만! 기독교의 일정한 형식들보다는 이런 식으로 서술된 신들에게서 불쾌감을 덜 느끼며, 그래서 이 신들을 그리스도 대역代役으로 요청할 수 있다고 생각하는데, 자네는 이해하겠는가? 이 책은 내가 지금 하고 있는 신학적 숙고들에 대단히 귀중한 책인 것 같네. (…)

행불행

행불행은

급히 다가와 우리를 압도하지.

갑자기 들이닥치는 더위와 추위처럼

처음에는

분간할 수 없을 만큼 인접해 있지.

유성들이

천상의 먼 곳에서 미끄러지듯이,

행불행은 반짝이며 으르대며 궤도를 그리지

우리 머리 위에서.

행불행의 방문을 받는 이들은

자신들의 일상적이고 단조로운 삶의

조각들을 마주하여 당혹해 하지.

고상하고 비장하게

파괴하고 제압하는

행불행은,

간청하든 않든,

깜짝 놀라는 이들에게

화려하게 들이닥쳐,

당사자들을

꾸미고 치장하지

진지하고 엄숙하게.

행복은 온통 짜릿한 것,

불행은 온통 감미로운 것.

나뉘지 않은 채 영원으로부터

연달아 닥치지.

위대하고 섬뜩하구나, 이 둘.

사람들이 원근에서

달려와 구경하다가

넋 놓고 바라보네,

반은 시샘하고, 반은 몸서리치며,

그 어마어마한 것을.

천상의 것이

축복하고 파괴하면서,
엉클어져 풀기 어려운
이 세상의 연극에 응하는구나.
행복은 무엇이고, 불행은 무엇인가?

비로소 시간이 이 둘을 가르는구나.
묘하게 흥분시키는
갑작스러운 사건이
지루하고 고통스럽게 지속될 때,
더디게 가는 하루의 시간이
불행의 참모습을 우리에게 드러낼 때,
대다수 사람은
낡아 버린 불행의 단조로움에 진저리를 치며
실망하고 지루해하지.

그때는 성실함을 발휘해야 하는 때
어머니와 연인의 때
친구와 형제의 때.
성실함은 온갖 불행을 변모시켜

온화한 천상의 광휘로

부드럽게 감싸느니.

테겔, 1944년 6월 27일

(…) 우편물이 자네에게 닿는지, 닿는다면 언제 닿는지 모르지만, 기존의 야전 우편번호로 자네에게 편지를 쓰네. 하지만 신학 주제를 개진하는 일은 자네의 소식이 올 때까지 기다렸다가 하고 싶네. 시詩도 그렇게 기다렸다가 보내고 싶네. 특히 이곳의 인상들을 담은 장시[251]는 원래 장거리 우편 여행보다는 자네와 함께 보내게 될 밤에 더 적합하기 때문이네. (…)

나는 지금 십계명의 처음 세 계명을 주석하고 있는데, 제1계명이 특히 어렵군. "부, 쾌락, 명예"를 우상숭배로 여기는 통상적인 해석은 전혀 성서적이지 않은 것 같네. 그것은 교화에 지나지 않지. 우상은 **숭배**의 대상이고, 우상숭배는 인간들이 무언가를 우상시하는 것을 전제하네. 우리는 어떤 것도 숭배하지 않으며, 우상들은 더더욱 숭배하지 않지. 이런 점에서 우리는 진짜 허무주의자들이라고 할 수 있네.

구약성서에 관한 우리의 생각을 조금 더 다루어 보세. 여타의 동양 종교들과 달리, 구약성서의 신앙은 결코 구원의 종교가 아니네. 그런데도 기독교는 줄곧 구원의 종교로 불리고 있네. 이것이야말로 결정적인 오류가 아닐까? 그리스도를 구약성서로부터 분리해 구원 신화들의 관점에서 해석하는 것 말일세. 구약성서에서도 구원(이집트와 바벨론으로부터)제2이사야 참조이 결정적인 의미를 지니고 있다는 항변에 대해서는 이렇게 대꾸해야 할 것이네. 이를테면 구원 신화들은 죽음의 한계 극복을 목표로 삼지만, 구약성서에서 중시하는 것은 **역사적** 구출들, 곧 죽음의 한계 너머가 아닌 **현세에서**의 구출들이라고 말하는 것이지. 하나님께서 이스라엘을 이집트에서 구해 내신 것은, 이스라엘이 현세에서 하나님의 백성으로 하나님을 바라보며 살게 하려는 것이었네. 구원 신화들은 비역사적으로 죽음 이후의 영원을 추구하네. 스올,Shëol 하데스Hades는 형이상학적 구성물이 아니라, 현세에 "존재했던 것"이 어렴풋이 실재하며 현재 안으로 넘어 들어오는 것을 표현한 형상들이네. 흔히들 기독교 안에서 부활의 희망이 선포되었고, 그리하여 진정한 구원의 종교가 생겨난 것이니, 이것이야말로 결정적인 게 아니냐고 말하네. 이것은 죽음의 한계 너머에, 곧 내세에 주안점을 둔 말이라고 할 수 있네. 나는 이것을 오류와 위험으로 여기네. 이러한 상황에서 구원은 더 나은 내세에서 염려와 곤경과 불안과 갈망으로부터 건짐받는 것, 죄와 죽음으로부터 건짐받는 것을 의미하게 되지. 그러나 이것이 정말 복음서들과 바울이 수행하는 그리스도 선포의 요점일까? 나는 아니라고 생각하네. 기독교의 부활 희망은 신화적 부활 희망과는 다르다고 할 수 있네. 기독교의 부활 희망은 전혀 새로운 방식으로, 구약성서보다 더 예리한 방식으로 인간을 현세에서 이루어지는 그의 삶으로 돌려보내지. 그리스도인은 구원 신화들의 신자들처럼 현세적 과제들과 난제들로부터 영원한 것으로 도망치는 것이 아니라, 이 세상살이를 그리스도처럼("나의 하나님, 나의 하나님, 어찌하여 나를 버리셨습니까?")[252] 온전히 맛보지 않으면 안 되네. 그렇게 할 때만, 십자가에서 죽으시고 부활하신 분께서 그와 함께하시고, 그는 그리스도와 함께 십자가에서 죽고 부활하게 되네. 현세를 조기에 포기해서는 안 되네. 이 점에서 신약성서와 구약성서는 일맥상통하지. 구원 신화들은 인간의 한계 경험들에서 생겨나네. 그러나 그리스도는 인간을 그의 삶 한복판에서 붙잡으시네.

자네도 알다시피, 나를 휘몰아 대는 생각들은 거듭 유사한 것들이네. 이제는 그것들을 하나하나 신약성서의 관점에서 입증해 볼 참인데, 조금 뒤에 하도록 하지. (…)

신문을 보니, 이탈리아에 열대성 더위가 찾아왔다더군,

이 불쌍한 사람아! 1936년 8월이 떠오르는군.[253] 시편 121:6을 읽어 보게![254]

테겔, 1944년 6월 30일

(…) 오늘 이곳은 무더운 여름날이었네. 여름 해가 자네를 얼마나 괴롭게 할까를 생각하니, 햇빛을 즐기는데도 마음이 착잡하더군. 자네는 지금 어딘가에서 먼지와 땀투성이가 되어 지쳐도 씻거나 원기를 회복할 수 없을 것이네. 자네는 이따금 태양을 미워할지도 모르겠네. 하지만 자네도 알다시피 나는 태양이 피부를 그을리고, 온몸을 서서히 데워, 내가 육신을 지닌 존재라는 사실을 다시 알게 해주는 그 위력을 다시 한 번 제대로 느껴보고 싶네. 나는 책과 사색으로 지치기보다는 햇볕 때문에 지쳐 보고 싶고, 햇빛으로 나의 동물적 존재를 깨어나게 하고 싶네. 내가 말하는 동물적 존재란 인간존재의 품위를 떨어뜨리는 동물적인 것이 아니네. 그것은 정신적이기만 한 존재의 시무룩한 태도와 가식假飾으로부터 인간존재를 해방하고, 인간을 좀 더 순수하고 좀 더 행복하게 하는 것이라네. 나는 태양을 눈으로 보고 조금 맛보기만 하는 것이 아니라, 온몸으로 경험하고 싶네.

오직 일출과 일몰에만 감격하는 낭만적 태양숭배는 태양을 힘과 실재로 인식하지 못하고, 광경으로만 인식하네. 낭만적 태양숭배는 사람들이 태양을 신으로 떠받드는 이유를 결코 이해하지 못하네. 빛과 색깔들뿐만 아니라 열기도 그 이유 가운데 하나라고 할 수 있네. 지중해로부터 인도에 이르기까지, 그리고 지중해로부터 중앙아메리카에 이르기까지 더운 지역의 나라들은 본래 정신적으로 창조적인 나라들이었네. 추운 지역의 나라들은 다른 나라들이 정신적으로 창조한 것들에 의지하여 먹고 살아왔네. 추운 지역의 나라들이 독창적으로 만들어 낸 것, 곧 기술은 사실 정신에 이바지하는 것이 아니라, 물질적 생활필수품을 제공하는 데 이바지하지. 더운 지역의 나라들에 우리 마음이 끌리는 것도 이 때문이 아닐까? 이런 생각을 하면 괴로운 더위에 순응할 수 있지 않을까? 하지만 자네는 이런 말에 상관없이, 이 괴로운 장소에서 벗어나 그루네발트에서 베를린 산 바이세Weiße[255] 한 잔을 들이켜고 싶을 것이네. 1923년 6월에 이탈리아를 떠나고 싶어 하던 때의 내 모습과,[256] 비 때문에 소풍이 엉망이 되기는 했지만, 슈바르츠발트에서 비로소 안도의 한숨을 쉬던 때의 내 모습이 생생히 떠오르는군. 당시는 참전할 나이가 아니었고, 그냥 즐기기만 해도 되는 때였지. 1936년 8월 나폴

리까지 여행하자는 아이디어를 화들짝 놀라며 단호하게 거절하던 자네의 모습도 떠오르네. 자네는 지금 신체적으로 어떻게 견디는가? 전에 "에스프레소 커피"가 없으면 견딜 수 없어서, K.[257]가 커피값으로 많은 돈을 쓰는 바람에 어린 내가 화를 내던 일, 아주 짧은 거리를 이동하는데도 마차를 잡아타고, 그러는 중에 그라니타granita [258]와 카사타cassata [259]를 수없이 먹던 일도 떠오르네.

방금 대단히 기쁜 소식을 들었네. 자네가 편지를 부쳤으며, 야전 우편번호도 예전 그대로라는 소식이었네. 이 소식으로 미루어 판단하건대, 이전 소속 부대로 귀대한 것 같군. 이 소식을 듣고, 제한적이긴 하지만, 내가 얼마나 안심하고 있는지, 자네는 모를 것이네. (…)

몇 시간 전, 파울Paul [260] 외숙이 친히 나를 살펴보기 위해 이곳에 예약했네. 다들 날갯짓하듯 허둥거리고, 몇 안 되는 예외의 사람도 있었지만, 품위 없이 전력을 다하는 모습은 정말이지 우스꽝스러웠네. 그러나 상당수의 사람이 지금처럼 할 수밖에 없는 것은 곤혹스러운 일이 아닐 수 없네.

이제는 최근에 갑자기 중단했던 신학적 주제를 진척시켜 보려네. 나는 하나님이 성년이 된 세상의 영역으로부터, 우리의 인식 영역과 생활 영역으로부터 점점 더 멀리 밀려났으며, 칸트 이래로 경험 세계 너머에서만 공간을 차지해 왔다는 사실에서부터 시작했네. 신학은 이러한 발전에 한편으로는 방어적 태도로 반항하며 다윈의 진화론 등에 헛되이 분개하고, 다른 한편으로는 이러한 발전과 타협하여 하나님으로 하여금 소위 궁극적인 물음들에서만 '데우스 엑스 마키나'[261]로서의 기능을 수행하게 했네. 이를테면 하나님을 사활 문제들에 대한 대답, 삶의 곤경과 갈등들에 대한 해결책으로 삼는 것이지. 사람이 이와 같은 문제들을 제기하지 않는 곳에서는, 다시 말해 이와 같은 문제들에 빠져 동정받기를 거부하는 곳에서는 하나님께 말을 걸지 않게 되네. 또는 사활 문제들을 가지고 있지 않은 사람에게, 그가 사실은 그러한 문제들, 곤경과 갈등 속에 빠져 있으면서도 이런 사실을 인정하거나 알려고 하지 않고 있음을 입증해야 하네. 이 입증 시도가 성공하면—실존철학과 정신 치료법이 이 방면에서 대단히 정교한 기법들을 완성하면—그 사람은 하나님께 말을 걸 것이고, 감리교는 대성공을 거두겠지. 하지만 그 사람으로 하여금 자신의 행복을 불행으로, 자신의 건강을 병으로, 자신의 생명력을 절망으로 여기게 하지 못하면, 신학자들은 어찌할 바를 모르게 될 것이네. 특히 악한 본성의 완고한 죄인을 상대하든가, 아니면 "소시민적으로 만족하는" 사람을 상대할 수밖에 없을 테고, 그러면 그 사람은 다른 사람과 마찬가지로 구원에서 멀어질 것이네.

예수께서 축복하신 죄인들은 진짜 죄인들이었네. 예수께서는 누구도 죄인으로 만들지 않으셨네. 그분은 그들을 그들의 죄 안으로 불러들이지 않고, 오히려 그들을 그들의 죄에서 불러내셨네. 물론 예수와의 만남은 인간들의 모든 평가가 뒤집히는 것을 의미했네. 바울의 회심이 그랬지. 하지만 그때도 예수와의 만남이 죄의 인식보다 먼저였네. 확실히 예수께서는 인간 사회의 변두리에 있는 사람들, 곧 창녀들과 세리들을 받아들이셨지만, 오로지 그들만 받아들이신 것이 아니라, 인간 일반을 받아들이려 하셨네. 예수께서는 결코 인간의 건강과 힘과 행복을 문제 삼거나 부패한 열매로 여기지 않으셨네. 인간의 건강과 힘과 행복을 문제 삼으셨다면, 도대체 왜 병자를 건강하게 해주시고, 왜 힘없는 이들에게 힘을 주시겠는가? 예수께서는 인간 삶의 모든 현상을 자신과 하나님 나라를 위해 요구하시네.

이쯤에서 중단해야겠네! 내가 중시하는 주제를 다시

한 번 정식화하면 다음과 같다고 할 수 있네. "예수 그리스도께서는 성년이 된 세상을 요구하신다."

오늘은 더는 쓰지 않겠네. 멈추지 않으면, 편지가 부쳐지지 않은 채로 있을 테고, 이는 내가 바라는 일이 아니니 말일세. 속편이 계속 이어질 것이네!

파울 외숙이 오자마자 나를 불러 내려서 (…) 다섯 시간 넘게 머물렀네! 외숙은 이 교도소 역사상 처음 있는 일로 젝트Sekt [262] 네 병을 가져오게 했고, 대단히 관대하고 상냥하게 행동했네. 외숙이 그럴 줄은 상상도 하지 못했지. 외숙은 자신이 나와 얼마나 가까운 사이인지, 자신이 겁 많고 옹졸한 M.[263]에게 무엇을 기대하는지를 명백하고 분명하게 표현하려 했던 것 같네. 나는 민간인 영역에서는 생각도 할 수 없는 이러한 뚝심에 감탄하고 말았네. 그건 그렇고, 외숙이 전해 준 인상적 이야기가 떠오르네. 생 프리바St. Privat에서 한 사관후보생이 이렇게 큰소리로 외쳤다더군. "나는 상처를 입었다. 국왕 만세!" 그러자 폰 뢰벤펠트von Löwenfeld 장군이 자신도 부상한 채로 이렇게 말했다더군. "조용하게, 사관후보생. 여기서 조용히 죽는 거야!" 외숙의 방문이 이곳에, 다시 말해 사람들의 판단에 어떤 영향을 미칠지 궁금하군.

잘 지내고, 편지를 중단해서 미안하네. 하지만 나는 이 편지가 누구보다도 자네에게 더 반가울 것으로 생각하네. 초가을에 다시 함께 있게 되기를 바라네! (…)

7월 1일

7년 전 오늘,[264] 우리는 마르틴의 집에 함께 있었지!

테겔, 1944년 7월 8일

(…) 얼마 전, 더위에 관한 이론적 철학을 담아 자네에게 편지를 부쳤는데, 나는 요 며칠 사실상 더위를 온몸으로 경험하고 있네. 자네가 스웨덴에서 가져다 내게 들여보내 준 내의와 체육복을 입고 빵 굽는 오븐 속에 앉아 있는 것 같네. (…) 지금 내가 괴로워하는 것은 더위 때문만이 아니라, 자네가 지금 더위에 얼마나 시달릴지, 최근에 보낸 내 편지를 자네가 얼마나 경박한 것으로 여길지를 잘 알기 때문이네. 그래서 땀 흘리는 머리에서 몇 가지 생각을 끄집어내어 써 보려네. 이제는 자주 쓸 필요가 없게 될지, 그리고 우리가 예상보다 일찍 재회하게 될지 누가 알겠나? 최근에 나는 기나긴 이별 뒤의 재회 장면을 다룬 에우

리피데스Euripides의 기억할 만하고 아름다운 문장을 읽었네. "재회도 숭배의 대상이다."

이제 다시 우리의 주제에 몇 가지 생각을 덧붙여 보겠네. 주제의 성서적 측면을 서술하려면, 지금 내가 가진 것 이상의 사상적 명료성과 집중력이 필요하니, 날씨가 더 서늘해질 때까지 며칠 더 기다려 주게. 나는 성서적 개념들의 비종교적 해석과 관련하여 자네에게 빚을 지고 있다는 사실도 잊지 않았네. 그러나 오늘은 서론적인 것 몇 가지만 언급하도록 하겠네. 하나님을 세상으로부터, 인간 실존의 세상으로부터 몰아내려는 시도는, 하나님을 최소한 "개인적인 것", "내적인 것", "사적인 것"의 영역에 붙잡아 두려는 시도로 이어졌네. 모든 사람은 저마다 어딘가에 사적인 것의 영역을 마련하고 있으니, 그곳에서 하나님을 가장 쉽게 붙잡을 수 있다고 생각하는 것이지. 시종侍從의 비밀들—거칠게 말하면 (기도에서 성생활에 이르기까지) 은밀한 일의 영역—이 현대 목회자들의 사냥터가 되었네. 이 점에서 그들은 (본의 아니게) 저명인사들의 은밀한 일들을 폭로하는 가장 악의적이고 통속적인 언론인들—「진실」Wahrheit과 「종鐘」Glocke을 기억하는가?[265]—을 닮았네. 한쪽은 사람들을 종교적으로 협박하고, 다른 한쪽은 사람들을 사회적으로, 재정적으로, 정치적으로 협박하지. 용서하게. 하지만 나는 이렇게 말할 수밖에 없네.

사회학적으로는 아래로부터의 혁명, 곧 열등한 사람들의 봉기가 이 상황에 해당하는 것 같네. 이는 마치 공적公的 신념이 "욕조 안에" 있는 고위층 인사의 모습이나, 추잡한 장소에 있는 그의 모습을 소개하여 그의 출현을 끝장내는 것과 같다고 할 수 있네. 누구에게나 약점과 결점이 있음을 알려고 하는 것은 일종의 병적인 만족이라고 할 수 있네. 내가 사회적 "소외 계층",outcasts 곧 "파리아들"Parias 266과 접촉하면서 계속해서 주목한 것은 다음과 같네. 그들은 기본적으로 불신을 바탕에 깔고서 다른 사람들을 판단한다는 것이네. 그들은 존경받는 사람의 사심 없는 행위까지 처음부터 수상히 여기지. 이 "소외된 사람들"은 모든 계층에 두루 포진해 있네. 그들은 꽃들이 자라는 화원에서조차 똥만 찾아다니네. 유대감 없이 살면 살수록, 이러한 태도에 더더욱 빠지게 되네. 우리가 "성직자 계급"이라 부르는 목사들 가운데도 유대감 없는 자들이 있네. 그들은 사람들의 뒤를 캐며 죄를 적발하여 그들을 옴짝달싹 못 하게 하지. 이는 마치 맨 아래층의 지하실에서 거미줄을 발견하고 나서야 그 집이 깨끗한 집이라는 것을 알고, 배우들이 무대 뒤에서 어찌 처신하는지를 보고 나서야 연극 작품을 제대로 평가할 수 있다고 생각하는 것과 같네. 50년 전부터 소설들이 등장인물들의 성생활을 묘사하고, 영화들이 옷 벗는 장면을 꼭 필요한 것으로 간주한 것도 같은 방향이라고 할 수 있네. 옷을 입는 것, 가리는 것, 순수한 것, 정숙한 것을 처음부터 기만적인 것, 위장한 것, 불순한 것으로 여기는 것이지. 이것은 자신의 불순함을 인증하는 것에 지나지 않네. 열등한 사람들의 봉기는 불신과 의심을 인간에 대한 기본 태도로 삼는 것이라고 할 수 있네.

신학의 관점에서 보건대, 잘못은 이중적인 것 같네. 첫째 잘못은 인간의 약점 또는 인간의 저열함을 염탐한 뒤에야 비로소 인간을 죄인으로 지칭할 수 있다고 생각하는 것이네. 둘째 잘못은 인간의 가장 내밀하고 은밀한 배경이 인간의 본질이라 생각하고, 이것을 "내면성"이라 부르며, 하필이면 하나님이 인간의 이 은밀한 영역에 자리하고 계신다고 생각하는 것이네! 첫째 잘못에 대해서는 이렇게 말할 수 있네. 인간은 사실상 죄인이지만, 그렇다고 그가 저열한 것은 아니라는 것이네. 진부하게 표현하자면, 괴테나 나폴레옹이 늘 충실한 남편이 아니었다고 해서 그들을 죄인이라고 할 수 있느냐는 말이네. 문제가 되는 것은 약함의 죄가 아니라 강한 죄들일세. 굳이 이리저리 둘러보며 염탐할 필요가 없네. 성서는 어디서도 그러지 않네. (강한 죄는 이러하네. 천재의 경우에는 교만, 농민의 경우에는 질서 파괴—십계명은 농민의 윤리인가?—시민의 경우에는 책임 회피. 이것은 정당한 것일까?) 둘째 잘못에 대해서는 이렇게 말할 수 있네. 성서는 우리의 외면과 내면을 구별할 줄 모른다는 것이네. 도대체 성서가 그런 구별까지 해야겠는가? 성서가 중시하는 것은 언제나 ἄνθρωπος τέλειος(안트로포스 텔레이오스) 곧 **온전한** 인간이네. 산상 설교처럼, 십계명을 "가장 내밀한 것"으로 제시하는 곳에서도 그러하네. 선한 "성향"이 선 전체를 대신할 수 있다는 생각은 대단히 비성서적인 생각이네. 소위 내면성의 발견은 르네상스 시대에(아마도 페트라르카Petrarca에게서) 이루어졌네. 성서적 의미의 "마음"은 내면적인 것이 아니라, 하나님 앞에 선 온전한 인간이네. 인간은 안팎을 아우르며 사네. 그런 까닭에, 인간의 가장 내밀한 영적 배경을 인간의 본질로 이해하는 것은 대단히 잘못된 생각이네.

내가 의도하는 바는 이것이네. 모종의 추하고 은밀한 곳에서 하나님과 암거래하는 것이 아니라, 세상의 성년 됨과 인간의 성년 됨을 인정하고, 세상적인 인간을 "헐뜯는" 것이 아니라, 그를 그의 가장 강한 자리에서 하나님과 대결시키고, 성직자 냄새가 나는 모든 술책을 포기하고, 정신 요법과 실존 철학을 하나님의 길을 예비하는 자로 여기지 않는 것이네. 이 모든 방법의 집요함은 너무나 비非귀족적이어서 하나님의 말씀과 연합할 수 없네. 하나님의 말씀은 불신의 봉기, 아래로부터의 봉기와 연합하기는커녕 오히려 그것을 제압하네.

이제는 성서적 개념들을 세상적으로 해석하는 것에 관해 말할 때가 된 것 같네. 하지만 날씨가 너무 덥군!

자네가 내 편지들을 발췌하여 (…) 보내고 싶다면 당연히 그리해도 되지만, **나라면** 그러지 않겠네. 충분히 숙고하지 않은 생각을 자네에게만 말하여 명료하게 다듬고 싶어서이지. 하지만 자네 뜻대로 하게. (…)

이제 곧 우리는 1940년 여름에 함께했던 시찰 여행과 나의 마지막 설교들을 생각하게 될 것이네![267] (…)

7월 9일

이만 줄이겠네! 바라건대, 우리는 조만간 다시 만나게 될 것이네! (…)

나는 누구인가?

나는 누구인가?
남들은 종종 내게 말하기를
감방에서 나오는 나의 모습이
어찌나 침착하고 쾌활하고 확고한지
마치 성에서 나오는 영주 같다는데.

나는 누구인가?
남들은 종종 내게 말하기를
간수들과 대화하는 내 모습이
어찌나 자유롭고 사근사근하고 밝은지
마치 내가 명령하는 것 같다는데.

나는 누구인가?
남들은 종종 내게 말하기를
불행한 나날을 견디는 내 모습이

어찌나 한결같고 벙글거리고 당당한지
늘 승리하는 사람 같다는데.

남들이 말하는 내가 참 나인가?
나 스스로 아는 내가 참 나인가?
새장에 갇힌 새처럼 불안하고 그립고 병약한 나
목 졸린 사람처럼 숨을 쉬려고 버둥거리는 나
빛깔과 꽃, 새소리에 주리고
따스한 말과 따스한 인정에 목말라하는 나
방자함과 사소한 모욕에도 치를 떠는 나
좋은 일을 학수고대하며 서성거리는 나
멀리 있는 벗의 신변을 무력하게 걱정하는 나
기도에도, 생각에도, 일에도 지쳐 멍한 나
풀이 죽어 작별을 준비하는 나인데

나는 누구인가?
이것이 나인가? 저것이 나인가?
오늘은 이 사람이고 내일은 저 사람인가?
둘 다인가?

사람들 앞에서는 허세를 부리고,

자신 앞에선 천박하게 우는소리 잘하는 겁쟁이인가?

내 속에 남아 있는 것은

이미 거둔 승리 앞에서 꽁무니를 빼는 패잔병 같은가?

나는 누구인가?

고독한 물음이 나를 조롱합니다.

내가 누구인지

당신은 아시오니

나는 당신의 것입니다,

오, 하나님!

그리스도인이건 이교도이건

1.

사람은 곤궁에 처하면 하나님을 찾아가
도움을 청하고, 행복과 빵을 구하지,
질병과 죄와 죽음에서 건짐받으려 하지.
그리스도인이건 이교도이건 누구나 다 그렇게 하지.

2.

사람은 곤궁에 처하면 하나님을 찾아가지만
거처도 빵도 없이 모욕당하는 가난뱅이 하나님,
죄와 약함과 죽음으로 둘러싸인 하나님을 발견하지.
그리스도인은 고난을 받는 하나님과 함께하지.

3.

하나님은 곤궁에 처한 모든 사람을 찾아오셔서
육신과 영혼을 자신의 빵으로 배 불리시고

그리스도인과 이교도를 위해 십자가 위에서 죽으시고,

그들 모두를 용서하시지.

테겔, 1944년 7월 16일

(…) 어제 부모님에게서 전해 들은 바에 의하면, 자네가 다시 퇴각하고 있다더군. 자네가 어찌 대피하고 있는지 속히 듣고 싶네. 어쨌든 역사적 환경[268]이 흥미를 끄는군. 10년 전만 해도 우리는 황제와 교황이 자기 것이라고 주장한 주교의 석장錫杖과 주교의 반지라는 상징이 국제정치의 충돌로 이어질 수 있음을 이해하지 못했을 것이네. 그것은 사실 아디아포라Adiaphora [269]가 아니었을까? 그것이 아디아포라가 아니었다는 것을 우리는 직접 경험을 통해 배우지 않으면 안 되었네! 하인리히 4세의 행보를 진짜 행보로 이해하든, 외교적 행보로 이해하든 간에, 그가 1077년 1월에 보여준 모습[270]은 유럽 민족들의 눈에 잊히지 않는 것이자 지울 수 없는 것으로 남아 있네. 1122년에 문제를 동일한 의미에서 공식적으로 종결지은 보름스협약Worms Konkordat보다 더 인상적인 것이라고 할 수 있지. 우리는 학교에서 이 모든 거대한 충돌을 유럽의 불행으로 여기도록 배웠네. 사실 이 모든 충돌은 유럽을 위대하게 만든 정신적 자유의 기원이라고 할 수 있네.

나에 대해서는 별로 말할 것이 없네. 이미 몇 차례 들은 바 있지만, 최근에 나는 라디오를 통해 칼 오르프Carl Orff의 오페라(카르미나 부라나Carmina burana) 가운데 몇 장면을 들었네. 어찌나 신선하고 명료하고 명랑한지 내 마음에 쏙 들더군. 그는 몬테베르디Moteverdi의 곡도 편곡했네. 자네는 이미 들어보았겠지? 그런 다음 나는 헨델Händel의 합주 협주곡concerto grosso, 콘체르토 그로소을 들었는데, 그가 (라르고 악장처럼) 긴 악장에서 어찌나 느리면서 풍부하게 직접 위로해 주던지 또다시 놀랐네. 헨델은 바흐와 달리 청중과 그들에 대한 자기 음악의 영향력에 초점을 맞추는 것 같네. 그가 이따금 정곡을 찌르며 영향을 미치는 것도 그 때문일 거야. 헨델은 자기 음악으로 무언가를 도모하려고 하지만, 바흐는 그러지 않지. 내 말이 옳지 않은가?

나는 『죽음의 집』*Totenhaus*[271]을 매우 흥미롭게 읽고 있는데, 이 집 밖에 있는 사람들이 안에 있는 사람들을 도덕과 무관하게 동정하는 모습이 인상적이더군. 종교성에서 비롯되는 이 비도덕성이 이 민족의 본질적 특성이 아닐까? 그래서 현재의 사건들도 설명해 주지 않을까? 나는 능력이 닿는 한 글과 시를 계속 쓸 것이네. 이미 자네에게 이야기한 것 같은데, 나는 밤마다 예전의 우리가 그랬던 것처럼 자주 연구하고[272] 있네. 나에게는 대단히 중요하고 즐거운 일이지. 하지만 이 일 때문에 내 삶에 대해 자네에게 말해 줄 수 있는 것이 고갈되고 있네. (…) K.[273]의 일이 잘되고 있어서 매우 기쁘네![274] 그는 오랫동안 풀 죽어 있었지. 이제는 그를 억누르던 모든 것이 곧 다시 정상을 회복할 것 같네. 나는 그와 그의 온 가족에게 그런 때가 오기를 간절히 바라고 있네. (…)

머잖아 자네에게 설교의 과제가 주어질 텐데, 나라면 시편 62:1, 119:94, 42:5, 예레미야 31:3, 이사야 41:10, 43:1, 마태복음 28:20과 같은 본문을 우선으로 택하고,[275] 몇 가지 본질적이고 단순한 생각들에 국한하겠네. 어떻게 "그리스도의 형상이 이루"어지는지[갈 4:19]를 이해하려면 한동안 공동체 안에서 생활해야 할 것이네. 이것은 자네가 맡게 될 공동체를 위해 특히 중요한 일이네. (…)

이제 다시 우리의 주제에 몇 가지 생각을 보태 보려네. 나는 성서적 개념들을 비종교적으로 해석하는 일에 서서히 접근하고 있네. 나는 이것을 내가 이미 해결한 것 이상의 과제로 여기고 있네. 세상의 자율에 이르는 **일대** 발전을 역사적으로 더듬어 보면 다음과 같네. 신학에서는 맨 먼저 체베리의 허버트Herbert von Cherbury가 종교적 인식은 이성만으로도 충분하다고 주장하고, 도덕에서는 몽테뉴Montaigne와 보댕Bodin이 계명들 대신 생활의 규칙들을 제시하고, 정치에서는 마키아벨리Macchiavelli가 일반 도덕으로부터 정치를 분리해 국시론國是論을 확립하네. 내용상으로는 마키아벨리와 다르지만, 인간 사회의 자율을 강조한다는 점에서 그와 견해가 일치하는 후고 그로티우스Hugo Grotius는 자신의 자연법을 국제법으로 제시하면서, 자연법은 "하나님이 존재하지 않는다고 해도"etsi deus non daretur, 에트시 데우스 논 다레투르 타당성을 지닌다고 말하네. 끝으로 철학적 종지부는 다음과 같네. 데카르트Descartes의 이신론은 이 세상은 하나님의 간섭 없이도 잘 돌아가는 기계장치라고 주장하는 반면, 스피노자Spinoza의 범신론은 자연이 곧 신이라고 주장하네. 칸트는 사실 이신론자이고, 피히테Fichte와 헤겔은 범신론자라고 할 수 있네. 곳곳에서 인간의 자율과 세상의 자율을 사유의 목표로 삼고 있네(자연과학에서는 이 주제가 니콜라우스 쿠자누스Nicolaus Cusanus와 조르다노 브루노,Giordano Bruno 그리고 이들의—"이단적"—세계 무한설의 등장과 함께 시작되는 것 같네). 고대의 우주는 물론이고 중세의 세상도 유한하기는 매한가지였네. 어찌 생각하든, 무한한 세상은 "하나님이 존재하지 않는다고 해도" 보존되는 세상이지. 물론 현대 물리학은 세상의 무한성을 다시 의심하지만, 그런데도 예전처럼 세상의 유한성을 상정하지는 않는다네. 도덕적 · 정치적 · 자연과학적 작업가설로서의 하나님은 거부되고 극복되었네. 철학적 · 종교적 작업가설로서의 하나님도 마찬가지이지(포이어바흐Feuerbach!). 이 작업가설을 철회하거나 될 수 있으면 광범위하게 배제하는 것이야말로 지적 성실성이라고 할 수 있네. 신앙심을 일으키는 자연 과학자나 그런 의사 등등은 일종의 혼혈아나 다름없네.

겁 많은 사람들은 이제 하나님은 어디에 자리하시느냐고 묻고, 이 물음에 대한 답을 알지 못하는 까닭에, 자신들을 이러한 궁지에 빠뜨린 발전 전체를 저주하네. 너무 협소해진 공간에서 벗어나는 다양한 비상구에 대해서는 이미 자네에게 써 보냈네. 결사적으로 도약하여salto mortale, 살토 모르탈레 중세기로 회귀하는 것도 그 비상구 가운데 하나로 추가해야겠네. 그러나 중세기의 원리는 교권 절대주의의 모습을 한 타율이어서, 중세기로 회귀하는 것은 지적 성실성을 희생시킴으로써만 얻을 수 있는 자포자기의 행보에 지나지 않네. 그러한 행보는 "아아, 돌아갈 길을 내가 알았더라면, 어린이의 나라에 들어갈 수 있는 아득한 길을 알았더라면"[276]이라는 악곡에 따라 꾸는 꿈에 지나지 않네. 그런 길은 존재하지 않네. 어쨌든 그 길은 내적 성실성을 일부러 포기함으로써가 아니라, 마태복음 18:3[277]이 말하는 의미에서만, 곧 참회, 이른바 **궁극적** 성실성을 통해서만 주어지네! "하나님이 존재하지 않는다고 해도", 우리는 이 세상에서 살아야 한다는 사실을 인식하지 않고는 성실해질 수 없네. 그리고 우리는 바로 이것을—하나님 앞에서!—알고 있네. 하나님 자신이 우리에게 이러한 인식을 하게 하시지. 우리의 성년 됨이 우리에게 하나님 앞에서 우리의 상태를 확실히 인식하게 하는 것도 그 때문이네. 하나님은 우리가 하나님 없이 삶을 영위하는 자로 살아야 한다는 것을 알게 하시네. 우리와 함께하시는 하나님은 우리를 버리는 하나님이시지![막 15:34] [278] 우리를 하나님이라는 작업가설 없이 세상에서 살게 하시는 하나님이야말로 우리가 항상 마주하는 하나님이네. 우리는 하나님 앞에서 하나님과 함께 하나님 없이 살고 있네. 하나님은 스스로를 이 세상에서 십자가로 밀어내시네. 하나님은 이 세상에서 무력하고 연약하시며, 오직 그렇기 때문에 그분은 우리와 함께 계시고 우리를 도우시네. 마태복음 8:17[279]이 명시하듯이, 그리스도께서는 자신의 전능으로 우리를 도우시는 것이 아니라, 자신의 약함으로, 자신의 수난으로 우리를 도우시네!

바로 여기에 모든 종교와의 결정적인 차이가 있네. 인간의 종교성은 인간이 세상에서 곤경에 처했을 때 그에게 하나님의 능력을 제시하네. 하나님이 '데우스 엑스 마키나'라는 것이지. 반면에 성서는 인간에게 하나님의 무력無力과 수난을 제시하네. 고난을 받는 하나님만이 도우실 수 있기 때문이지. 이 점에서 이미 기술한 세상의 성년 됨으로 나아가는 발전, 그릇된 하나님 표상을 제거하는 발전은 세상에서 자신의 무력함으로 힘과 공간을 확보하시는 성서의 하나님을 볼 수 있도록 눈을 활짝 열어 준다고 할 수 있네. 바로 여기서 "세상적 해석"이 시작되어야 할 것 같네.

7월 18일

뮌헨 공습으로 여러 통의 편지가 분실되었겠지? 자네는 시 두 편[280]을 동봉한 편지를 받았는가? 그 편지는 그 무렵 배송 중이었고, 신학적 주제에 대한 몇 가지 예비지식을 담고 있었네. '그리스도인이건 이교도이건'이라는 제목의 시는 자네가 재인식하게 될 생각을 담고 있네. "그리스도인들은 고난을 받는 하나님과 함께하네." 바로 이것이 그리스도인들을 이교도와 구별해 주지. "너희는 한 시간도 나와 함께 깨어 있을 수 없느냐?"라고 예수께서는 겟세마네에서 물으시네.[281] 종교적 인간이 하나님에게서 기대하는 모든 것과는 정반대이지. 인간은 하나님을 부인하는 세상에서 하나님의 고난에 동참하도록 부름받고 있네. 인간은 하나님을 부인하는 세상에서 살되, 세상의 무신성無神性을 종교적으로 은폐하거나 미화해선 안 되네. 인간은 "세상적으로" 살아**도 되네**. 이를테면 모든 그릇된 종교적 속박과 억압에서 해방되는 것이지. 그리스도인이 된다는 것은 특정한 방식의 종교인이 되는 것을 의미하지 않네. 그 어떤 방법론에 따라 자신을 무언가(죄인, 참회자, 또는 성자)로 만드는 것도 의미하지 않네. 그리스도인이 된다는 것은 인간이 되는 것을 의미하네. 그리스도께서는 우리 안에서 인간 유형이 아니라 사람을 창조하시네. 종교적 행위가 그리스도인을 만드는 게 아니네. 세상살이에서 하나님의 고난에 참여하는 것이 그리스도인을 만드네. 이것이 바로 "회개"μετάνοια, 메타노이아일세. 회개는 자신의 곤경들, 자신의 물음들, 자신의 죄들, 자신의 불안들을 먼저 생각하는 것이 아니라, 예수 그리스도의 길, 곧 메시아의 사건에 동참하여, 이사야 53장이 성취되게 하는 것이네! 따라서 "복음을 믿어라"[282]고 말하거나 요한복음에서 "세상 죄를 지고 가는 하나님의 어린 양"을 언급하는 것은 그 때문이네. (그 밖에 요아힘 예레미아스Joachim Jeremias는 최근에 아람어에서는 "양"이 "종"으로 번역되기도 한다고 주장했네. 이사야 53장을 고려하면 참 근사하지 않은가!)

신약성서에서는 예수 그리스도 안에서 이루어지는 하나님의—메시아적—고난에 다음과 같이 다양한 방식으로 사람을 끌어들이네. "나를 따르라"며 제자들을 부르심으로써, 죄인들과의 식탁 친교를 통해서, 협의의 "회심"을 통해서(삭개오의 경우), 죄인인 한 여자의 (죄 고백 없이 이루어지는) 고귀한 행위를 통해서,[눅 7장] 병자들의 치유를 통해서,[마 8:17] 어린이들을 영접하심으로써. 목자들은 동방박사들과 마찬가지로 "회개한 죄인"으로서가 아니라, 있는 모습 그대로 (별)에 이끌려서 곧바로 구유 곁에 서네. 가버나움의 백부장은 죄를 전혀 고백하지 않고도 믿음의 모범으로 제시되네(야이로 참조). 부자 젊은이는 예수께서 "사랑하시는" 사람이네. 내시[행 8장]와 고넬료[행 10장]는 파멸에 처한 사람들과는 전혀 다른 사람들이고, 나다나엘은 "거짓이 없는 이스라엘 사람"이네.[요 1:47] 끝으로 아리마대 요셉과 무덤을 찾은 여인들을 꼽을 수 있을 것이네. 이들 모두의 유일한 공통점은 그리스도 안에서 이루어지는 하나님의 고난에 참여한 것이라고 할 수 있네. 이것이 그들의 "신앙"이네. 종교적 방법론에 따르지 않는 믿음이지. "종교적 행위"는 언제나 부분적인 것이고, "신앙"은 전체, 곧 삶의 행위이네. 예수께서는 새로운 종교로 부르시는 것이 아니라, 삶으로 부르시네.

그 삶은 어떤 모습일까? 그것은 이 세상에서 하나님의 무력無力에 참여하는 것이 아닐까 싶네. 이것에 대해서는 다음번에 쓰기로 하겠네. 오늘은 다음과 같은 식으로만 말하려네. 하나님에 대해 "비종교적으로" 말하려면, 세상의 무신성을 어떤 식으로든 은폐하지 않고 오히려 곧바로 폭로하여, 참신한 빛이 세상에 비쳐들도록 말해야 하네. 성년이 된 세상은 무신성이 훨씬 강하다네. 바로 그 때문에 성년에 이르지 못한 세상보다 더 하나님께 가까운지도 모르네. 어색하고 불충분하게 말하는 것을 용서하게. 나도 그 점을 잘 알고 있네. (…) 우리는 거의 매일 밤 1시 30분에 기상하네. 정신적인 작업을 제약하는 좋지 않은 시간이지. (…)

테겔, 1944년 7월 21일[283]

(…) 오늘은 자네에게 짧은 안부만 전하려네. 자네는 생각으로라도 자주 이곳의 우리와 함께하면서, 설령 신학적 대화가 중단되

더라도 살아 있다는 소식을 접하는 것으로 기뻐하리라 생각하네. 사실 나는 신학적 사고에 부단히 몰두하고 있지만, 삶의 과정과 신앙의 과정을 반성하지 않고 그럭저럭 사는 것으로 만족할 때도 있네. 그날의 성구만으로 기뻐할 때도 있지. 예컨대 어제의 성구와 오늘의 성구를 읽으니 특히 기분이 좋네.[284] 나는 파울 게르하르트의 아름다운 찬송가로 돌아가, 이것을 소유하고 있다는 이유로 기뻐하기도 하네.

나는 지난 몇 해 동안 기독교의 현세성現世性을 점점 더 많이 알고 이해하는 법을 배웠네. 그리스도인은 종교적 인간 homo religiosus, 호모 렐리기오수스이 아니라, 전형적 인간이네. 예수는 세례자 요한과 다른 인간이었네. 내가 말하는 현세성은 교양인들, 분주한 자들, 나태한 자들, 호색한들의 천박하고 저속한 현세성이 아니라, 충분히 훈련되고 죽음과 부활을 늘 생생히 의식하는 심오한 현세성이네. 나는 루터가 이러한 현세성 속에서 살았다고 생각하네.

13년 전 미국에 있을 때 프랑스 출신의 한 젊은 목사와 나눈 대화가 떠오르는군. 우리는 서로 이런 물음을 던졌네. "살아가면서 무엇이 되고 싶은가?" 그는 이렇게 대답하더군. "나는 성인聖人이 되고 싶다"(나는 그가 지금쯤 성인이 되었을 거로 생각하네). 그 당시 나는 그의 대답에 깊은 인상을 받았네. 하지만 나는 그의 말에 반대하면서 대충 이렇게 말했네. "나는 믿는 법을 배우고 싶다." 나는 오랫동안 그러한 대립의 깊이를 이해하지 못했네. 나는 성스러운 생활과 같은 무언가를 하려고 시도하면서 믿는 법을 배울 수 있다고 생각했네. 나는 그 길의 종점으로서 『나를 따르라』를 쓴 것 같네. 나는 오늘날 그 책이 얼마나 위험한 책인지 분명히 알고 있지만, 전과 마찬가지로 그 책의 입장을 지지할 것이네.

그 후 나는 현세에서 충만히 살 때만 비로소 믿는 법을 배울 수 있음을 알았고, 지금도 그렇게 알고 있네. 성인이건, 회개한 죄인이건, 교인(성직자!)이건, 의인이건, 불의한 사람이건, 병든 사람이건, 건강한 사람이건 간에, 제 스스로의 힘으로 무언가를 하겠다는 생각을 완전히 포기할 때—이것을 일컬어 나는 현세성이라고 부르는데, 그것은 이를테면 많은 과제와 문제, 성공과 실패, 경험과 속수무책 속에서 살아가는 것이네—비로소 우리는 하나님의 품으로 뛰어들고, 이 세상에서 우리 자신의 고난을 진지하게 받아들이는 것이 아니라 하나님의 고난을 진지하게 받아들이고, 겟세마네의 그리스도와 함께 깨어 있게 되는 것이네. 나는 그것이 신앙이고 회개μετάνοια, 메타노이아라고 생각하네. 그럴 때만 우리는 인간이 되고 그리스도인이 되는 것이네(예레미야 45장을 참조하게!). 세상살이에서 하나님의 고난을 함께 나누는 사람이 어찌 성공했다고 우쭐하겠으며, 실패했다고 낙담하겠는가? 내가 짧게 말해도 그게 무슨 말인지 자네는 이해할 거야. 나는 이것을 알게 되었으니 감사한 일이 아닐 수 없네. 나는 내가 걸어온 길에서만 그것을 알 수 있었네. 나의 과거와 현재를 생각하면 그저 감사하고 그저 만족스러울 뿐이네.

자네는 이처럼 사적인 편지를 받고 놀랄지도 모르겠네. 하지만 이러한 것을 자네 말고 누구에게 말하겠나? (…) 하나님께서 이 시대 내내 우리를 평화로이 인도해 주시기를. 무엇보다도 그분께서 우리를 그분에게로 인도해 주시기를.

자네의 안부 편지를 받게 되어 특히 즐거웠고, 자네 일행이 그다지 위태롭지 않아서 기쁘네. 내가 보낸 안부 편지 여러 통이 자네에게 닿을 것이네. 우리는 실제로 1936년에 그 지역을 대충 여행하지 않았던가?[285]

몸 건강히 잘 지내고, 우리가 곧 다시 보게 되리라는 희망을 잃지 말게. (…)

자유에 이르는 길 위의 정거장들

훈련

자유를 찾아 나서려거든, 먼저 감각과 그대의 영혼을
훈련하는 법을 익혀, 욕망과
그대의 지체가 그대를 이리저리 끌고 다니지 못하게 하라.
그대의 정신과 그대의 몸을 순결하게 하고, 그대 자신에게 완전히
복종시켜,
정해진 목표를 순순히 추구하게 하라.
훈련을 통하지 않고는 누구도 자유의 신비를 경험할 수 없음이니.

행동

제멋대로 행할 것이 아니라 옳은 일을 행하며 시도하고,
가능성 속에서 허우적거릴 것이 아니라 현실적인 것을 과감히 붙잡아라,
자유는 도망치는 생각 속에 있지 않고 행동 속에만 있음이니.
하나님의 계명과 그대의 신앙만을 수레 삼아,
불안하게 머뭇거리지 말고 사건의 폭풍 속으로 들어가라,
자유가 기뻐 소리치며 그대의 정신을 껴안으리니.

고난

놀라운 변화! 힘차게 일하는 손이
그대에게 연결되어 있군요. 그대는 지금 그대의 행위가
한계에 이른 것을 힘없이 외롭게 지켜보고 있군요.
하지만 안도의 한숨을 쉬면서, 옳은 일을
차분하고 침착하게 더 강한 손에 맡기고 만족하세요.
한순간이라도 자유와 접촉하는 복을 얻게 되거든,
자유를 하나님께 넘겨 드리세요, 그분께서 멋지게 완성하시리니.

죽음

어서 오라, 영원한 자유에 이르는 길 위에 있는 최고의 향연이여,
죽음이여, 덧없는 육신의 성가신 사슬을 끊고,
눈먼 영혼의 벽을 허물어라,
이 세상에서 볼 수 없던 것을 마침내 볼 수 있게.
자유여, 우리는 오랫동안 훈련하고 행동하고
고난을 겪으면서 그대를 찾아다녔노라.
죽을 지경에 이르러서야 하나님의 얼굴에서 그대 자신을 보노라.

L. E.![286] 이 시는 내가 오늘 저녁에 몇 시간 동안 쓴 것이네. 매우 거친 시이지만, 자네의 마음을 다소 즐겁게 해주고, 자네의 생일선물 같은 것이 될지도 모르겠네! 마음을 담아!

자네의 디트리히.

오늘 아침 일찍 읽어 보니, 한 번 더 고쳐 지어야 할 것 같네만, 날림 상태로나마 자네에게 부치고 싶네. 나는 시인이 아니니 말일세!

테겔, 1944년 7월 25일

(…) 자네가 소식을 듣고 즐거워할 것으로 여겨서, 나는 기쁜 마음으로 자네에게 편지를 쓰고, 될 수 있으면 자주 쓰고 있네. 나에 관해서는 별로 알릴 게 없네. (…) 지난 며칠 밤 이곳의 우리 지역이 다시 당했네. 나는 폭탄 터지는 소리가 들릴 때마다, 자네가 해외에서 겪는 일에 비하면 이것은 아무것도 아니라고 생각했네. 이러한 상황에서 이곳의 많은 사람은 비겁하게 굴면서, 다른 사람들의 처지에 대해서는 조금도 아랑곳하지 않네. 그런

모습을 목격할 때면, 종종 화가 치밀어 오르네. 이곳에서는 늘 몇 분 동안의 위험만이 문제가 된다네. (…)

『죽음의 집의 기록』을 이제야 다 읽었네. 지혜로운 것과 선한 것을 아주 많이 담고 있는 책이더군. 인간은 희망 없이는 살 수 없으며, 실제로 모든 희망을 잃은 인간은 종종 사나워지고 악해진다는 주장이 내 마음에 쏙 드네. 도스토옙스키는 이 주장을 빈말로 여기지 않네. 이 책에서 말하는 희망이 환상인지 아닌지는 미해결로 남아 있네. 물론 환상이 삶에 대해 갖는 의미도 과소평가해서는 안 되네. 그러나 그리스도인에게 중요한 것은 근거 있는 희망을 품는 것이네. 그리고 환상이 인간의 삶 속에서 그토록 커다란 힘을 발휘하여 삶이 중단되지 않게 한다면, 절대적 근거를 지닌 희망이 삶을 위해 발휘하는 힘은 한층 더 클 것이며, 그러한 삶은 절대 꺾이지 않을 것이네. "우리의 소망이신 그리스도"[287]—바울의 이 공식이야말로 우리 삶의 능력이네.

방금 나를 산책시키려고 사람이 왔네. 오늘 편지를 발송하려면, 이쯤에서 줄여야겠네. 잘 지내게! 나는 날마다 감사의 마음을 품고 신뢰 속에서 자네를 생각하네! (…)

테겔, 1944년 7월 27일

(…) 자네에게 할 일이 많다는 것은 확실히 마음의 부담을 덜어 주는 것이기도 할 거야. 어쨌든 내게는 그리 생각되네.

우리의 신학적 주제에 대한 자네의 표현은 매우 간단명료하더군. 어떻게 "자연적" 경건이 있을 수 있느냐는 물음은 동시에 "무의식적 기독교"에 관한 물음이기도 하다네. 나는 이 물음에 점점 더 몰두하고 있네. 루터교 교의학자들은 직접적 신앙fides directa, 피데스 디렉타을 반성적 신앙fides reflexa, 피데스 레플렉사과 구별하네. 그들은 이 구별을 세례받는 어린이들의 신앙에 적용하네. 나는 여기서 매우 광범위한 문제가 제기되지 않을까 자문해 보네. 이것에 대해서는 조만간 더 다룰 수 있게 되기를 바라네. (…)

테겔, 1944년 7월 28일

(…) 성서에는 건강, 행복, 능력 등에 관한 언급이 많지 않다는 게 자네의 생각이지. 나는 그 문제를 다시 한 번 생각해 보았네.

어쨌든 그것은 구약성서에는 해당하지 않네. 하나님과 인간의 행복 사이를 잇는 신학적 중간 개념은 내가 보기에 복인 것 같네. 구약성서에서, 예컨대 족장들에게 중요한 것은 행복이 아니라 하나님의 복이네. 현세의 모든 재화를 포함하는 복이지. 이 복은 하나님께 현세의 삶을 요구하는 것으로서 모든 약속을 담고 있네. 신약성서가 구약성서의 복을 추월했다고 여기는 것은 신약성서를 영적으로 해석하는 것과 상응할 것이네. 그러나 성찬의 오용과 관련하여 질병과 죽음을 언급한 것("축복의 잔……"),고전 10:16, 11:29-30 예수께서 사람들을 건강하게 하신 것, 제자들이 예수와 함께 지낼 때 "부족한 것이 전혀 없었던 것"[288]이 우연이겠는가? 구약성서의 복을 십자가와 대립시켜야 하는가? 키르케고르는 그리했네. 십자가 또는 고난을 원리로 삼았지. 바로 여기서 건강하지 못한 감리교, 고난에서 신적 섭리의 우연성을 박탈하는 감리교가 생겨났네. 구약성서에서도 복 받는 사람이 많은 고난을 겪어야 했네(아브라함, 이삭, 야곱, 요셉). 구약성서는(신약성서와 마찬가지로) 행복과 고난, 복과 십자가를 배타적으로 대립시키지 않네. 이런 점에서 구약성서와 신약성서의 차이는, 구약성서에서는 복이 십자가도 포함하고, 신약성서에서는 십자가가 복도 포함한다는 사실뿐이네.

전혀 다른 것도 이야기하겠네. 행위뿐만 아니라, 고난도 자유에 이르는 길이네. 해방은 고난 속에 있네. 자신의 문제를 자신의 손에서 하나님의 손으로 넘겨 드린다는 점에서 말이네. 이런 의미에서 죽음은 인간 자유의 절정이라고 할 수 있네. 인간의 행위가 신앙의 문제인지 아닌지는 인간이 자신의 고난을 자기 행위의 연속으로, 다시 말해 자유의 완성으로 이해하느냐 않느냐로 결정되네. 나는 이것을 대단히 중요하게 여기고, 크게 위로가 되는 것으로 여기네.

나는 잘 지내고 있네. 가족에 대해서는 새로 알릴 것이 없네. 한스는[289] 디프테리아에 걸려 온몸이 마비된 상태이지만, 좋아지리라는 확신에 차 있는 것 같네. 잘 지내고, 우리처럼 용기를 내고, 우리처럼 멋진 재회를 고대하게! (…) 『새 찬송가』 370장 3-4절.

이것저것에 대한 몇 가지 생각

조르다노 브루노: "친구의 시선은 전율이 일어나게 할 수 있다. 어떠한 적도 친구의 시선만큼 끔찍한 것을 지닐 수 없기 때문이다." 자네는 이 말이 이해되는가? 나는 아무리 애써도 이해되지 않는군. "끔찍한 것"이란 모든 위대한 인간적 친밀함 속에 내재하는 배신을 의미하는 것일까(유다)?
스피노자: 정열을 무력화하는 것은 이성이 아니라, 더 강한 정열이다.

"예"나 "아니오"의 대답을 요구하는 물음들을 제기하고, 이 물음들에 대해 분명한 태도를 밝히는 것은 강자들의 특권이자 기

질이다. 약자들은 자신들의 것이 아닌 양자 사이에서 어느 한쪽을 정하지 않으면 안 된다.

우리는 완전한 것을 지겨워하는 편인 것 같네. 늘 그랬는지는 모르겠네. 나는 라파엘Raffael [290]이 단테의 낙원만큼이나 나와는 거리가 멀고 무관하다고 밝힐 수밖에 없네. 영원한 얼음이나 영원히 푸른 하늘도 나의 관심을 끌지 못하지. 나는 인간적인 것, 살아 있는 것, 현세적인 것에서 "완전한 것"을 구하며, 따라서 아폴로적인 것이나 디오니소스적인 것이나 파우스트적인 것에서는 구하지 않네. 나는 어느 모로 보나 중간 정도의 온건한 분위기를 지지하는 편인 것 같네.

8월 3일

피안은 무한히 먼 곳이 아니라, 가장 가까운 곳이다.

궁극적 진지함은 유머가 전혀 없는 것이 아니다.

절제의 본질은 쾌락의 포기가 아니라, 삶의 초점을 목표에 온전히 맞추는 것이다. 이와 같은 것이 없으면, 절제는 필연적으로 웃음거리가 되고 만다. 절제는 분명하고 명백한 사고의 전제 조건이다.

자유에 이르는 길 위에서 죽음은 최고의 향연이다.

‘이것저것에 대한 몇 가지 생각’에 동봉해서 보낸 글

이 까다로운 격언들을 부디 용서해 주게! 이것들은 대화 없이 나온 단편들이며, 그런 점에서 자네에게도 어울릴 거야. 나 같은 사람이 사고 속에서만 존재하도록 강요받으면, 가장 어리석은 생각, 곧 그때그때의 생각을 글로 붙잡아 두게 된다네!

테겔, 1944년 8월 3일

(…) 이제 자네 일행은 곧 다시 이동하겠지? 어느 지방으로 이동하는가? 내 시들을 읽어 보았는지 궁금하군. 자네는 (운을 맞춘) 장시 ‘테겔에서 듣는 밤의 소리들’을 나중에 읽게 될 것이네. “어떤 저작의 초안”을 동봉해 보냈으니 찾아보게. 자네가 이 초안에서 무엇을 도출할 수 있을지 모르겠네. 하지만 자네는 내가 무엇을 말하는지를 이해할 것 같네. 내가 침착성과 체력을 유지하여 이 저서를 쓸 수 있게 되면 좋겠네. 교회는 침체 상태에서 벗어나야 하네. 우리는 자유로운 분위기 속에서 세상과 영적으로 대결해야 하네. 중대한 문제들을 들추어낼 수만 있다면, 위험을 무릅쓰고라도 논쟁의 여지가 있는 것들을 말해야 하네. 나

는 스스로를 "현대" 신학자로 여기되 여전히 자유주의 신학의 유산을 지닌 까닭에, 이 문제들을 제기하지 않을 수 없네. 후배 중에는 이 두 유산을 한 몸에 아우르는 이가 많지 않네. 나는 자네의 도움이 정말 필요하네. 그러나 사고를 명쾌하게 해주는 대화는 빼앗겼지만, 기도는 빼앗기지 않았으니, 우리는 기도를 통해 이와 같은 일을 시작하고 수행할 수 있을 것이네.

이탈리아의 "열대성 더위"에 관한 소식을 읽었는데, 정말 더위가 심한가? (…) 가족에 관해서는 새로 알릴 것이 없네. 편지를 써 보낼 수 있어서 늘 기쁘네. 잘 지내게! (…)

어떤 저작의 초안

나는 100쪽이 넘지 않는 분량의 저서를 다음과 같이 세 개의 장으로 쓰려고 하네. 1. 기독교의 현황 개관. 2. 기독교 신앙은 도대체 무엇인가? 3. 결론.

1장

a) (이미 암시한 대로) 인간의 성년 됨; "우연", "운명의 시련"에 맞서는 인간 삶의 보장; 우연을 배제하는 것이 가능하지 않다면, 위험이라도 감소시키기. 서구적 현상으로서의 "보험 제도"(보험 제도는 "불의의 재난들"로 먹고 살면서, 이 재난들로 인한 고통을 덜어 주려 한다); 그 목표는 자연으로부터 독립하는 것이다. 전에는 자연을 영혼을 통해 극복했고, 지금의 우리는 온갖 종

류의 기술 조직을 통해 극복한다. 우리에게 직접 주어진 것은 자연이 아니라, 조직이다. 그러나 이처럼 자연의 위협으로부터 보호를 받더라도 삶의 새로운 위협, 이른바 조직 자체를 통한 위협이 생겨나고 있다. 이제는 영적인 능력이 모자란다! 조직의 위협으로부터 우리를 보호해 주는 것은 무엇이냐는 물음이 대두된다. 인간은 다시 자기 자신에게로 물러가도록 지시받고 있다. 그는 온갖 문제를 해결하면서도 정작 자신의 문제는 해결하지 못한다! 그는 온갖 보험에 가입할 수 있어도, 정작 인간 보험에는 가입하지 못한다. 결국, 문제가 되는 것은 인간이다.

b) 성년이 된 인간의 비종교성. 작업가설로서의 "하나님", 우리의 곤경을 해결하는 미봉책으로서의 "하나님"은 (이미 암시한 대로) 불필요한 것이 된다.

c) 개신교회: 개신교를 종교로 유지하려는 최후의 시도인 경건주의; 교회를 구원 기관으로 유지하려는 시도인 루터교 정통주의; 고백교회: 계시신학; 세상을 마주 보고 "설 수 있는 곳을 나에게 다오"δός μοὶ ποῦ στῶ **291**, 도스 모이 푸 스토; 세상 주위에서 이루어지는 기독교에 대한 "사실적" 관심. 자신의 기원을 찾는 예술과 학문. 고백교회에서 드러나는 전반적인 현상: 교회의 "대

의"를 위해 일하지만, 인격적인 그리스도 신앙이 거의 없다. "예수"가 시야에서 사라지고 있다. 사회학적으로는 폭넓은 대중에게 영향을 전혀 미치지 못하고 있다. 소시민과 상류층 시민의 문제. 무겁고 전통적인 사상들로 과도한 부담을 줌. 결정적으로, 교회는 자기방어에 치중한다. 타자를 위한 모험이 없다.

d) 민족의 도덕. 성도덕으로 증명된다.

2장

a) 세상성과 하나님

b) 하나님은 누구인가? 하나님의 전능에 대한 일반적인 믿음이 먼저가 아니다. 그런 것은 참된 하나님 경험이 아니라, 연장된 세상의 일부에 지나지 않는다. 예수 그리스도와의 만남. 예수가 오로지 '타자를 위해 존재한다'는 사실에서 인간의 전 존재가 변화되는 경험. 예수의 "타자를 위한 현존"이야말로 초월 경험이다! 자기 자신에게서 벗어나는 것과 죽을 때까지 '타자를 위해 존재하는 일'에서 비로소 전능, 전지, 편재遍在가 비롯된다. 신앙은 이러한 예수의 존재에 참여하는 것이다(성육신, 십자가, 부활). 우리가 하나님과 맺는 관계는 대단히 높고 전능하며 가장

뛰어난 존재와 종교적으로 맺는 관계가 아니다. 그것은 결코 참된 초월이 아니다. 우리가 하나님과 맺는 관계는 '타자를 위해 존재하고' 예수의 존재에 참여하면서 새로운 삶을 사는 것이다. 도달하기 어려운 무한한 과제가 아니라 그때그때 주어지는 이웃이 초월적인 것이다. 근동의 종교들에서 보듯이, 섬뜩하고 무질서하고 멀리 떨어져 있고 소름 끼치는 짐승 모양의 신, 절대적인 것, 형이상학적인 것, 무한한 것 등의 개념으로 포장된 신이 아니라, 인간의 모습을 한 하나님이 초월적인 것이다! "인간 자체"의 그리스적인 신-인 형태가 아니라, "타자를 위한 인간!"이 초월적인 것이며, 따라서 십자가에 달려 죽으신 분이 초월적인 것이다. 초월적인 것에 의지하여 살아가는 인간.

c) 여기서부터 성서적 개념들(창조, 타락, 화해, 참회, 신앙, vita nova,[비타 노바 292] 궁극적인 것)을 해석하기.

d) 제의. (이것에 대해서는 나중에 상세히 다룰 것. 특히 제의와 "종교"에 대해서!)

e) 우리는 실제로 무엇을 믿는가? 다시 말해 우리가 우리의 삶을 걸고 매달리는 것은 무엇인가? 사도신경의 문제인가? 나는 무엇을 믿어야**만** 하느냐는 물음은 잘못된 물음이다. 케케묵은 논쟁들, 특히 교파 간의 논쟁들; 루터교회와 개혁교회(와

부분적으로 가톨릭교회)의 대립들은 더는 옳지 않다. 물론 그런 대립들을 매번 열정적으로 되살릴 수 있지만, 그런다고 해서 그것들이 쓸모가 있는 것은 아니다. 그러한 대립들에는 논증이 전혀 없으니, 그것들로부터 과감히 벗어나야 한다. 우리가 증명할 수 있는 것은 단지 기독교적-성서적 신앙은 그러한 대립들에 기대거나 의지하지 않는다는 것뿐이다. 바르트와 고백교회는 걸핏하면 "교회의 신앙"을 구실로 삼으면서도, 도대체 자신이 무엇을 믿는지를 성실히 묻지도 않고 확언하지도 않는다. 고백교회 안에서마저 자유의 바람이 불고 있지 않은 것은 그 때문이다. 내가 중요한 게 아니라, 교회가 중요하다는 말은 성직자의 핑계가 될 수 있고, 밖에서는 언제나 그런 식으로 느낀다. 나는 내 신앙을 마음대로 할 수 없고, 따라서 내가 무엇을 믿는지를 말해선 안 된다는 변증법적 언급도 마찬가지다. 이 모든 견해는 저마다의 자리에서는 정당화될지 모르나, 우리 자신에 대한 성실성을 면제해 주는 것은 아니다. 우리는 가톨릭교도처럼 우리 자신을 무작정 교회와 동일시할 수 없다(가톨릭교도가 불성실하다는 항간의 견해는 바로 여기에 근거를 두고 있는 것 같다). 따라서 우리는 실제로 무엇을 믿느냐는 물음에 대한 답은 위의 b), c), d)에 있다.

3장

결론들: 교회는 타자를 위해 존재할 때만 교회가 된다. 교회가 새 출발을 하려면 전 재산을 어려움을 겪는 사람들에게 나눠주어야 한다. 목사들은 교인들이 자진해서 희사한 헌금으로만 살아야 하고, 때에 따라서는 세속적인 직업도 가져야 한다. 교회는 인간 공동체 생활의 세속적인 과제에 관여하되, 지배하는 것이 아니라 도움과 유익을 주면서 관여해야 한다. 교회는 모든 직업인에게 그리스도와 함께하는 삶이 무엇이며, '타인을 위해 존재하는 것'이 무엇인지를 말해 주어야 한다. 특히 **우리의** 교회는 모든 악의 뿌리인 교만, 권력 숭배, 질투, 환상주의 같은 악덕들을 저지해야 한다. 교회는 절제, 참됨, 신뢰, 성실, 한결같음, 인내, 훈련, 겸손, 검소, 자족에 대해 말해야 할 것이다. 교회는 인간적인 "모범"의 중요성을 과소평가해서는 안 된다(모범은 예수의 인간성에 뿌리를 두고 있고, 그래서 바울도 그것을 중시한다). 교회에서 선포되는 말씀은 개념이 아니라 "모범"을 통해서만 무게와 힘을 얻는다. (특히 신약성서에 나타나는 "모범"에 대해 쓸 것! 이 사상은 우리에게서 거의 없어지고 말았다!) 그 밖의 것: "신앙고백" 문제(사도신경)의 재검토; 논쟁 신학의 재검토; 직무와 그 수

행 준비의 재검토.

이 모든 것은 매우 거칠게 요약해서 말한 것이네. 하지만 나는 우리가 곧잘 회피하는 문제들을 간단명료하게 말하려고 한 번이라도 시도하는 것이 중요하다고 생각하네. 이 시도가 성공할지는 미지수네. 특히 대화의 도움이 없으니 말일세. 나는 이 시도로 교회의 미래를 위해 봉사할 수 있게 되기를 바라네.

테겔, 1944년 8월 10일

(…) 자네가 더는 기억들을 "먹고 살지" 못한다니, 이해가 되네. 그러나 기억의 힘은 언제나 감사의 힘에서 비롯되네. 이와 같은 시대에는 힘써 기도하면서 감사에 마음을 모아야 하네. 무엇보다도 일시적인 것들 때문에 녹초가 되어선 안 되며, 고매한 사상들을 차분히 유지하고, 그 사상들에 따라 모든 것을 가늠해야 하네. 극소수의 사람만이 그리할 수 있다는 것은 그것을 견뎌내기가 가장 힘들다는 뜻이네. 인간의 품위를 가장 심하게 훼손하고 떨어뜨리는 것은 인간의 악의가 아니라, 인간의 약함이네.

매우 심원한 동정심이 있어야만 그런 것을 견딜 수 있네. 하나님은 지금도 여전히 통치하고 계시네.

나는 지금 앞서 편지에서 밝힌 대로 세 개의 장을 쓰고 있네. 자네가 말한 대로, "앎"은 이 세상에서 가장 짜릿한 것이며, 그래서 나는 지금도 연구에 매진하고 있네. (…)

테겔, 1944년 8월 14일

(…) 그러나 타자를 위해 무언가가 될 수 있음을 감지하는 것만큼 행복한 감정은 존재하지 않네. 이 경우에 중요한 것은 수가 아니라 강도强度일세. 결국, 인생에서 가장 중요한 것은 인간관계라네. 현대에 "대단한 업적을 쌓은 인물"도 이 사실을 변경할 수 없으며, 인간관계를 도무지 알지 못하는 거물이나 미치광이도 마찬가지네. 하나님도 인간적인 것 속에서 우리의 섬김을 받으시네. 인간적인 것 이외의 모든 것은 교만에 가깝네. 가브리엘레 폰 뷜로-훔볼트Gabriele von Bülow-Humboldt의 서간집을 읽으며 이따금 느낀 사실이지만, 인간관계와 서로 의미 있는 존재가 되기를 지나치게 의식적으로 장려하는 것은 인간적인 것의 숭배로 이어지고 말 것이네. 현실에 어울리지 않는 일이지. 이와 달

리 내가 염두에 두는 것은 단순한 사실이네. 이를테면 삶에서 무엇보다 중요한 것은 인간이라는 것이지. 이것은 물질세계를 얕보거나 물질적 성취를 얕보고 하는 말이 아니네. 그러나 제아무리 아름다운 책이나 그림이나 집이나 재화라도 나의 아내, 나의 양친, 나의 친구에 비기겠는가? 물론 자기의 삶에서 정말로 인간을 발견한 사람만이 이런 말을 할 수 있을 것이네. 다수의 현대인은 인간을 물질세계의 일부로만 여기네. 그들에게 인간적인 것의 경험이 부족하기 때문이지. 우리는 우리의 삶 속에서 이러한 경험을 풍성히 선사받은 것을 정말 기쁘게 여겨야 하네.(…)

내가 종종 관찰한 사실이지만, 사람이 자기 자신에게 어떤 요구를 하느냐가 중요하네. 상당수의 사람이 중간 정도에 만족하여 더 빨리 성공하지만, 이 때문에 망하고 마네. 극복할 장애가 별로 없기 때문이지. 나는 (객관성, 명료함, 자연스러움, 박자, 단순성 등과 관련하여) 우리가 자신의 의견을 표명하기 전에 수많은 장애를 제시하여 극복하게 하는 것을 우리 집안에 자리한 가장 강력한 정신교육 요소 가운데 하나라고 생각하네. 자네는 처음부터 우리에게서 그런 것을 느꼈을 것이네. 이러한 장애를 극복하기까지는 오랜 시간이 걸리고, 그래서 이러한 장애를 우회하면, 좀 더 비용이 덜 들고 좀 더 쉬운 방법으로 성공할 수 있을 텐데, 라고 이따금 생각할지도 모르네.

(…)

(…) 하나님은 우리의 모든 소원을 이루어 주시는 것이 아니라, 그분의 모든 약속을 지키시네. 이를테면 그분께서는 지상의 주님으로 머무르시며, 그분의 교회를 유지하시고, 우리에게 늘 새로운 신앙을 선사하시고, 우리가 감당할 수 있는 것 이상의 짐을 우리에게 지우시지 않고, 우리로 하여금 그분을 가까이하게 하고, 그분의 도우심을 기뻐하게 하며, 우리의 기도를 들어주시고, 가장 좋고 가장 곧은길 위에서 우리를 그분에게로 인도하시네. 하나님은 확실히 이렇게 하심으로써 우리의 찬양을 받으시네. (…)

테겔, 1944년 8월 21일

(…) 나는 다시 한 번 「로중」에 실린 성구들[293]을 앞에 놓고 묵상했네. 모든 것이 "그리스도 안에" 달려 있는 것 같네. 우리가 하나님께로부터 당연히 기대하고 그분께 간절히 구해도 되는 것은 모두 예수 그리스도 안에서 발견할 수 있네. 우리는 하나님이 모든 것을 해야 하고 또한 할 수 있다고 생각하지만, 그런 하

나님은 예수 그리스도의 하나님과는 아무 관계가 없네. 하나님이 무엇을 약속하시고, 무엇을 성취하시는지를 알려면, 예수의 삶과 발언, 예수의 행위와 수난, 예수의 죽음을 계속해서 아주 오랫동안 매우 차분하게 깊이 생각해야 하네. 확실한 것은 우리가 하나님을 가까이하면서 하나님의 현존 가운데 살아도 되며, 이러한 삶은 우리에게 전혀 새로운 삶이며, 하나님께 불가능한 것이 없기에 우리에게도 불가능한 것이 더는 없으며, 하나님이 동의하지 않으시면 이 세상의 어떤 권력도 우리를 건드릴 수 없으며, 위험과 곤경조차도 우리를 하나님께 더 가까이 몰아갈 뿐이며, 고난 속에 우리의 기쁨이, 죽음 속에 우리의 삶이 숨겨져 있으며, 우리가 고난과 죽음 가운데 있어도 친교가 우리를 떠받친다는 것이네. 하나님은 예수 안에서 이 모든 것에 대해 "예"와 "아멘"을 말씀하셨네. 이 "예"와 "아멘"이야말로 우리가 딛고 서 있는 확고한 토대라네.

이 혼란스러운 시기에는 삶의 이유가 시야에서 사라지게 마련이네. 우리는 아무개가 살아가고 있으니 우리도 살 가치가 있다고 생각하네. 그러나 사실은 다음과 같네. 세상이 인간 예수 그리스도를 품을 가치를 인정받았고, 오직 예수 같은 인간이 살았기 때문에, 우리 인간들이 살 가치가 있다는 것이네. 예수께서 사시지 않았다면, 우리의 삶은 우리가 알고 존경하고 사랑하는 다른 모든 사람에도 불구하고 무의미한 것이 되고 말 것이네. 그렇게 되면 우리 직업의 의미와 과제도 우리의 기억에서 사라지고 말 것이네. 우리 직업의 의미를 가장 간단하게 말할 수는 없을까? "의미"라는 비성서적 개념은 성서가 "약속"이라고 부르는 것을 번역한 것에 지나지 않네.

부질없게 여겨지네만, 이 말들이 자네를 고독 속에서도 안정시키고, 즐겁게 하고, 확고하게 해주기를 바라네. 자네가 이어 가고자 하는 삶의 토대를 다시 한 번 분명하게 다지는 계기가 된다면, 이 고독한 생일은 정말로 무익한 날이 되지 않을 것이네. 나는 종종 저녁에 어린이로부터 어른에 이르기까지 나를 위해 기도하는 모든 이를 떠올리곤 하는데, 이것이 큰 도움이 되더군. 내 삶이 유지되고 있는 것은 아는 이들과 모르는 사람들의 중보기도 덕분이라고 생각하네.

다른 것도 말하지. 신약성서에는 이런 말이 자주 등장하네. "굳게 서 있으십시오."고전 16:13, 엡 6:10, 딤후 2:1, 요일 2:14 악의보다 더 큰 위험은 인간의 약함(어리석음, 의존성, 건망증, 비겁함, 허영심, 부패, 유혹에 쉽게 넘어가는 것 등)이 아닐까? 그리스도께서는 인간을 "선하게" 하실 뿐만 아니라, 굳세게도 하시네. 인간의 약함 때문에 생긴 죄들은 인간의 죄이고, 악의적인 죄들은 악마적이(고 "강하기"까지 하)네. 이것에 대해 더 숙고해 보아야겠네.

잘 지내고, 변함없이 건강하며, 확신을 갖게. (…)

테겔, 1944년 8월 23일

(…) 나에 대해서는 걱정도 하지 말고, 근심도 하지 말게. 하지만 나를 위한 기도는 잊지 말게! 물론 잊을 리 없겠지만. 나는 하나님의 손길과 인도하심을 확신하며, 이 확신 속에서 보호받으리라 믿네. 자네는 내가 하나님께서 인도하시는 길을 감사히 기쁘게 걷고 있음을 조금도 의심해서는 안 되네. 하나님의 선하심이 내 과거의 삶을 가득 채우고, 십자가에 달리신 분의 용서하는 사랑이 죄책을 덮고 있네. 나는 내가 가까이하는 이들에게 가장 많이 감사하며, 그들이 나 때문에 조금도 슬퍼하지 않고, 그저 항상 감사함으로 하나님의 선하심과 용서를 확신하기를 바라네. 내가 이렇게 쓰는 것을 용서하게. 한순간도 슬퍼하거나 불안해하지 말고, 정말로 기뻐하며 살게. 나는 이것을 한번 말하고 싶었네. 자네 말고 누가 이 말을 실제로 기꺼이 들어주겠나.

대단히 미숙하지만, 내용이 내 마음에 쏙 드는 자유에 관한 시[294]를 받았는가?

나는 지금 "기독교의 현황 개관"을 집필 중이네. 유감스럽게도 나의 생산성은 차츰차츰 흡연과 연결되었던 것 같네. 다행히 이와 관련하여 여러 곳에서 잘 공급해 주어 어느 정도 진척되고 있네. 나는 나의 명제들, 특히 비판적인 1부에 들어 있는 명제들에 이따금 놀라곤 하네. 실제적인 것을 쓸 수 있을 것 같아 기쁘네. 그러나 모든 것이 협의를 거치지 않은 탓인지 너무 조잡해 보이는군. 지금 상태로는 출판할 수 없을 정도라네. 나중에 "정화 장치"를 거쳐야겠네! 내 생각에는 필체도 읽기 쉽지 않아서 보내기도 어려운 것 같네. (이상하게도 나는 글을 쓸 때면 글씨를 휘갈겨 쓰고, 교정도 그리하지 않으면 안 된다네!) 또 한 번 정서할 것 같네. (…)

자네가 안팎으로 점점 더 많이 평온해지기를 진심으로 바라네. 하나님께서 자네와 우리 모두를 지켜 주시고, 조만간 즐거운 재회를 우리에게 선사해 주시기를! 감사와 신뢰와 매일의 중보기도 속에서 자네를 생각하며.

자네의 디트리히

친구

무거운 대지,
혈통과 혈족과 맹세가
힘을 떨치며 신성한 대접을 받는 곳,
지구 자체가
광기와 악행에 맞서
태고의 신성한 질서들을
지키고 보호하고 복수하는 곳,
지구의 무거운 대지로부터가 아니라,
맹세도 법도 필요 없는
정신의 자유로운 기쁨과 자유로운 갈망으로부터
친구는 친구에게 선사되지.

경외심을 품은 채 경작하고 가꾸며,
노동의 땀과,
그래야 한다면

육신의 피까지 제물로 바치는

비옥한 밀밭 옆에,

일용할 양식을 주는 밭 옆에,

사람들은 아름다운 수레국화들도 피게 하지.

누가 심지도 않고, 물을 주지도 않았건만,

수레국화들은 무방비 상태로 자유로이 자라며,

넓은 하늘 아래서

누군가 자신들에게

생명을 주리라

명랑하게 확신하지.

꼭 필요한 것,

무거운 대지의 재료로 만들어진 것과 나란히,

결혼, 노동, 칼과 나란히

벌판도

살아서

태양을 향해 자라려고 하지.

잘 익은 열매뿐 아니라

꽃들도 아름답지.

꽃이 열매에 이바지하는지,

열매가 꽃에 이바지하는지,

누가 알랴?

그러나 우리에게는 둘 다 주어졌지.

가장 귀중하고 가장 진기한 꽃

—행복한 시간에

하늘거리며 모험하며 신뢰하는 정신의

자유에서 피어나는 꽃—이지,

친구에게 친구는.

놀이 친구들이 제일이지.

정신의 풍성한 여행길에 올라

말할 수 없이 아름다운

머나먼 나라로 가는 친구들,

아침 해의 노을에 싸여

황금처럼 반짝이는 친구들,

뜨거운 대낮에

푸른 하늘의 옅은 구름들이

맞이하는 친구들,

머리끝이 곤두서는 밤

등불이 빛날 때
숨겨진 비밀의 보물처럼
찾는 이를 꾀는 친구들.

정신이
위대하고 명랑하고 기발하게 사고하는
사람의 마음과 이마를 건드려,
그로 하여금 맑은 눈과 대담한 몸짓으로
세상을 똑바로 보게 할 때,
행위가 정신에서 비롯되어
사람을 세우기도 하고 넘어뜨리기도 할 때,
남자의 삶에
내용과 의미를 부여하는
일이 행위에서
힘차고 건강하게
자랄 때,
활동적이고 능동적이며 고독한 인간은
우정과 이해의 정신을 갈망하지.
정신이 뛰어들어 하루의 먼지를 씻어 내고,

정신이 안겨 무더위를 식히는

맑고 시원한 호수와도 같고,

정신이 위험과 혼란을 겪은 뒤

돌아가서

피난처와 격려와 힘을 얻는 성채와도 같지,

친구에게 친구는.

그리고 정신은 신뢰하려 하지,

무한히 신뢰하려 하지.

선의 그늘 속에서

질투와 의심과 호기심을 먹고 사는

벌레들을 싫어하고,

자유로운 사상의 비밀과

정직한 마음의 비밀을

두려워하고 미워하고 뿌리치며

독설毒舌로 쉬쉬 소리 내는

뱀을 싫어한 나머지,

정신은

온갖 겉치장을 벗어던지고,

친한 정신에게

자기 마음속을 온전히 터놓으며,

자유롭고 성실하게 그것과 결합하기를 열망하지.

정신은 질투 없이 긍정하고,

인정하고,

감사하고,

기뻐하지, 다른 정신을.

다른 정신을 보고 강해지지.

엄격한 척도와

엄한 질책에도

정신은 기꺼이 굴복하지.

성숙한 사람이

충실한 친구에게서 구하는 것은

명령이나 강제적인 법규나 낯선 가르침이 아니라,

해방하는 충고,

선하고 진지한 충고이지.

멀든 가깝든

행복하든 불행하든

한 사람은 다른 사람에게서

자유와

인간애에 이바지하는

충실한 조력자를 알아보지.

8월 28일 아침

한밤에 경보기가 울부짖을 때
나 조용히 오래도록 그대를 생각했네,
어찌 지내는지, 어찌 지냈는지를.
나 소망하네, 새해에는 그대가 귀향하기만을.

오랜 침묵 뒤 한 시 반에
나 위험이 지나갔다는 신호음을 듣네.
나 그때 보았네, 밝은 표지를,
모든 위험이 그대 곁을 살그머니 지나갔다는 표지를.

요나[295]

저들은 죽음 앞에서 소리쳤다. 저들의 몸은 붙잡았다,
물에 젖고 폭풍에 할퀸 밧줄을.
당황한 시선들은 공포에 사로잡혀 바라보았다,
고삐 풀려 제멋대로 날뛰는 바다를.
"영원하고, 선하시며, 노하시는 신들이시여,
우리를 도우시든지 아니면 표적을 주시어 알려 주소서,
남모르는 죄로 당신들을 노하게 한 자를,
살인자나 서약 위반자나 조롱하는 자를.

그는 자신의 악행을 감추어 우리에게 화가 임하게 하고
자신의 알량한 이익을 자랑하는 자니이다!"
이렇게 저들은 탄원했다.
그러자 요나는 말했다. "내가 바로 그 자요!
내가 하나님 앞에 죄를 지었소. 나를 죽이시오.

나를 던져 버리시오! 죄는 내가 지었소. 하나님께서 나에게 화내고

계시오.

죄인 때문에 경건한 이가 죽어선 안 되오!"

저들은 크게 무서워했다. 하지만 억센 손으로

죄인을 쫓아냈다. 그제야 바다가 잔잔해졌다.

프린츠-알브레히트-슈트라세 지하 감옥에서 보낸 소식

프린츠-알브레히트-슈트라세, 1944년 12월 28일

사랑하는 어머니!

방금 저는 정말 기쁘게도 어머니의 생신을 앞두고 편지해도 된다는 허락을 받았습니다. 곧 발송해야 하므로 급히 서둘러서 씁니다. 실로 저는 단 한 가지 소원만을 품고 있습니다. 그것은 이 암울한 시절에 어떻게든 어머니를 기쁘게 해드리는 것입니다. 사랑하는 어머니, 어머니께서는 이 사실을 꼭 알아 두셔야 합니다. 제가 날마다 어머니와 아버지를 수없이 떠올리며, 두 분께서 저와 온 가족을 위해 살게 해주셔서 하나님께 감사하고 있다는 것을요. 저는 어머니께서 늘 저희를 위해 살아오셨고, 정작 어머니 자신의 삶은 없었음을 잘 압니다. 그러므로 제가 지금 겪고 있는 모든 것을 두 분과만 함께 겪을 수 있는 것 같습니다.

(…) 지난해 제 감방 안으로 사랑을 들여보내 주셔서, 날마다 제 마음을 더 가볍게 해주셔서 감사드립니다. 이 힘겨운 몇 해를 보내는 동안 우리는 전보다 훨씬 친밀해진 것 같습니다. 새해에는 어머니와 아버지, (…)와 우리가 모두 여기저기서 기쁨의 순간을 맛보고, 또 한 번 함께 기뻐할 수 있기를 바랍니다. 하나님께서 부모님을 건강하게 지켜 주시기를 빕니다! 사랑하고 또 사랑하는 어머니, 어머니께 문안 편지를 올리며, 어머니의 생신날 마음을 다해 어머니를 생각하겠습니다.

부모님께 늘 감사하는 디트리히 올림.

선한 권능에 감싸여

1.

선한 권능에 어린애같이 고요히 감싸여
보호와 위로를 받으니 놀라워라.
나 이 날들을 그대들과 함께 살려네.
새해를 그대들과 함께 맞이하려네.

2.

묵은해가 우리의 마음을 괴롭히고,
괴로운 날들의 무거운 짐이 우리를 누르려 하니,
오오, 주님, 우리의 놀란 영혼에
우리를 위해 행하신 구원을 베푸소서.

3.

당신께서 괴로운 잔, 쓴 잔,
철철 넘치는 고난의 잔을 건네시니,
당신의 선하시고 사랑스러운 손에서

떨지 않고 감사히 받아 마십니다.

4.

그러나 당신께서 우리에게 다시 한 번 기쁨을 베푸시어
이 세상과 그 햇살을 보게 하신다면,
과거를 잊지 않고
우리의 일생을 온전히 당신께 바치겠습니다.

5.

당신께서 우리의 어둠 속에 들여보내신
양초가 오늘 따스하게 환히 타오르게 하시고,
되도록 우리를 다시 만나게 해 주소서!
우리는 아오니, 당신의 빛은 밤에 반짝입니다.

6.

고요가 우리 주위에 짙게 퍼지고 있으니,
우리에게 들려주소서, 보이지 않게 주위에 퍼지는
세상의 저 충만한 소리를,
당신의 모든 자녀가 부르는 힘찬 찬송 소리를.

7.

놀랍게도 선한 권능에 감싸여 보호를 받으니
우리는 다가올 일을 자신 있게 기다리노라.
하나님은 저녁에도 아침에도 우리와 함께하시고,
새날에도 확실히 함께하신다.

프린츠-알브레히트-슈트라세, 1945년 1월 17일

사랑하는 부모님!

(…) 저는 사람이 얼마나 적은 것으로 살아갈 수 있는지를 지난 2년 동안 배웠습니다. (…) 지금 수많은 사람이 어떻게 날마다 모든 것을 잃고 있는지를 생각하면, 어떤 소유도 더는 주장하지 못할 것 같습니다. (…)

H.-W[296]는 지금 동부에서 비행 중인지요? R.[297]의 남편은 어찌 지내는지요? 부모님의 편지에 감사드립니다. (…) 이곳에서 저는 편지를 외울 수 있을 때까지 읽는답니다!

몇 가지 부탁할 게 있습니다. 유감스럽게도 오늘은 책이 한 권도 차입되지 않았습니다. 존더레거Sonderegger 수사관이 틈틈이 받아 줄 것입니다(…). 그렇게 되면 정말 고맙겠습니다. 이번에는 성냥과 때수건 그리고 그냥 수건도 떨어졌습니다. 이렇게 말씀드리는 것을 용서해 주시기 바랍니다. 그 밖의 것은 모두 다 좋습니다! 정말 감사합니다! 치약과 약간의 커피 원두(…)를 들여보내 주실 수 있는지요? 사랑하는 아버지, 도서관에서 **하인리히 페스탈로치**Heinrich Pestalozzi의 『린하르트와 게르트루트』*Lienhard und Gertrud*와 『은자의 저녁 시간』,*Abendstunde eines Einsiedler* **파울 나토르프**Paul Natorp의 『사회교육학』,*Sozialpädagogik* **플루타르크**Plutarch의 『영웅전』*Große Männer. Biographien*을 구해 주실 수 있는지요?

저는 잘 지내고 있습니다. 건강히 지내십시오! 범사에 감사하십시오. (…) 진심으로 부모님께 문안 편지를 올리며.

부모님께 늘 감사하는 디트리히 올림.

부록—최후의 며칠

부활절이 지난 1945년 4월 3일 화요일 늦은 저녁때였다. 서쪽에서 미국 대포 소리가 울려왔다. 볼품없고 폐쇄된 목탄차 한 대가 부헨발트 강제수용소 입구에서 빠져나가 야음夜陰 속으로 들어갔다. 목탄차의 앞 공간에는 동력 발생기에 쓸 장작이 높이 쌓여 있었다. 그 뒤에는 열여섯 명의 죄수가 자신들의 수화물을 들고서, 여덟 명만 수용할 수 있도록 설계된 공간에 자리 잡으려 애쓰고 있었다. 동료 죄수들에게서 위안을 받는 이에게는 좋은 상황이 아니었다. 요제프 뮐러, 게레Gehre 대위, 알렉산더 프라이헤르 폰 팔켄하우젠Alexander Freiherr von Falkenhausen 장군, 프리드리히 폰 라베나우Friedrich von Rabenau 장군(마지막 두 달 동안 디트리히 본회퍼와 감방을 함께 쓰며 자주 체스 대국을 두던 이), 헤르만 퓐더Hermann Pünder 서기관, 몰로토프Molotow의 조카이자 소련 공군 장교

바실리 코코린,Wassili Kokorin 영국 공군 장교 휴 폴커너,Hugh Falconer 페인 베스트,Payne Best 폰 페터스도르프von Petersdorff와 그 밖의 사람들, 이들 모두 부헨발트 강제수용소의 창문 없는 지하 감옥에 수용되었던 저명인사들이다. 차는 매시간 한 번씩 멈춰 섰다. 동력 발생기의 연도煙道를 청소해야 했기 때문이다. 차 안에는 전등도 없고, 먹을 것과 마실 것도 없었다. 본회퍼가 자신의 소장품 중에서 전에 배급받은 담배를 찾아내 돌렸다. 새벽녘에 장작이 줄어들었고, 죄수 가운데 두 사람씩 교대로 입구에 설 수 있게 되었다. 누군가가 한 마을을 알아보았다. 차의 진행 방향이 달갑지 않았다. 남동쪽으로 가고 있는 게 분명했다. 그쪽에는 또 하나의 수용소가 자리하고 있었다. 승객들은 그 수용소의 이름과 용도를 알고 있었다. 그 수용소는 플로센뷔르크 수용소였다. 간수들은 이제 조반을 마련해 주기까지 했다.

부활절이 지난 수요일 정오 무렵, 그들은 바이덴에 이르렀다. 왼쪽으로 꺾으면 좁은 골짜기로 접어들어 플로센뷔르크로 올라가게 될 터였다. 차가 멈추었다. 밖에서 말다툼 소리가 들려왔다. "계속 가시오. 그대들을 받아들일 수 없소……꽉 찼소!" 목탄차는 다시 움직이며 곧장 남쪽으로 향했다. 플로센뷔르크는 집단 학살 수용소가 아니던가? 그러나 몇 킬로미터 못 가서 경찰 운전자 두 명이 손짓으로 정차하라는 신호를 했다. 지시가 바뀐 것일까? 그들은 뮐러와 해군 중령 리디히 Liedig를 호명했고, 이들은 뒤에 있는 수화물 더미에서 자신들의 소지품을 챙겨 차에서 내렸다. 디트리히 본회퍼는 몸을 뒤로 젖혀 보이지 않게 했다. 하지만 검은 안대를 착용하고 있던 불행한 사람 게레는 뮐러와 감방을 같이 썼던 까닭에 뒤쫓아 뛰어내렸다. 요제프 뮐러는 탈주하지만, 게레는 4월 9일에 본회퍼와 함께 플로센뷔르크에서 운명을 같이하게 된다. 결국, 다시 출발했지만, 넓어진 차 안에서는 압박감이 사라질 줄 몰랐다. 하지만 지금은 플로센뷔르크를 뒤로하고 있었고, 간수들도 긴장이 풀려 더 호의적인 태도를 취했다. 그들은 한 농가 앞에 이르러, 자신들이 맡은 사람들을 하차하게 했다. 몇 달 동안 지하 감옥살이를 하고 나서 맛보는 자유의 공기였다! 남자들은 허락을 받고 안마당에 있는 펌프로 다가갔다. 농부의 아내가 우유 한 주전자와 호밀 빵을 내왔다. 상쾌하고 화창한 오후였고, 아래쪽으로는 나아프 골짜기가 내려다보였다.

땅거미가 내려앉을 무렵, 목탄차는 레겐스부르크에 진입했다. 이곳도 초만원이었다. 마침내 문이 열렸고, 그들은 법원 교도소 안으로 들어가라는 명령을 받았다. 너무 급작스럽게 벌어진 일이어서, 그들은 어안이 벙벙할 따름이었다. 교도소 간수들 가운데 하나가 이렇게 말했다. "또 지체 높은 귀족들이시군. 2층에 있는 다른 자들에게로 올려 보내셔." 2층 복도에는 연좌제에 걸린 가족들이 다음과 같이 노소 불문하고 먼저 도착하여 누워 있거나 걸어 다니고 있었다. 칼 프리드리히 괴어델러Carl Friedrich Goerdeler 가족, 클라우스 솅크 폰 슈타우펜베르크Claus Schenk von Stauffenberg 가족, 프란츠 할더Franz Halder 가족, 울리히 폰 하셀Ulrich von Hassell 가족. 방금 도착한 이들은 다섯 명씩 짝을 지어 독방에 들어가야 했다. 하지만 각자 함께 독방에 들어갈 사람을 고를 수 있었다. 본회퍼는 폰 라베나우, 퓐더, 폰 팔켄하우젠, 장군의 동생 회프너Höppner 박사와 감방을 같이 썼다. 취사장은 닫혀 있었다. 하지만 수감자들이 오랫동안 아우성을 치자, 이에 겁먹은 간수가 야채 수프와 빵 한 덩이를 찾아와 나누어 주었다.

이 부활절 주간의 목요일 아침에 세면실 문이 열리자, 통로마다 식별과 소개와 교환이 이루어졌다. 베스트에 의하면, 교도소에서 맞이하는 아침이라기보다는 성대한 환영 파티 같았다고 한다. 간수들은 어찌할 바를 몰라 사람들을 감방 안으로 들여보내려고 안간힘을 썼다. 결국, 그들은 식사를 감방에 들여놓았고, "국사범들"은 서서히 빗장 뒤로 들어가 앉았다. 본회퍼는 감방 출입구의 빗장 곁에서 대부분의 시간을 보내며, 프린츠-알브레히트-슈트라세에서 알게 된 동료 수감자들에 대해 이들의 여러 친척에게 알려 주었다. 프린츠-알브레히트-슈트라세는 그가 2월 7일까지 지내면서 한스 뵘,Hans Böhm 파비안 폰 슐라브렌도르프,Fabian von Schlabrendorff 한스 폰 도나니와 수차례 대화를 나눈 곳이었다. 그는 괴어델러의 미망인에게 남편의 마지막 몇 주에 대해 전했고, 자신의 부모가 존더레거 수사관을 통해 보내온 풍성한 성탄절 소포를 그에게 나누어 주었다는 사실도 이야기했다. 본회퍼는 기분이 썩 좋아져서, 자신이 최악의 위험 지대에서 벗어났다고 말했다. 물론 부모 걱정과 약혼녀 걱정은 떨쳐 버리거나 날려 버릴 수 있는 것이 아니었다. 공습경보로 대화가 중단되었다. 하지만 다들 교도소 지하실로 들어간 뒤에는 아침에 했던 놀이가 되풀이되었다. 바깥에는 조차장操車場이 있었는데, 이리저리 휘어진 선로, 기관차들, 자동차들이 뒤엉켜 있었다.

해가 질 무렵에야 조용해졌고, 피곤이 몰려왔다. 하지만 부헨발트 수용소 간수 하나가 와서 수감자들을 아래로 불러내려 유명한 목탄차 안으로 데려갔다. 목탄차는 찬바람이

휘몰아치며 비까지 내리는 야음 속으로 들어갔다. 기분이 좋은 상태에서 출발하여 다뉴브 강을 따라 이동했다. 하지만 차는 몇 킬로미터 못 가서 미끄러지다가 멈춰 서고 말았다. 전문가인 폴커너가 확인해 보니, 조향장치가 완전히 부서진 상태였다. 도로 위에서 제거할 수 있는 결함이 아니었다. 레겐스부르크 경찰서에서 다른 차량을 보내 줄 것인지 아닌지는 지나가는 사람들에게 달려 있었다. 간수들은 경기관총을 들고 있었음에도 무방비 상태의 국도변에 널브러진 자동차들 사이에 자리하고 있어서 마음이 편치 않았다. 비까지 목탄차를 점점 더 세게 때려대고 있었다.

부활절 주간의 금요일인 4월 6일 아침 동이 트자, 간수들은 자신들의 피후견인들을 밖으로 나오게 하여, 운동으로 몸을 조금 풀게 했다. 정오 무렵 마침내 레겐스부르크에서 대단히 멋진 버스 한 대가 왔다. 대형 창문들이 온전히 달려 있는 버스였다. 수감자들은 소지품들을 옮겨 실었다. 본회퍼는 성서와 괴테의 책과 플루타르크의 책 등 자신이 아끼는 책 여러 권을 변함없이 휴대했다. 부헨발트에서부터 동행하며 완전히 정이 든 간수들은 폐차와 함께 남고, 새로 온 친위대 분견대원 열 명이 경기관총을 들고 수송을 맡았다. 대형 창문을 통해 사랑스러운 시골을 내다보고, 다뉴브 강에서 위쪽으로 올라가며, 메텐 수도원을 거쳐 아달베르트 슈티프터의 바이에른 삼림지대로 들어가는 것은 새로운 즐거움이었다. 시골소녀들이 함께 타기를 원했고, 그들이 올라타자, 운전자는 그들에게 이 멋진 버스 안에 있는 일행은 영화 회사 직원들로서 선전 영화를 촬영하러 가는 중이라고 말했다. 친위대 대원들은 한 농가에서 달걀을 모자에 듬뿍 담아 와 자기들끼리만 먹었다.

이른 오후에 목적지에 다다랐다. 츠비젤 아래쪽에 있는 쇤베르크는 삼림지대 한가운데 자리한 매력적인 촌락이었다. 일행은 그곳의 마을 학교에서 짐을 내리기 시작했다. 연좌제에 걸린 가족들이 이미 그곳에 와 있었다. "국사범들"은 일층 강당으로 들어갔다. 베르크탈 쪽으로 삼면에 창문이 달려 있는 강당이었다. 이곳에는 제대로 된 침상과 모포가 갖추어져 있었다. 입구는 폐쇄되어 있었지만, 햇볕이 잘 들고 따스했다. 본회퍼는 창문을 열어 놓고 오랫동안 앉아서 햇볕을 받으며 퓐더와 잡담을 나누고, 코코린에게 러시아어를 배우고, 그에게 기독교 신앙의 본질에 관해 이야기해 주기도 했다. 모든 것이 새롭고 아름다운 환경에 둘러싸여 쾌적했다. 다들 벙글거리며 침상 위에 자기 이름을 힘주어 적었다. 급식만 해결되지 않았다. 이 지역이 동쪽과 서쪽에서 밀려든 피난민들로 꽉 차서, 양식을 실어 나를 차량도 조달할 수 없고, 휘발유도 없다는 정확한 설명에도 불구하고 불평들이 쌓여갔다. 물론 나중에 다른 목적으로 쓸 휘발유와 차량은 있었다. 결국, 연좌제에 걸린 가족들, 곧 좀 더 자유로운 사람들을 통해 동정심 많은 마을 사람들과의 접촉이 이루어져, 껍질째 삶은 감자 한 대접을 구했고, 다른 날에는 감자 샐러드를 구했다.

토요일은 모두에게 멋진 날이었다. 그날은 화젯거리와 함께 시작되었다. 베스트가 자신의 배낭에서 전기면도기를 찾아내는 바람에, 모든 남자가 저마다 그것을 콘센트에 꽂아 자신의 복지를 호사스럽게 개선할 수 있었다. 대화가 모스크바에서 시작하여 베를린을 거쳐 런던으로 오가기를 거듭했다. 어학 강의, 휴식, 햇볕 쬐기, 이 비현실적 상황이 어떻게든 잘 해결되기를 바라는 마음이 그날을 가득 채웠다. 이례적으로 넓은 공간 덕분에 산책도 온전히 할 수 있었다. 그들은 전국이 혼란 상태이니 더는 재판이 진행되지 않으리라고 여겼다. 이 공간을 같이 쓰는 회원들 사이에 끈끈한 유대가 이루어졌다. 불신은 없고, 유머만 넘쳤다.

하지만 그사이에 다른 곳에서는 기계장치가 여전히 정

교하게 작동하면서, 이미 저질러진 친절한 실수를 무자비하게 바로잡으려고 했다.

부활절 주간의 저 금요일 오후에, 친위대 연대의 지휘관이자 고위 행정 관리 발터 후펜코텐Walter Huppenkothen이 작센하우젠 강제수용소에서 베를린으로 돌아갔다. 방금 강제수용소 지휘관들과 함께 즉결 재판을 통해 반 의식불명 상태로 들것에 누워 있는 도나니, 곧 본회퍼의 자형에게 사형을 선고하게 하고 돌아간 것이었다. 전날에는 베를린에서 히틀러와 함께한 정오 협의에서 저항 인사들 가운데 누구를 파멸시키고, 누구를 계속 남행하게 할지를 놓고 완전한 구상이 이루어진 상태였다. 토요일에 후펜코텐은 휘발유, 여러 개의 여행용 가방, 중요 문서들과 카나리스 제독의 고발 일지를 챙겨 들고 다시 남행길에 올랐다. 같은 날 그는 플로센뷔르크 강제수용소에 도착하여 곧바로 약식 즉결 재판을 준비했다. 친위대 출신 판사 오토 토르베크Otto Thorbeck 박사가 즉결 재판장의 자격으로 호출을 받고 뉘른베르크에서 플로센뷔르크로 오는 중이었다. 토르베크는 일요일 아침에 화물 열차를 타고 바이덴까지 간 다음, 자전거를 타고 나머지 20킬로미터를 달려 플로센뷔르크로 올라가서 자기 임무에 임했다. 플로센뷔르크 강제수용소에서는 카나리스, 오스터, 칼 자크,Karl Sack 슈트룅크,Strünk 게레, 본회퍼를 상대로 최종 재판을 시작할 만반의 준비가 되어 있는지를 점검했다. 하지만 출석할 인원 보고가 맞지 않았다. 본회퍼는 어디에 숨었던 것일까? 그들은 일요일로 넘어가는 밤중에 다수의 감방 문을 열고, 수감자에게 부헨발트에서 이감된 본회퍼가 아니냐고 물었다. 그들은 슐라브렌도르프에게 "당신이 본회퍼지"라며 두 차례나 고함쳤고, 요제프 뮐러와 리디히에게도 그리했다. 본회퍼는 그곳에 없었다. 그는 남쪽으로 이송되고 있음이 틀림없었다. 정말 그랬다. 이 조직에서는 차량과 휘발유 공급이 여전히 작동하고 있었다. 거의 200킬로미터에 달하는 산길과 골짜기 길을 거쳐 쇤베르크에 갔다 돌아오는데 꼬박 일요일 하루가 걸렸다.

쇤베르크에 있는 학교에서도 부활절 후 첫 주일 예배 의식을 거행했다. 퓐더가 본회퍼에게 아침 예배를 인도해 달라고 부탁해서 성사된 예배였다. 하지만 본회퍼는 그럴 마음이 없었다. 동료들 다수가 가톨릭교도였고, 그 자리에는 젊은 코코린도 있었다. 본회퍼는 코코린과 가까이 지내며 자신의 베를린 주소와 코코린의 모스크바 주소를 교환한 상태였지만 그에게 예배 공세를 펴고 싶지 않았다. 그러나 코코린은 예배를 지지했고, 본회퍼는 전반적인 바람을 받아들여 예배를 인도했다. 그는 부활절 후 첫째 주일 본문을 읽고 기도문들을 읽은 다음, 동료들에게 그날의 성서 구절을 읽어 주었다. 그날의 성서 구절은 "그가 매를 맞음으로써 우리의 병이 나았다"사 53:5와 "우리 주 예수 그리스도의 하나님 아버지께 찬양을 드립시다. 하나님께서는 그 크신 자비로 우리를 새로 태어나게 하셨습니다. 그리하여 그는, 죽은 사람들 가운데서 예수 그리스도가 부활하심으로 말미암아 우리로 하여금 산 소망을 갖게 해 주셨으며"벧전 1:3였다.

그는 그들 모두에게 이 공통의 소란스러운 감금 상태를 안겨 준 생각들과 결심들에 관해 말했다. 이 예배가 끝나자 연좌제에 걸린 가족들이 본회퍼가 자신들의 교실로 몰래 들어와서 예배를 인도해 주기를 원했다. 하지만 얼마 지나지 않아 문이 열리고 민간인 복장의 두 사람이 소리쳐 불렀다. "본회퍼 죄수, 우리와 함께 갈 수 있도록 준비하시오!"

그는 소지품을 주섬주섬 그러모았다. 그러고는 무딘 연필을 들고 플루타르크의 책 앞부분, 중간 부분, 뒷부분에 자신의 주소와 이름을 큼지막한 글자로 적어 넣은 다음 그냥 내버려 두었다. 이후의 혼란 속에서 자신의 발자취를 분명히 알리기 위해서였다. 괴어델러의 아들들 가운데 하나가 마지막 삶의 표시인 그 책을 보관하고 있다가, 몇 해 뒤에 본회퍼의 가족에게 건네주었다. 그 책은 그가 프린츠-알브레히트-슈트라세에서 마지막으로 보낸 1월 17일자 편지에서 구해 달라고 간청하고, 존더레거 수사관을 통해 자신의 생일인 2월 4일에 받은 책이었다.

그는 페인 베스트에게 고국으로 돌아가거든 치체스터의 주교에게 안부를 전해 달라고 부탁했다. "이로써 끝입니다. 그러나 나에게는 삶의 시작입니다." 이 말은 페인 베스트가 우리에게 전해 준 본회퍼의 마지막 말이었다. 본회퍼는 계단을 급히 내려가면서 괴어델러 여사와 작별 인사를 나누기도 했다.

이 일요일 여행은 저녁 늦게까지 이어졌다. 즉결재판은 꼼꼼히 집행되었다고 한다. 재판장은 토르베크, 검사는 후펜코텐, 배석판사는 수용소 소장이 맡았다. 그들은 피고들을 개별적으로 심문하고, 서로 대질시켰다. 그들은 카나리스와 오스터, 전에 베를린에서 페렐스에게 많은 도움을 준 육군 재판관 칼 자크, 슈트룅크, 게레, 그리고 마지막으로 디트리히 본회퍼였다. 자정이 지나 카나리스가 잠시 비웠던 자신의 감방으로 돌아와, 옆 감방에 있는 덴마크군 한스-마티센 룬딩Hans-Mathiesen Lunding 대령에게 "나는 이제 끝이오"라고 노크 소리로 알렸다.

한편 1차 수송차는 동이 트기 전에 히알마르 샤흐트,Hjalmar Schacht 프란츠 할더, 보기슬라브 폰 보닌,Bogislaw von Bonin 쿠르트 에틀러 폰 슈슈니크Kurt Edler von Schuschnigg 가족, 게오르크 토마스Georg Thomas 장군을 태우고 플로센뷔르크를 떠나, 알프스 산맥으로 들어가는 비밀 행렬과 한 무리가 되었다. 프린츠-알브레히트-슈트라세의 수석 집행관 고갈라Gogalla가 수송을 지휘했다. 그는 비밀 "국가 업무 서류"를 지니고 있었다. 죄수 가운데 특정 인사들을 깍듯이 예우하여 살려 두라는 명령이 담긴 서류였다. 도중에 수송차는 쇤베르크에 정차하여 폰 팔켄하우젠, 코코린, 페인 베스트, 휴 폴커너를 태웠고, 다하우에서는 마르틴 니묄러도 태웠다.

그러나 플로센뷔르크에서는 4월 9일 월요일 새벽녘에 결코 살려 두어서는 안 될 이들에 대한 사형이 집행되었다. 수용소에서 근무하던 의사는 본회퍼가 대기실에서 무릎을 꿇고 기도하는 모습을 목격했다.

필립 폰 헤센Philip von Hessen 공은 성서와 괴테의 책 한 권을 자신의 감방에 지니고 있다가 그 속에 디트리히 본회퍼의 이름이 적혀 있는 것을 발견했다. 같은 날 작센하우젠에서는 본회퍼의 자형 한스 폰 도나니가 처형당했다.

주

1. 이성, 원칙, 양심, 자유, 덕행.—옮긴이
2. 잠 1:7, 9:10, 시 111:10.—옮긴이
3. 렘 32:15.—옮긴이
4. 본회퍼가 이 "해명서"의 최종판에 수록하지 않은 원고다.
5. 요한복음 17장.—옮긴이
6. 1943년 5월 4일의 오기(誤記).
7. 도이체 알게마이네 차이퉁(Deutsche Allgemeine Zeitung).—옮긴이
8. 본회퍼의 약혼녀 마리아 폰 베데마이어(Maria von Wedemeyer).—옮긴이
9. 본회퍼의 조카딸 레나테 슐라이허(Renate Schleicher). 본회퍼의 누나 우르줄라(Ursula)와 그의 자형 뤼디거 슐라이허(Rüdiger Schleicher) 사이에서 태어나 이 책의 편집자 에버하르트 베트게와 결혼했다.—옮긴이
10. 레나테 슐라이허와 에버하르트 베트게가 결혼한 날은 1943년 5월 15일이다.—옮긴이
11. 결혼 당사자인 레나테와 베트게.—옮긴이
12. 레나테.—옮긴이
13. "그러므로 그리스도께서 하나님의 영광을 드러내시려고 여러분을 받아들이신 것과 같이, 여러분도 서로 받아들이십시오."—옮긴이
14. "만물보다 더 거짓되고 아주 썩은 것은 사람의 마음이니, 누가 그 속을 알 수 있습니까?"(렘 17:9)—옮긴이
15. 시 31:15.—옮긴이
16. 시 13:1.—옮긴이
17. 정식 명칭은 『시대정신과 베른 정신』(*Zeitgeist und Berner Geist*)이다.—옮긴이
18. 쇠네 어르신은 본회퍼가(家)의 이웃이었다. 디트리히 본회퍼의 둘째 형 발터(Walter)가 1차 세계대전에 참전하여 전사했을 때 그의 어머니가 잠시 쇠네 씨

집에서 요양했다. 에버하르트 베트게, 『디트리히 본회퍼: 신학자-그리스도인-동시대인』(복 있는 사람), 82쪽 참조.—옮긴이

19. 아달베르트 슈티프터(Adalbert Stifter).—옮긴이

20. 슈티프터의 삼림 묘사는 『보헤미아의 숲 / 숲 속의 오솔길』(문학과지성사)과 『늦여름 1·2』(문학동네) 참조.—옮긴이

21. 레나테 슐라이허.—옮긴이

22. 이 설교문은 본회퍼가 레나테 슐라이허와 에버하르트 베트게의 결혼식을 위해 쓴 글이다.—옮긴이

23. 에버하르트 베트게.—옮긴이

24. 레나테 슐라이허.—옮긴이

25. 마 19:6.—옮긴이

26. 골 3:18-19.—옮긴이

27. 창 2:20.—옮긴이

28. 창 2:24.—옮긴이

29. 엡 5:28.—옮긴이

30. 잠 31:11-13, 15, 20, 25, 28-29.—옮긴이

31. 잠 31:10.—옮긴이

32. 잠 12:4.—옮긴이

33. 엡 5:23.—옮긴이

34. 시 127:3.—옮긴이

35. "네 부모를 공경하여라."(출 20:12)—옮긴이

36. 창 3:17.—옮긴이

37. 창 3:16.—옮긴이

38. 창 3:18.—옮긴이

39. 창 3:19.—옮긴이

40. 롬 15:7.—옮긴이

41. 엡 1:12.—옮긴이

42. 『실용주의적 관점에서 본 인간학』(*Anthropologie in pragmatischer Hinsicht*).—옮긴이

43. 『야코프의 스위스 편력』(*Jacobs Wanderungen durch die Schweiz*).—옮긴이

44. 잠 24:10.—옮긴이
45. 딤후 1:7.—옮긴이
46. 행 2:1-7 참조.—옮긴이
47. 창 11:1-9 참조.—옮긴이
48. 레나테 베트게.—옮긴이
49. 디트리히 본회퍼의 아버지 칼 본회퍼(Karl Bonhoeffer)는 1933년 법원의 의뢰를 받아 제국 의회 의사당 방화사건 용의자 마리누스 판 더 루베(Marinus van der Lube)의 정신 감정을 맡기도 했다. 에버하르트 베트게, 『디트리히 본회퍼: 신학자-그리스도인-동시대인』(복 있는 사람), 413쪽 참조.—옮긴이
50. 본회퍼의 여동생 자비네 라이프홀츠(Sabine Leibholz)와 게르하르트 라이프홀츠(Gerhard Leibholz) 사이에서 태어난 마리안네 라이프홀츠(Marianne Leibholz).
51. 아돌프 슐라터(Adolf Schlatter).—옮긴이
52. 1943년 7월 25일의 오기(誤記).
53. 칼 레버레히트 임머만(Karl Leberecht Immermann).—옮긴이
54. 테오드르 폰타네(Theodor Fontane).—옮긴이
55. 고트프리트 켈러(Gottfried Keller).—옮긴이
56. 한스 폰 도나니는 같은 시간대에 레어터슈트라세 교도소에 수감되어 있었다.
57. 안드레아스(W. Andreas), 『베네치아인들의 정치적 수완과 사교술』(*Staatskunst und Diplomatie der Venezianer im Spiegel ihrer Gesandtenberichte*).—옮긴이
58. 고트프리트 켈러, 『초록의 하인리히』(한길사).—옮긴이
59. 발터 마에츠(Walter Maetz).—옮긴이
60. 레 26:6.—옮긴이
61. 한스 델브뤼크(Hans Delbrück).—옮긴이
62. 폴 헨리 드 크루프(Paul Henry de Kruif), 『미생물을 쫓는 사람』(교문사).—옮긴이
63. 테오도르 슈토름(Theodor Storm).—옮긴이
64. 루트비히 울란트(Ludwig Uhland)의 시 '한 전우가 있었네'(Ich hatt' einen Kameraden)의 한 소절.—옮긴이
65. 렘 45:4-5.—옮긴이

66. 시 60:2.—옮긴이

67. 발터 마에츠.—옮긴이

68. 팔름슈트룀은 크리스티안 모르겐슈테른(Christian Morgenstern)의 시 '백화점'(Das Warenhaus)의 등장인물이다. 인용 글귀도 같은 시의 한 소절이다.—옮긴이

69. 7월 10일 연합군의 시칠리아 상륙, 7월 25일 무솔리니의 실각 및 바돌리오 내각 성립, 9월 3일 이탈리아의 항복.—옮긴이

70. 베르너 슈르(Werner Schur)의 저작.—옮긴이

71. 칼프리드리히 본회퍼(Karl-Friedrich Bonhoeffer).—옮긴이

72. 클라우스 본회퍼(Klaus Bonhoeffer).—옮긴이

73. 크리스토프 폰 도나니(Christoph von Dohnanyi). 한스 폰 도나니의 아들이자 디트리히 본회퍼의 조카.—옮긴이

74. 아돌프 폰 하르낙(Adolf von Harnack).—옮긴이

75. 쇠렌 키르케고르(Søren Kierkegaard).—옮긴이

76. 『마음의 지혜: 아달베르트 슈티프터의 사고와 숙고. 발췌 어록』(*Weisheit des Herzens: Gedanken und Betrachtungen von Adelbert Stifter. Ein Brevier*).—옮긴이

77. 아달베르트 슈티프터의 책.—옮긴이

78. 펠릭스 단(Felix Dahn)의 역사 소설.—옮긴이

79. 게르트루트 보이머(Gertrud Bäumer).—옮긴이

80. 우르줄라(Ursula)의 남편 뤼디거 슐라이허(Rüdiger Schleicher).—옮긴이

81. 슐라이허.—옮긴이

82. 바흐의 B단조 미사곡.—옮긴이

83. 알브레히트 알트도르퍼(Albrecht Altdorfer).—옮긴이

84. 11월 26일 밤과 27일 밤에 베를린을 겨냥한 대공습이 있었다.—옮긴이

85. 보르지히(Borsig) 기관차 공장. 테겔 교도소의 남쪽과 경계를 이루고 있었다.—옮긴이

86. 빌헬름 하인리히 릴(Wilhelm Heinrich Riehl).—옮긴이

87. 본회퍼의 약혼녀 마리아 폰 베데마이어.—옮긴이

88. 독일 개신교 찬송가(EG: Evangelisches Gesangbuch) 58장. 파울 게르하르트의

찬송시 '지금 나아가세'(Nun laßt uns gehn und treten)의 한 연.—옮긴이

89. 빌헬름 딜타이(Wilhelm Dilthey).—옮긴이

90. 『체험과 문학』(*Das Erlebnis und die Dichtung*).—옮긴이

91. 마리아 폰 베데마이어.—옮긴이

92. 아돌프 폰 하르낙, 『프로이센 아카데미 역사』(*Geschichte der preußischen Akademie*).—옮긴이

93. 마르틴 니묄러(Matrin Niemöller).

94. 하지만 교도소 담당 목사 하랄트 포엘하우(Harald Poelchau)가 본회퍼의 감방을 출입하고, 국방군 주둔지 목사로서 국방군 교도소 면회 권한이 있는 한스 단넨바움(Hans Dannenbaum)이 본회퍼를 면회하곤 했다. 에버하르트 베트게, 『디트리히 본회퍼: 신학자-그리스도인-동시대인』(복 있는 사람), 1198-1199쪽 참조.—옮긴이

95. "죄를 짓고 매를 맞으면서 참으면, 그것이 무슨 자랑이 되겠습니까? 그러나 선을 행하다가 고난을 당하면서 참으면, 그것은 하나님께서 보시기에 아름다운 일입니다."(벧전 2:20) "그러나 정의를 위하여 고난을 받으면, 여러분은 복이 있습니다. 그들의 위협을 무서워하지 말며, 흔들리지 마십시오."(벧전 3:14)—옮긴이

96. 하랄트 포엘하우 목사와 한스 단넨바움 목사가 여러 감방에 배포했다. 에버하르트 베트게, 『디트리히 본회퍼: 신학자-그리스도인-동시대인』(복 있는 사람), 1196쪽 참조.—옮긴이

97. 에버하르트 베트게.—옮긴이

98. "그 때에 백성은 '잠에서 깨어나 눈을 떠 보니, 나에게 아주 단잠이었다' 하고 말할 것이다."—옮긴이

99. 군법회의 법무관이자 수사지휘관인 만프레트 뢰더 박사.

100. 나치당 홍보 기관지. 일간지였다.—옮긴이

101. 요제프 괴벨스(Joseph Goebbels)가 발간한 나치당 주간지.—옮긴이

102. 독일 교회에서는 대림절 직전 주일을 위령주일(Totensonntag)로 지킨다.—옮긴이

103. 자크로브(Sacrow).—옮긴이

104. 디트리히 본회퍼의 유언장에서 발췌한 글.

105. 아버지와 어머니, 에버하르트 베트게, 마리아 폰 베데마이어.—옮긴이

106. 칼 바르트(Karl Barth).

107. 피스르트 호프트(Visser't Hooft).

108. 볼프 회사에서 생산한 궐련.—옮긴이

109. 프리츠 온나쉬(Fritz Onnasch). 본회퍼는 1937년 핑켄발데에서 면회 사역에 힘쓰면서 프리츠 온나쉬를 면회하다가 쇠약해지기까지 했다. 에버하르트 베트게, 『디트리히 본회퍼: 신학자-그리스도인-동시대인』(복 있는 사람), 827쪽 참조.—옮긴이

110. 기관차 제조 회사.—옮긴이

111. 본래 "외음부"를 뜻하는 라틴어.—옮긴이

112. 히 4:7.—옮긴이

113. 고백교회 신학원이 자리했던 지역들로서 포메른 주에 속해 있다.

114. 프라 필리포 리피(Fra Filippo Lippi)인 듯하다.—옮긴이

115. 『옛날이야기들』. 노벨레는 특이한 사건과 극적인 구성을 갖춘 중·단편 분량의 소설을 뜻한다.—옮긴이

116. 만프레트 뢰더. 주99 참조.

117. 학계에서는 "das Letzte"를 "궁극적인 것"으로, "das Vorletzte"를 "궁극 이전의 것"으로 번역하여 사용하고, 이런 경향이 확고하게 굳어진 상태인 것 같은데 이는 잘못이 아닐 수 없다. "das Vorletzte"는 글자 뜻 그대로 "끝에서 두 번째 것"을 의미한다. 본회퍼가 "das Vorletzte"를 "das Letzte"에 맞서는 개념으로 제시한 것은 "das Vorletzte"가 버금의 성격을 가지고 있어서 걸핏하면 "das Letzte"의 자리를 넘보기 때문이다. Eberhard Bethge, 『본회퍼』(*Bonhoeffer*), Rowohlt 1976, S. 117 참조. 이 의도를 제대로 살려 우리말로 옮긴다면, "das Letzte"는 "궁극"(窮極)으로, "das Vorletzte"는 "차극"(次極)으로 옮기는 게 옳다. 이를 뒷받침하는 우리말의 용례는 다음과 같다. 최선과 차선, 최고점과 차점, 수석과 차석, 장관과 차관, 상위 계층과 차상위 계층 등.—옮긴이

118. DC는 Die Deutschen Christen(독일 그리스도인들)의 약자. 이들은 독일 개신교 안에서 국가사회주의를 대표하는 자들이었다.

119. 만프레트 뢰더.—옮긴이

120. 외국 라디오방송 청취. 주272 참조.

121. 칼 바르트.

122. 신뢰와 성실과 비밀.—옮긴이

123. 겔 3:1-3, 계 10:9-10.—옮긴이

124. 교황청 내각의 한 부서. 정식 명칭은 Sacra Congregatio de Propaganda Fide. 현재는 "인류복음화성"(Congregatio pro Gentium Evangelizatione)으로 부른다.—옮긴이

125. 몬시뇨르(Monsignore) 요하네스 쇤회퍼(Johannes Schönhöffer) 박사. 디트리히 본회퍼는 1942년 6월 한스 폰 도나니와 함께한 이탈리아 출장 중에 로마에서 쇤회퍼 신부를 만났다. 에버하르트 베트게, 『디트리히 본회퍼: 신학자-그리스도인-동시대인』(복 있는 사람), 1084쪽 참조.—옮긴이

126. 독일 개신교 찬송가(EG) 63장 '한 해가 조용히 저무네'(Das Jahr geht still zu Ende) 3절.—옮긴이

127. 전 3:1, 4, 5, 7, 11, 15.—옮긴이

128. 1943년 12월 19일.—옮긴이

129. 파울 게르하르트의 시 '내 가슴은 기뻐 뛰누나'(Fröhlich soll mein Herze springen)의 7연. 독일 개신교 찬송가(EG) 36장 6절.

130. 전 3:15.—옮긴이

131. 파울 게르하르트의 시 '내가 여기 구유 곁에 서 있습니다, 오 예수님, 당신은 나의 생명'(Ich steh an Deiner Krippen hier, O Jesu, du mein Leben). 독일 개신교 찬송가(EG) 37장 1절.—옮긴이

132. 토마스 아 켐피스(Thomas a Kempis)의 책.—옮긴이

133. 하인리히 쉬츠(Heinrich Schütz).—옮긴이

134. 세 곡 다 하인리히 쉬츠의 곡이다.

135. 『교회교의학』(*Die Kirchliche Dogmatik*) II, 1과 II, 2. 바르트가 스위스에서 보내준 것. 이것은 제목도, 겉표지도 없었다. 독일에서는 금서였기 때문이다.

136. "친구를 많이 둔 사람은 해를 입기도 하지만 동기간보다 더 가까운 친구도 있다."—옮긴이

137. 영어 단어는 tantalize. 이 동사는 그리스신화에 등장하는 탄탈로스(Tantalos)와 관계가 있다. 탄탈로스는 아들 펠롭스(Pelops)를 잡아 요리하여 신들에게 바친 벌로 호수에 턱까지 잠기어 물을 마시려 하면 물이 빠지고, 머리 위의 나무 열

매를 따려 하면 가지가 뒤로 물러났다고 한다.—옮긴이

138. “참으로 주님께서 나와 함께 계셔서 도와주시면, 나는 날쌔게 내달려서 적군도 뒤쫓을 수 있으며, 높은 성벽이라도 뛰어넘을 수 있습니다.”—옮긴이

139. 전쟁 발발 직전에 미국에서 돌아온 것.

140. 1939년 4월부터 1940년 3월까지 베트게와 함께 수련목회자 모임을 연 지역. 에버하르트 베트게, 『디트리히 본회퍼: 신학자-그리스도인-동시대인』(복 있는 사람), 943-946쪽 참조.—옮긴이

141. 1940년 6월부터 8월까지 동프로이센 형제협의회를 대리하여 고백교회 현황 조사차 베트게와 함께 세 차례 시찰한 지역. 에버하르트 베트게, 『디트리히 본회퍼: 신학자-그리스도인-동시대인』(복 있는 사람), 969, 982-985쪽 참조.—옮긴이

142. 본회퍼가 1940년 11월부터 1941년 2월까지 『윤리학』 저술에 몰두한 베네딕트회 수도원. 에버하르트 베트게, 『디트리히 본회퍼: 신학자-그리스도인-동시대인』(복 있는 사람), 969쪽 참조.—옮긴이

143. 1941년 10월 말과 11월에 폐렴에 걸려 베를린 친가에서 옴짝달싹하지 못했다. 에버하르트 베트게, 『디트리히 본회퍼: 신학자-그리스도인-동시대인』(복 있는 사람), 969쪽 참조.—옮긴이

144. 새해(1944년)용 헤른후트 매일 묵상집.—옮긴이

145. 파울 게르하르트의 시 ‘네 길을 맡겨라’(Befiehl du deine Wege). 독일 개신교 찬송가(EG) 361장 2절.—옮긴이

146. 에버하르트 베트게가 이탈리아 전선으로 떠난 날이자 일요일이었다.—옮긴이

147. 이탈리아의 안치오(Anzio)와 네투노(Nettuno) 지역의 독일군을 섬멸하기 위해 연합군이 1월 22일에 펼친 상륙작전.—옮긴이

148. 고트홀트 에프라임 레싱(Gotthold Ephraim Lessing).—옮긴이

149. 욥 1:21.—옮긴이

150. 결혼, 노동, 국가.—옮긴이

151. 결혼, 노동, 국가.—옮긴이

152. 라오콘은 트로이의 사제. 트로이 전쟁 막바지에 그리스 군이 남긴 목마를 트로이 성에 들이는 것에 반대하며 숨은 음모를 경고하다가, 그리스를 후원하는 바다의 신 포세이돈의 분노를 사서, 포세이돈이 보낸 두 마리의 독사에 두 아들과

함께 칭칭 감겨 죽는다. 라오콘과 두 아들의 최후를 표현한 조각상이 라오콘 군상이다. 현재 바티칸 박물관에 있다.—옮긴이

153. "Gert"는 본회퍼의 쌍둥이 여동생 자비네(Sabine)의 남편 게르하르트 라이프홀츠(Gerhard Leibholz)를 의미한다. 유대인 가문 출신 게르하르트 라이프홀츠는 1938년에 비(非)아리아인 박해 때문에 가족과 함께 영국으로 이주할 수밖에 없었다. 여기서 "게르트 문제"는 "유대인 문제"를 가리킨다.

154. 시 50:15.—옮긴이

155. 주137 참조.—옮긴이

156. 주잔네 드레스(Susanne Dreβ). 본회퍼의 막내 여동생으로서 발터 드레스(Walter Dreβ)와 결혼했다.—옮긴이

157. 마리아 폰 베데마이어.—옮긴이

158. 게르하르트 피브란스(Gerhard Vibrans). 1942년에 전사했다. 본회퍼는 피브란스에게 클라우디우스의 성가 '나는 하나님께 감사하며 기뻐하네'(Ich danke Gott und freue mich)를 배웠다. 에버하르트 베트게, 『디트리히 본회퍼: 신학자 그리스도인 동시대인』(복 있는 사람), 995쪽 참조.—옮긴이

159. 마티아스 클라우디우스(Mathias Claudius).—옮긴이

160. 레나테 베트게.—옮긴이

161. 마리아 폰 베데마이어.—옮긴이

162. 레나테 베트게.—옮긴이

163. 디트리히 빌헬름 뤼디거 베트게(Dietrich Wilhelm Rüdiger Bethge).—옮긴이

164. 크리스티네 폰 도나니(Christine von Dohnanyi). 본회퍼의 자형 한스 폰 도나니의 부인.—옮긴이

165. 레나테 베트게.—옮긴이

166. "S"자 모양의 과자.—옮긴이

167. 마리아 폰 베데마이어.—옮긴이

168. 크리스티네 폰 도나니.—옮긴이

169. 한스 토마(Hans Thoma).—옮긴이

170. 야콥 반 로이스달(Jacob van Ruysdael).—옮긴이

171. 윌리엄 터너(William Turner).—옮긴이

172. 마르틴 니묄러(Martin Niemöller).—옮긴이

173. 마르틴 니묄러가 수용된 다하우(Dachau) 강제수용소.

174. 하인리히 폰 클라이스트(Heinrich von Kleist)의 노벨레 『이야기들』(*Erzählungen*)에 수록된 한 단편의 제목이자 주인공.—옮긴이

175. 참회자들에게 사순절 참회가 끝났음을 알리는 표시로 푸른 나뭇가지를 주던 초기 관행에서 유래. 한국 개신교에서는 세족목요일로 칭한다.—옮긴이

176. 로마에 있는 옛 교황궁. 지금은 미술관으로 쓰이고 있다.—옮긴이

177. 파울 게르하르트의 시 '만족하고 잠잠하여라'(Gib dich zufrieden und sei stille)의 일부. 독일 개신교 찬송가(EG) 371장 10절.—옮긴이

178. 요제프 뮐러(Josef Müller) 박사. 본회퍼는 그가 무죄판결을 받고 석방된 줄로 잘못 알고 있었다.—옮긴이

179. 요제프 뮐러는 엄청난 체력의 소유자여서, 유년시절부터 친구들이 "옥센제프"(Ochsensepp, 황소 요제프)라 부를 정도였다. 그는 공모 세력과 로마 교황청을 잇는 다리 역할을 했다.—옮긴이

180. 야콥 부르크하르트(Jacob Burkhardt).—옮긴이

181. 밤베르크 대교회당에 있는 조각상.—옮긴이

182. 「니벨룽겐의 노래」(Nibelungenlied). 13세기 중부 독일의 영웅서사시.—옮긴이

183. 볼프람 폰 에셴바흐(Wolfram von Eschenbach)의 대서사시.—옮긴이

184. 에두아르트 프리드리히 뫼리케(Eduard Friedrich Mörike).—옮긴이

185. 프리드리히 실러(Friedrich Schiller).—옮긴이

186. 레오폴트 폰 랑케(Leopold von Ranke).—옮긴이

187. 오스발트 슈펭글러(Oswald Spengler).—옮긴이

188. 게오르크 빌헬름 프리드리히 헤겔(Georg Wilhelm Friedrich Hegel).—옮긴이

189. "Drück mir den Daumen." "제가 무사하도록 빌어 주세요"의 비유적 표현.—옮긴이

190. 아피아 가도(Via Appia)에 있는 묘석(墓石).—옮긴이

191. 하드리아누스 황제의 별장.—옮긴이

192. 미켈란젤로의 조각 작품으로서 성 베드로 대성당에 있다.

193. 폭격기들.—옮긴이

194. apollinisch. 조화로운, 균형 잡힌.—옮긴이

195. dionysisch. 도취적인, 격정적인, 충동적인.—옮긴이

196. 피터르 브뢰겔(Pieter Brueghel).—옮긴이

197. 디에고 로드리게스 데 실바 이 벨라스케스(Diego Rodriguez de Silva y Velasquez).—옮긴이

198. 슬기로운 다섯 처녀와 어리석은 다섯 처녀를 형상화한 조각 작품들.—옮긴이

199. faustisch. 새로운 경험과 인식을 무한정으로 추구하는.—옮긴이

200. 마그데부르크 대교회당과 나움부르크 대교회당은 고딕양식의 건축물들이고, 그 속에 있는 조형예술 작품들은 다른 양식의 작품들임을 염두에 두고 던진 질문.—옮긴이

201. 아르키메데스(Archimedes)의 말.—옮긴이

202. 루트비히 클라게스(Ludwig Klages), 『필적과 성격』(*Handschrift und Charakter*).—옮긴이

203. "내가 전에는 훼방자요 박해자요 폭행자였습니다. 그러나 그러한 행동은 내가 믿지 않을 때에 알지 못하고 한 것이므로, 하나님께서 나에게 자비를 베풀어 주셨습니다."—옮긴이

204. "……나는 조상들을 본받아 깨끗한 양심으로 하나님을 섬깁니다."—옮긴이

205. 한스 에리히 피츠너(Hans Erich Pfitzner)의 뮤지컬.—옮긴이

206. 1943년 2월 초에 베트게와 함께 떠난 뮌헨 열차여행을 가리킨다. 두 사람은 이 여행 중에 "팔레스트리나"를 들었다.—옮긴이

207. "'……과연, 이 땅을 심판하시는 하나님은 살아 계시는구나!' 하고 말하게 해주십시오."—옮긴이

208. "주님, 일어나십시오. 사람이 주님께 맞서지 못하게 하십시오. 주님께서 저 이방 나라들을 심판하십시오."—옮긴이

209. "네가 이제 큰일을 찾고 있느냐? 그만 두어라. 이제 내가 모든 사람에게 재앙을 내릴 터인데 너만은 내가 보호하여, 네가 어디로 가든지, 너의 목숨만은 건져 주겠다. 나 주의 말이다."—옮긴이

210. 할례.

211. 기계 장치로 된 신. 본래 연극에서 해결이 곤란한 장면을 처리하기 위해 신을 출연시킨 데서 유래한 표현.—옮긴이

212. 잠언 24:11-12의 오기(誤記). "너는 죽을 자리로 끌려가는 사람을 건져 주고, 살해될 사람을 돕는 데 인색하지 말아라. 너는 그것이 '내가 알 바 아니라'고 생

각하며 살겠지만, 마음을 헤아리시는 주님께서 어찌 너의 마음을 모르시겠느냐? 너의 목숨을 지키시는 주님께서 다 알고 계시지 않겠느냐? 그분은 각 사람의 행실대로 갚으실 것이다."—옮긴이

213. 루돌프 불트만(Rudolf Bultmann).—옮긴이

214. "그 말씀은 육신이 되어 우리 가운데 사셨다."—옮긴이

215. "모레는"이 맞다.—옮긴이

216. 막스 레거(Max Reger).—옮긴이

217. 심문을 받기 위해.

218. 레나테 베트게의 아버지이자 에버하르트 베트게의 장인 뤼디거 슐라이허.—옮긴이

219. "그러므로 내 아들이여, 그리스도 예수 안에 있는 은혜로 군세어지십시오."(딤후 2:1) "내 아이들아! 나를 눈여겨 보고, 내가 걸어온 길을 기꺼이 따라라."(잠 23:26) "의인의 길은 동틀 때의 햇살 같아서, 대낮이 될 때까지 점점 더 빛나지만."(잠 4:18)—옮긴이

220. "아침에는 주님의 사랑으로 우리를 채워 주시고, 평생토록 우리가 기뻐하고 즐거워하게 해주십시오."—옮긴이

221. "내가 여기에 있고, 주님께서 나에게 주신 이 아이들이 여기에 있다. 나와 아이들은, 시온 산에 계시는 만군의 주님께서 이스라엘에게 보여 주시는, 살아 있는 징조와 예표다."—옮긴이

222. 다하우 강제수용소에 수용되어 있는 마르틴 니묄러.

223. 레나테 베트게와 에버하르트 베트게 부부의 아들 디트리히 빌헬름 뤼디거(Dietrich Wilhelm Rüdiger).—옮긴이

224. 레나테 베트게의 외조부 칼 본회퍼.—옮긴이

225. 빌헬름 베트게(Wilhelm Bethge).—옮긴이

226. 각각 독립성이 강한 둘 이상의 선율을 동시에 결합해 하나의 조화된 곡을 이루는 기법.—옮긴이

227. 다성(多聲) 악곡의 바탕이 되는 주선율.—옮긴이

228. "오 나의 사랑, 나를 기쁘게 하는 여인아, 그대는 어찌 그리도 아리땁고 고운가?"—옮긴이

229. 독일 개신교 찬송가(EG) 372장.—옮긴이

230. 파울 게르하르트의 찬송시. 독일 개신교 찬송가(EG) 302장.—옮긴이

231. 자네가 포로로 잡힐 때를 대비하여.

232. 라인홀드 니부어(Reinhold Niebuhr).—옮긴이

233. 영국 성공회 치체스터의 주교 조지 벨(George Bell).

234. 칼 프리드리히 폰 바이체커(Carl Friedrich von Weizsäcker).—옮긴이

235. 롬 12:15 참조.—옮긴이

236. "주님께서는 욥에게 말씀을 마치신 다음에, 데만 사람 엘리바스에게 이렇게 말씀하셨다. '내가 너와 네 두 친구에게 분노한 것은, 너희가 나를 두고 말을 할 때에, 내 종 욥처럼 옳게 말하지 못하였기 때문이다'"(욥 42:7).—옮긴이

237. 에드바르 그리그(Edward Grieg)의 페르귄트 조곡(Peer Gynt Suite) 중 한 곡.—옮긴이

238. 1944년 5월 5일자 편지.—옮긴이

239. 시 '과거'.

240. 약혼녀를 면회하고 나서 쓴 시.

241. 연합국이 노르망디에 상륙한 날.

242. 헤른후트 매일 묵상집 「로중」에 실린 그 날의 첫 번째 본문.—옮긴이

243. 헤른후트 매일 묵상집 「로중」에 실린 그 날의 두 번째 본문.—옮긴이

244. 에른스트 트뢸치(Ernst Troeltsch).—옮긴이

245. 칼 하임(Karl Heim).—옮긴이

246. 파울 알트하우스(Paul Althaus).—옮긴이

247. 파울 틸리히(Paul Tillich).—옮긴이

248. 프랑크 부흐만(Frank Buchman)을 주축으로 한 도덕 재무장 운동.—옮긴이

249. 베르노이헨에서 시작된 예배 갱신 운동.—옮긴이

250. 할례.—옮긴이

251. 시 '밤의 소리들'.

252. 막 15:34.—옮긴이

253. 1936년 샹뷔 대회가 끝난 직후, 본회퍼는 8월 25일부터 9월 12일까지 베트게와 함께 이탈리아에서 휴가를 보냈다. 에버하르트 베트게, 『디트리히 본회퍼: 신학자그리스도인동시대인』(복 있는 사람), 790-791쪽 참조. 주285 참조.—옮긴이

254. "낮의 햇빛도 너를 해치지 못하며, 밤의 달빛도 너를 해치지 못할 것이다."—옮긴이

255. 흰 맥주.—옮긴이

256. "1923년"은 "1924년"의 오기(誤記)인 것 같다. 본회퍼의 이탈리아 여행은 1924년에 있었다. 본회퍼는 그해 4월부터 6월 중순까지 셋째 형 클라우스 본회퍼와 함께 이탈리아와 북아프리카를 여행했다. 에버하르트 베트게, 『디트리히 본회퍼: 신학자-그리스도인-동시대인』(복 있는 사람), 125-134쪽 참조.—옮긴이

257. 클라우스 본회퍼.—옮긴이

258. 이탈리아 여름 빙과. 알이 작은 셔벗.—옮긴이

259. 이탈리아 아이스크림.—옮긴이

260. 파울 폰 하제(Paul von Hase). 베를린 시 사령관. 몇 주 뒤 나치 특별재판소에서 사형선고를 받는다.

261. 기계 장치로 된 신. 주211 참조.—옮긴이

262. 스페인 산(產) 혹은 이탈리아 산 백포도주.—옮긴이

263. 교도소 소장 발터 마에츠.—옮긴이

264. 마르틴 니묄러가 체포되던 날.

265. 「진실」은 1937년부터 1938년까지 베를린에서 출간된 신문이고, 「종(鐘)」은 1915/1916년부터 1925년까지 뮌헨에서 나치가 격주로 출간한 신문이다.—옮긴이

266. 인도 계급 제도에서 최하층의 천민을 일컫는 말.—옮긴이

267. 히틀러의 본부가 자리하고 있던 동프로이센과, 1944년 7월 20일로 예정된 거사를 염두에 두고 한 말.

268. 카노사(Canossa) 인근.

269. 선도 아니고 악도 아닌, 윤리적·종교적 관점에서 볼 때 중립적인 것.—옮긴이

270. 카노사에서 교황 그레고리우스 7세에게 굴욕적인 속죄 행위를 한 것을 가리킨다.—옮긴이

271. 표도르 도스토옙스키(Fjodor Dostojewski), 『죽음의 집의 기록』(*Memoiren aus einem Totenhaus*).

272. 외국 라디오 방송을 청취하고.

273. 클라우스 본회퍼. 여기서 클라우스는 저항운동 내지 공모를 가리키는 암호 말로 쓰였다. 에버하르트 베트게, 『디트리히 본회퍼: 신학자-그리스도인-동시대인』(복 있는 사람), 1161쪽 참조.—옮긴이

274. 저항운동의 진전을 의미한다.

275. "내 영혼이 잠잠히 하나님만을 기다림은 나의 구원이 그에게서만 나오기 때문이다."(시 62:1) "나는 주님의 것이니, 나를 구원하여 주십시오."(시 119:94) "내 영혼아, 네가 어찌하여 그렇게 낙심하며, 어찌하여 그렇게 괴로워하느냐? 너는 하나님을 기다려라. 이제 내가, 나의 구원자, 나의 하나님을, 또다시 찬양하련다."(시 42:5) "나 주가 먼 곳으로부터 와서 이스라엘에게 나타나 주었다. 나는 영원한 사랑으로 너를 사랑하였고, 한결같은 사랑을 너에게 베푼다."(렘 31:3) "내가 너와 함께 있으니, 두려워하지 말아라. 내가 너의 하나님이니, 떨지 말아라. 내가 너를 강하게 하겠다. 내가 너를 도와주고, 내 승리의 오른팔로 너를 붙들어 주겠다."(사 41:10) "그러나 이제 야곱아, 너를 창조하신 주님께서 말씀하신다. 이스라엘아, 너를 지으신 주님께서 말씀하신다. '내가 너를 속량하였으니, 두려워하지 말아라. 내가 너를 지명하여 불렀으니, 너는 나의 것이다.'"(사 43:1) "보아라, 내가 세상 끝 날까지 항상 너희와 함께 있을 것이다."(마 28:20)—옮긴이

276. 요하네스 브람스(Johannes Brahms)의 '향수'(Heimweh) 중 일부.—옮긴이

277. "내가 진정으로 너희에게 말한다. 너희가 돌이켜서 어린이들과 같이 되지 않으면, 절대로 하늘 나라에 들어가지 못할 것이다."—옮긴이

278. "세 시에 예수께서 큰소리로 부르짖으셨다. '엘로이 엘로이 레마 사박다니?' 그것은 번역하면 '나의 하나님, 나의 하나님, 어찌하여 나를 버리셨습니까?' 하는 뜻이다."—옮긴이

279. "이리하여 예언자 이사야를 시켜서 하신 말씀이 이루어졌다. '그는 몸소 우리의 병약함을 떠맡으시고, 우리의 질병을 짊어지셨다.'"—옮긴이

280. '나는 누구인가?'와 '그리스도인이건 이교도이건'.

281. 마 26:40.—옮긴이

282. 막 1:15.—옮긴이

283. 히틀러 암살이 무산된 1944년 7월 20일 이튿날.

284. 7월 20일, "어떤 이는 전차를 자랑하고, 어떤 이는 기마를 자랑하지만, 우리는

주 우리 하나님의 이름만을 자랑합니다."(시 20:7) "하나님이 우리 편이시면, 누가 우리를 대적하겠습니까?"(롬 8:31) 7월 21일, "주님은 나의 목자시니, 내게 부족함 없어라."(시 23:1) "나는 선한 목자이다. 나는 내 양들을 알고, 내 양들은 나를 안다."(요 10:14)

285. 1936년에 베트게와 함께한 이탈리아 휴가여행을 떠올리며 한 말이다. 주253 참조.—옮긴이

286. 사랑하는 에버하르트!—옮긴이

287. 딤전 1:1.—옮긴이

288. 눅 22:35 참조.—옮긴이

289. 한스 폰 도나니는.

290. 라파엘로 산티 라파엘(Raffaello Santi Raffael).—옮긴이

291. 아르키메데스의 말. 주201의 본문 참조.—옮긴이

292. 신생.—옮긴이

293. "나의 손이 짧아지기라도 하였느냐?"(민 11:23) "하나님의 모든 약속은 그리스도 안에서 '예'가 됩니다. 그러므로 그리스도로 말미암아, 우리는 '아멘' 하면서 하나님께 영광을 돌리는 것입니다."(고후 1:20) 이 두 성구는 1944년 8월 28일 「로중」의 성구들이다. 8월 28일은 에버하르트 베트게의 생일이다.—옮긴이

294. '자유에 이르는 길 위의 정거장들'.—옮긴이

295. 1944년 10월 5일 테겔 국방군 미결감에서 쓴 시.

296. 한스발터 슐라이허(HansWalter Schleicher). 뤼디거 슐라이허와 우르줄라 슐라이허의 아들.—옮긴이

297. 레나테 베트게.—옮긴이

성구

옮긴이의 글

지난해는 디트리히 본회퍼가 순교한 지 70주년이 되는 해였다. 이를 기념해 한국 신학계에서도 몇 차례의 학술 대회를 개최하고, 연극계에서는 기념 공연까지 한 것으로 알고 있다. 이에 보조를 맞추어 몇 가지를 기획하던 '복 있는 사람' 출판사에서 지난해 봄에 연락이 왔다. 디트리히 본회퍼의 역작이자 명저인 『나를 따르라』와 『옥중서신—저항과 복종』을 내려고 하는데 번역을 맡아 주었으면 좋겠다는 간곡한 부탁을 하였다. 솔직히 말하면, 나는 이미 과분하게도 본회퍼 전기를 세 권이나 번역한 상태여서, 그의 생애와 사상을 알리는 일은 그 정도면 충분하다고 생각하고 있었다. 타 출판사에서 본회퍼의 주요 작품들을 착착 번역하여 선집으로 선을 보인 상황이고, 게다가 『나를 따르라』는 이미 쟁쟁한 학자들의 이름을 역자로 달고 세 권이나 나와 있고, 『옥중서신』도 두 권이나 나와 있는 상황이어서 주저하는 마음이 더욱 컸다. 도대체 내가 무슨 수로 그분들의 역자로서의 명성을 넘을 것이며, 무슨 수로 기존의 번역본들을 능가하겠는가?

책 한 권이 세상 나들이를 할 때에는 웬만한 크기의 숲이 하나 사라진다고 한다. 아름드리나무들이 속수무책으로 베임을 당하는 것이다. 이제까지 창조영성을 등에 업고 살아오면서, 나무 심고 꽃 심어 가꾸는 즐거움에 푹 빠져 온 내가 아무 생각 없이 숲을 사라지게 할 수는 없지 않은가? 하나님의 발 받침대[사 66:1]이자 "하나님의 몸"[Sallie McFague, "the world as God's body"]의 일부인 숲을 막무가내로 해치지 않으려면, 번역을 하더라도 꼭 필요한 책만 하리라는 나름의 기준을 세워 온 터라, 나는 출판사의 번역 의뢰를 받고 난색을 표했다. 하지만 출판사 대표는 나의 난색 표시에도 아랑곳하지 않고 집요한 설득 작전을 펼쳤다. "번역본은 여럿이어야 합니다. 이미 몇 권의 번역본이 나와 있기는 하지만 아쉬움이 없지 않고, 무엇보다도 독자들이 좀 더 쉽게 다가갈 수 있는 번역서가 있어야 하지 않겠어요? 때마침 본회퍼 전기를 번역·출간하면서 좀처럼 접하기 어려운 정보와 지식도 상당히 축적한 상태이니 좀 더 정밀하면서도 무난히 읽히는 번역본을 내 봅시다." 출판사 대표의 집요한 설득에 부득이 응하는 수밖에 다른 도리가 없었다.

"원문에 충실하면서도 우리말 안내를 잘하는 것이 가장 좋은 번역이다. 독자들이 '이게 뭔 말이지? 무슨 말인지 도통 모르겠어'라고 하면서 책을 덮어 버리거나 집어던지게 하는 번역은 나쁜 번역이다." 소싯적에 두 해 동안 한국시단의 중견 시인을 글쓰기 스승으로 모시면서 한무릎공부를 할 때, 스승께서 하신 말씀이다. 우리말로 옮기고자 하는 외국어와 그 나라의 문화와 원저자의 전공분야에도 일가견이 있어야 하지만, 무엇보다도 우리말에 대한 사랑이 지극해야 하며, 그러려면 우리말 사전을 늘 가까이하고, 시와 소설과 에세이를 꾸준히 다독하고, 인문학적 소양도 두루 쌓아야 한다는 내용을 곁들여 하신 말씀이었다. 그동안 스승의 말씀을 고이 갈무리하여 그대로 하려고 노력해 왔지만, 이번에는 더더욱 좋은 번역으로 독자들에게 다가가리라 다짐하며 번역에 착수했다.

『나를 따르라』는 1937년에 카이저 출판사에서 나온 *Nachfolge*를, 『옥중서신—저항과 복종』은 1951년에 같은 출판사에서 나온 *Widerstand und Ergebung*을 텍스트로 삼아 지난해 초여름부터 올해 2월말까지 번역 작업을 진행했는데, 한여름 3주 동안은 사상 초유의 가마솥더위와 열대야, 그리고 여름철에 집중된 나의 손님맞이가 겹치는 바람에, 번역은 좀처럼 진척되지 못했다. 몸과 마음이 기진맥진했기 때문이기도 하거니와, 난해한 대목을 만나서는 쉽게 건너뛰지 못하고 그 대목이 풀릴 때까지 씨름하는 내 성벽 때문이기도 했다. 그럼에도 날마다 번역에 쏟는 몇 시간의 힘, 그렇게 쌓이고 또 쌓이는 하루하루의 힘을 믿고, 논틀길을 걷듯 조심조심 걸음을 떼고 또 떼며 좁고 험난한 오솔길을 막 통과하여, 원고와 텍스트를 대조하며 복기復棋하는 지금, 내 마음은 오밀조밀 짜임새 있게 조성된 그윽하고 깊은 숲에 안겨, 그 숲을 이루는 갖가지 나무들, 온갖 갈맷빛 풀들과 갖은 형형색색 꽃들, 각가지 기암괴석들, 걷는 이의 심한 갈증을 시원히 풀어 주는 옹달샘과 졸졸거리는 계곡물, 벌과 나비와 새와 노루 등 각종 숨탄것들, 이 모든 것이 발산하는 것들을 하나씩 하나씩 조심스레 들여다보고, 만져 보고, 귀여겨듣고, 냄새 맡아 보고, 맛을 보는 듯, 충만한 기쁨으로 차오른다.

디트리히 본회퍼는 『나를 따르라』에서 "값싼 은혜는 우리 교회의 숙적宿敵이다. 오늘 우리의 투쟁은 값비싼 은혜를 얻기 위한 투쟁이다"라며, 예수 따르기가 실종된 기독교계 한복판에 폭발력이 어마어마하게 큰 발언들을 투척한다. 잠시 그의 절절한 발언들을 읊조려 본다.

> 값싼 은혜란 투매投賣 상품인 은혜, 헐값에 팔리는 용서, 헐값에 팔리는 위로, 헐값에 팔리는 성찬, 교회의 무진장한 저장고에서 무분별한 손으로 거침없이 무한정 쏟아내는 은혜, 대가나 희생을 전혀 요구하지 않는 은혜를 의미한다. …… 값싼 은혜는 실로 우리 대다수에게 무자비했다. 그것은 그리스도께 이르는 길을 우리에게 열어 주지 않고 도리어 차단하기만 했다. 그것은 우리에게 예수를 따르라고 부르기는커녕 우리를 둔하게 만들어 불순종하게 했다. …… 은혜가 값비싼 것은 따르라고 부르기 때문이다. …… 은혜가 값비싼 까닭은 사람에게 예수 그리스도를 따르라는 멍에를 씌우기 때문이고, 그것이 은혜인 것은 예수께서 "내 멍에는 편하고 내 짐은 가볍다"마 11:30라고 말씀하시기 때문이다. …… 살아 계신 예수 그리스도가 없는 그리스도교는 따르기가 없는 그리스도교에 지나지 않고, 따르기가 없는 그리스도교는 언제나 예수 그리스도가 없는 그리스도교에 지나지 않는다. …… 세상이 지금보다 더 끔찍하게, 지금보다 더 절망적

으로 기독교 세상이 된 적이 있었는가? …… 값싼 은혜는 우리 개신교회에 대단히 무자비했다.

은혜와 예수 따르기는 떼려야 뗄 수 없는 단짝이며, 그리스도인이 받는 은혜는 예수 따르기를 반드시 동반하는 값비싼 은혜여야 한다는 본회퍼의 이 힘찬 진술들은 오늘의 한국 개신교 상황에도 그대로 적용되는 것들임에 틀림없다. 한국 개신교는 "붕어빵 기독교" 같고, "겉으로는 예수님과 관련이 있는 듯하지만, 실제 그 속을 들여다보면 예수의 말씀과 뜻과 정신은 사라져 버린 기독교"라고 질타하는 신학자의 말도 들리고, 예수 따르기를 외면하고 추방한 채 성직주의와 성장제일주의, 승리주의와 번영신학, 교회사유화와 세습, 비민주적 의사결정에 골몰하는 한국 개신교계의 행태에 실망하여, 자신을 그리스도인으로 칭하면서도 더는 교회에 출석하지 않는 가나안 성도가 무려 100만이 넘는다는 조사 결과까지 나오고 있는 상황이기 때문이다.

어디서나 눈에 띄는 가시적 등불이 되기는커녕 됫박(물욕, 거물주의, 비윤리적 행태 등)으로 등불(예수 따르기)을 덮어 상 아래 둔 채마 5:15 참조 엄범부렁한 외형만을 추구하고 자랑하다가 세인의 웃음가마리가 되어 버린 한국 개신교! 그런 한국 개신교가 잃어버린 것을 되찾으려고 길을 찾아 나선다면 얼마나 좋을까! 디트리히 본회퍼는 한국 개신교를 향해 "그대가 잃어버린 것이 여기 있소"라며 『나를 따르라』를 불쑥 내민다. 그러고는 이렇게 말한다. "믿음에 이르는 길은 그리스도의 부르심에 대한 복종을 거친다. 걸음을 떼는 것이 필요하다. 그러지 않으면 예수의 부르심은 헛수고가 되고 만다." 그는 예수 따르기라는 거대한 숲에서 맞닥뜨릴지도 모를 미로와 오해와 착오를 하나하나 격파하고 누구도 무시하지 못할 통찰들을 피력하면서 차근차근 뒤따름의 오솔길을 안내한다. 그가 내민 『나를 따르라』를 때로는 책상 위에 펼쳐 놓고, 때로는 두 손에 받쳐 들고, 때로는 두 무릎 위에 올려놓고 지며리 읽으면서 그의 안내를 따라 예수를 실답게 따른다면, 우리는 예수 따르기 없이 값싼 은혜로 된 명목적 그리스도인에서 벗어나 정말로 예수를 따르는 실다운 그리스도인이 될 수 있지 않을까?

『옥중서신—저항과 복종』은 제목 그대로 디트리히 본회퍼가 프린츠-알브레히트-슈트라세 지하 유치장으로 이감되기 전인 1943년 4월 5일부터 1944년 10월 8일까지 1년 6

개월 동안 베를린-테겔 군 교도소에서 보낸 편지들 가운데 부모에게 보낸 편지들, 본회퍼의 제자이자 벗인 에버하르트 베트게에게 보낸 편지들, 그 편지들에 동봉한 여러 편의 시와 구상들을 베트게가 뽑아 편집한 것이다.

1943년 7월, 베트게에게 보내는 편지에 함께 보낸 시 '나는 누구인가'에서 수감 생활을 하는 자신의 모습을 다음과 같이 애처롭게 묘사한다.

> 새장에 갇힌 새처럼 불안하고 그립고 병약한 나
> 목 졸린 사람처럼 숨을 쉬려고 버둥거리는 나
> 빛깔과 꽃, 새소리에 주리고
> 따스한 말과 따스한 인정에 목말라하는 나
> 방자함과 사소한 모욕에도 치를 떠는 나
> 좋은 일을 학수고대하며 서성거리는 나
> 멀리 있는 벗의 신변을 무력하게 걱정하는 나
> 기도에도, 생각에도, 일에도 지쳐 멍한 나
> 풀이 죽어 작별을 준비하는 나인데

그는 군 교도소의 폐쇄적 환경이 제공하는 심신의 부

자유 속에서도 동료 수감자들에게는 "성에서 나오는 영주"처럼 "침착하고 쾌활하고 확고한" 모습을 보여주고, 간수들과는 "자유롭고 사근사근하고 밝은" 모습으로 대화하고, "늘 승리하는 사람처럼" "불행한 나날을" "한결같고 벙글거리고 당당"하게 견딘다. 이로부터 다섯 달 뒤에 보낸 1943년 12월 15일자 편지에서는 신체적 부자유에는 어느 정도 익숙해졌지만 심리적 부담만은 여전히 떨쳐 버리지 못한 상태라고 기술한다.

> 자네에게 편지한 모든 것에도 불구하고 이곳이 얼마나 소름 끼치는 곳인지, 내가 밤늦게까지 얼마나 참기 힘든 인상들에 시달리는지, 그러한 것들을 극복하기 위해 얼마나 많은 찬송가 가사를 읊조리는지, 깨어나서는 어떻게 하나님 찬양 대신 한숨으로 하루를 시작하는지를 이야기하는 모습도 상상하네. 신체의 부자유에 익숙해지고, 심지어 몇 달씩 소위 신체가 없는 듯이—아주 잘—사는 반면, 심리적 부담에는 익숙해지지 않더군. 보고 듣는 것 때문에 몇 해는 더 늙는 것 같고, 세상이 메스껍고 짐스럽게 여겨질 때도 종종 있네. …… 나는 종종 다음과 같은 물음을 나 자신에게 던지곤 하네. 도대체 나는 누구인가? 이곳의 소름 끼치는 일들에 짓눌려 꿈틀거리며, 통탄할 불행을 겪는 사람

인가? 아니면 자신을 채찍질하며 밖을 향해 (또는 자신을 마주하여) 평온한 자, 명랑한 자, 침착한 자인 척하고, 이것으로(이 연기로, 혹은 연기가 아닐 수도 있겠지?) 경탄을 자아내는 사람인가?

디트리히 본회퍼는 이처럼 과중한 심리적 부담을 안고서도 생필품 이야기, 음악 이야기, 담배 이야기 같은 지극히 사사로운 내용, 가족의 탄생과 세례와 혼례와 면회와 관련된 내용, 세계사적 사건들과 관련된 내용, 독서 및 문학 습작과 관련된 내용, 신학 연구와 사색 및 저술과 관련된 내용을 대가답게 심장深長하면서도 균형감 있는 시각으로 편지에 담아낸다. 모두 다 호기심과 흥미를 돋우는 진진한 내용이지만, 이 가운데서도 어섯이 읽어선 절대 안 될 것은 단연코 신학 연구와 사색 및 저술과 관련된 내용이 아닐까 싶다. 본회퍼는 테겔군 교도소에서 사귄 호의적인 경비병들과 위생병들을 통해, 수사 책임자의 검열을 받지 않은 편지를 에버하르트 베트게와 줄기차게 주고받는 가운데 소위 "테겔 신학"이라 불리는 자신의 신학 사상을 활발히 전개한다. 그는 1944년 4월 30일자 편지에서 "그리스도는 오늘 우리에게 누구인가? …… 어찌해야 그리스도는 비종교인의 주님도 되실까?"를 묻고, 이어지는 편지들에서 영원히 잊히지 않을, 폭발력이 큰 개념들—"성년이 된 세상," "비종교적 해석," "예수, 타자를 위한 인간"—을 연이어 쏟아 낸다.

어마어마한 폭발력을 지닌 책을 불발탄이 되게 하는 번역, 엄정하지 못한 졸속 번역, 정밀하지 못한 우리말 안내가 되지 않으려고 노력하고, 무엇보다도 오역이 거의 없는 번역본을 선보이려고 고심했는데, 이 두 책 『나를 따르라』와 『옥중서신—저항과 복종』이 독자들에게는 어떤 모습으로 비칠지 자못 두려움이 앞선다. 아마도 정밀하지 못한 번역과 오역이 어딘가에는 있을 것이다. 그런 대목이 있다면 그것은 전적으로 역자의 잘못이다. 독자 여러분의 아량과 세심한 지적, 준엄한 질책을 구한다.

망설이고 주저하는 역자를 끝까지 설득해, 고전의 반열에 든 불후의 명저를 우리말로 안내할 수 있게 해주고, 아름다운 모습으로 만들어 준 '복 있는 사람' 출판사와 박종현 대표에게 머리 숙여 감사드린다. 그리고 부족한 역자와 함께 갈릴리교회를 하나님 나라의 모델하우스로 만들어 가려고 애쓰면서, 번역서가 나올 때마다 환호성 섞인 박수로 격려와 지지를 아끼지 않는 교우들에게도 마음 깊이 감사드린다. 마지막으로 우리말로 옮기면서 밤을 새는 경우가 많았음에도 언제나 역자 곁에서 든든한 힘이 되어 준 아내 미현에게 미안한 마음과 더 없이 고마운 마음을 함께 전한다.

2016년 여름, 여수 돌산 갈릴리 바닷가 비밀의 정원에서

김순현